精致教育系列读本

精致教育
理论与实务

主编 戴向平

重庆大学出版社

图书在版编目(CIP)数据

精致教育理论与实务 / 戴向平主编.-- 重庆:重庆大学出版社,2022.9
ISBN 978-7-5689-3518-0

Ⅰ.①精… Ⅱ.①戴… Ⅲ.①教育理论—文集 Ⅳ.①G40-53

中国版本图书馆 CIP 数据核字(2022)第152506号

精致教育理论与实务
JINGZHI JIAOYU LILUN YU SHIWU

主编 戴向平
策划编辑:唐启秀

责任编辑:李桂英   版式设计:唐启秀
责任校对:邹 忌   责任印制:张 策

*

重庆大学出版社出版发行
出版人:饶帮华
社址:重庆市沙坪坝区大学城西路21号
邮编:401331
电话:(023)88617190 88617185(中小学)
传真:(023)88617186 88617166
网址:http://www.cqup.com.cn
邮箱:fxk@cqup.com.cn(营销中心)
全国新华书店经销
POD:重庆新生代彩印技术有限公司

*

开本:787mm×1092mm 1/16 印张:15.25 字数:348千
2022年9月第1版 2022年9月第1次印刷
ISBN 978-7-5689-3518-0 定价:78.00元

序

XU

传统学校教育普遍忽视学生个性的培养,而已有的学校教育改革实践,有相当部分没有直击教育深层次问题。个性与个性教育可以说是"精致教育"的核心内涵之一,教育离不开对学生个性发展的拷问。"关注个性"指关注每一位学生的个性发展,把学生的个性发展作为精致教育的首选,这是"精致教育"的目标。所以,从严格意义上来说,教育功能不能无限地被放大,这不仅不利于教育影响力的发挥,更会增加教育与时代发展间的矛盾冲突。简要表达教育功能要义,细化功能结构是"精致教育"内涵的重要逻辑点。

教育功能的细化,即将教育聚焦到学生个性成长之中。个性通过教育形成,但不是任何教育都能促进良好个性的形成,个性教育通过各种教育、教学活动实施,但不是任何的教育、教学活动都可以实施良好个性教育。"个性化教育"源于"以人为本"的理念,它打破了用"一把尺子"来衡量学生的狭隘的教育观念。它用积极的眼光去发现每一位学生的不同优点,继而采取"因材施教"的策略,让每一位学生都受到关注,让每一位学生都找到自信,让每一位学生都获得发展,让每一位学生都在教育过程中感受到快乐。在众多学校的办学理念和办学特色中,均可以看见"个性""创先""人""爱"等要素,这不仅是实现精致教育的必由之路,更是学生成为真正的"人"的必由之路。

重庆市教科院巴蜀实验学校秉持"帮助家长养育孩子"的教育理念,从教育本质、自身特点、渊源传统等方面出发,逐渐形成了以"精致教育"为核心理念的办学特色。

课程改革是学习方式和教学方式的转变,改变课程过于注重知识传授的倾向,强调形成积极主动的学习态度,使获得知识与技能的过程成为培养学习技能和形成正确价值观的过程。课程改革的过程就是传统学习方式的"被动性、依赖性、统一性、虚拟性、认同性"向现代学习方式的"主动性、独立性、独特性、体验性、问题性"转变过程。随着社会发展,家长对其子女教育的期望值越来越高、对优质教育的需求愈加迫切,校本课程的开发、课堂文化的构建显得越来越重要。精致教育思想中关注个性、重视细节、着眼优质等核心理念,符合家长的需求和学生发展的需要,正是提高教育教学效率、全面提升学校办学品质的正确导向和有效途径。

精致教育追求的是一种春风化雨般润物无声的教育境界,既有对真善美价值的关怀,也注重全过程育人的严谨,通过欣赏差异让学生生命个体得到更充分的尊重与发展,让教师的生命价值得到更充分的体现与提升,让孩子与教师一道收获生命成长幸福的教育旅程。正如《学会生存》中提到的"学会认知、学会做事、学会共同生活与学会生存"终身学习四大支柱,精致教育的意义也在于此。首先,精致教育是一种态度,做教育的态度。什么事都要认真对待,努力做细做精。其次,精致教育是一种品质。精致教育通过对高质量、高品质、高品位教育孜孜以求的探寻,在让师生"各美其美、美人之美、美美与共、和谐发展"的过程中不断实现自我超越。最后,精致教育是一种做事的方式。倡导从细节入手,把过程、环节放大,精心策划、设计,努力追求更为美好的教育发展过程和结果。

精致教育的本质在于追求一种高品质的卓越教育,其十分看重教育质量对学生全面发展的基础支撑作用。作为推进素质教育的一种有效模式,精致教育比较关注人的学科素养、思维品质和个性品质的培养,在开发学生潜能并促进学生个性发展方面显示出城市寄宿制学校的教育潜力。伴随着科技社会的发展以及个人社交平台的活跃,人们对于生活和工作的要求越来越高,"精致"的学习、工作和生活品质,已成为很多人的追求目标。"精致"在某种程度上已经象征着人类的进步、文明的发展。不同的是,"精致"的态度放在教育中,其实是一种明确的倾向性,表达的是鲜明的立场和理想追求,是对教育细节的把控,是对教育节奏的放缓,更是对教育主体的人文关照,所以精致的教育态度不仅是完美的教育结果,更是对学校的管理态度、教师的教育态度、学生的学习态度的综合考量,以及对目前固有的粗放式传统教育模式所发出的变革信号。"精致教育"重在打造精致,展现的是去除粗糙、低效、混乱、无序教学劣势,成就学生精致成长的使命和决心。重庆市教科院巴蜀实验学校以"精致教育"为办学理念,用精益求精的理念态度践行精心育人的教育情怀,引领学校在内涵发展之路上稳步前行。

本书是学校经过多年实践探索凝炼形成的办学思想、育人理念。本书通过建立与众不同、清晰完善的学校理念文化系统,彰显了别具一格的办学特色,进而"实现品质立校,文化兴校"的发展战略。学校以生命教育理论、个性化教育理论和卓越教育理论为基础,经过系统设计、统筹推进的方式让"精致教育"实践受扎实的学理指引。学校构建起一种全员参与、全过程渗透以及全方位支持的精致教育模式,有利于教育教学的顺利开展,同时也是推广宣传办学经验的有效方式。精致教育是对教育要素的重新整合,是对教育对个体所能发挥的最大影响的探究,更是在有限的条件下尽量优化教育的要素结构,并最大化程度实现教育资源的优化配置。

本书是重庆市教科院巴蜀实验学校实施"精致教育",深化教育教学改革的成果总结,是学校教师在实践中的理论升华,也是他们对教育、对学校、对教师、对学生的深深领悟。学校教师既是教育理念的构建者,也是教育改革的实践者、推动者、引领者。本书必将对学校的发展、教师和学生的成长产生深远的影响。

重庆市教育科学研究院院长、教授

蔡其勇

2022 年 4 月

目 录

理论篇

实践篇

第二章　家校共育方案

第三章　体艺活动方案

第四章　生活养育课程以及展示方案

/理论篇/

第一章 导 论

重庆市教科院巴蜀实验学校,坐落于重庆南山山麓。此地风景优美,空气宜人,得南山清秀之气;又前临学府大道,毗邻高等学府,有读书朗朗之声——其由重庆市教科院与巴蜀中学、巴蜀小学三家联合创办,秉承教科院精益求精之科研精神,发扬巴蜀精英辈出之优秀传统,披荆斩棘,继往开来,以最精之教育,最好之教育为己任,服务家长,教育学生。教育的本质是让每个孩子成功、幸福——它需要"精心",去设计最适合孩子的教育;它需要"精诚",用诚挚的善意与爱心去感化和指导孩子;它需要"精细",每个细微之处,每个点滴之末,都需教师关注,辅助与引导。因此,我们从教育的特点出发,以"精"作为核心理念,以"精致教育"为办学特色,从教育本质、自身特点、渊源传统等方面出发,确立"精"的核心理念,并围绕它逐步建构专属于自己的学校文化。我们经过不断探索,不断创新,建立与众不同,清晰完善的学校理念文化系统,彰显我校别具一格的文化特色,进而实现文化立校,文化兴校的发展战略。

一、研究背景

(一)精致教育:满足人民美好生活对教育的需求

习近平总书记在党的十九大报告中指出,"中国共产党人的初心和使命,就是为中国人民谋幸福,为中华民族谋复兴",要求把人民对美好生活的向往作为全党和全国人民的奋斗目标。并且十九大报告明确,"中国特色社会主义进入新时代,我国社会主要矛盾已经转化为人民日益增长的美好生活需要和不平衡不充分的发展之间的矛盾"的重大判断。人民对美好生活需求是什么? 满足人民美好生活的学校应该秉持怎样的价值取向? 学校应该如何回应人民美好生活对学校教育的需求和期待? 这一系列问题是当前我国学校教育教学改革发展必须首先回应的时代课题。

1.人民美好生活的时代内涵

习近平总书记在党的十九大报告中指出,我国社会主要矛盾已经转化为人民日益增长的美好生活需要和不平衡不充分的发展之间的矛盾。从抽象意义上讲,美好生活作为人类永恒的追求,始终以发展为根本目的,以人民需要为中心,是一种全面性的美好生活。它包括人民物质生活的丰富、人民权利得到有效保护、人格得到充分尊重、美德受到高度敬重、个性得到自由而全面发展。因而,我们说,人民美好生活包含三个方面的意义。首先,人民美好生活始终是"以人为中心"的美好生活,这是我们理解人民美好生活的时代内涵必须首先把握的一点。按照马克思主义的观点来看,人民美好生活不是对人类生命、生活状态的一种静态规定,而是动态的生成和奋斗过程。亦即,美好生活是人类永恒的追求,始终以发展为根本目的,以人民需要为中心。美好生活是人民的美好生活,是由人民创造的美好生活。人民是美好生活的主体,新时代要实现什么样的美好生活,必须问需于民;人民是美好生活的创造主体,新时代要如何实现美好生活,必须问计于民;人民是美好生活的享受主体,新时代的美好生活必须由人民共享。总之,新时代要坚持美好生活的人民主体地位,必须坚持一切为了人民,一切依靠人民,为了一切人民,为了人民的一切。

其次,人民美好生活是建立在所有社会成员个人的全面而自由发展基础之上的。按照马克思、恩格斯的设想,共产主义社会就是其社会成员普遍获得全面而自由发展的社会。个人的全面自由发展,首先意味着人的潜能得到尽可能充分地开发和发挥,然后才意味着个人需要的满足。根据这种理解,一个全面而自由发展的人只有通过努力奋斗使其人性闪耀善和美的光辉,实现人格完善而高尚,个性健康而丰富的发展,才能让生活充满乐趣、创意和魅力。因此,人民美好生活的实现必须建立在个人的全面自由发展基础上,它是全国人民共同奋斗的结果。当然,人的全面而自由发展实质上就是人的一种美好生活状态。这里所说的"生活"是指一个抽象的整体生活,涵盖个人生活的方方面面,包括家庭生活、职业生活、个性生活等。根据这种理解,人民美好生活在其最充分的意义上就是每一个社会成员都获得全面而自由的发展,个人的自由全面发展既是人民美好生活的必然条件,又实质上构成人民美好生活核心内容,贯穿人民美好生活发展的始终。

最后,人民美好生活是全方位的美好生活。除了上边谈到的,如家庭生活、职业生活、个性生活等个人生活的方方面面,从整个社会来讲,人民美好生活涵盖物质和精神两个方面,涉及经济、政治、文化、社会、生态等领域。恩格斯评价马克思最伟大的贡献之一是发现了人类历史的发展规律,即存在于人类社会一个显而易见却长久以来被视而不见的现实:人们首先必须吃、喝、住、穿,然后才能从事政治、科学、艺术、宗教等。实际上,这也就指出,人民美好生活的需要是多样性和全面性的。具体来说,其在物质生活方面主要表现为教育、医疗、养老、社保、就业、住房等"硬"的生活需求;其在精神生活方面主要表现为更加优质、丰富、多元的文化产品和服务,更加有效的社会治理、更高水平的社会公平正义、更加和谐的社会人际关系等。

总而言之,我国已经跨进新时代,从当前我国经济、社会、文化发展的形态来看,十九大将我国社会的发展目标由原来的温饱、小康提升到为富裕而奋斗。十九大报告指出,解决人民温饱问题、人民生活总体上达到小康水平这两个目标已提前实现。在这个基础上,……再奋斗三十年,到新中国成立一百年时,基本实现现代化,把我国建成社会主义现代化国家。进入新时代以后,我国社会发展及其定位也进行了全面升级,开始转向逐步建设富裕型社会,开始更加注重人民更高层次和结构需要的发展。

2.人民美好生活与教育

教育如何关涉人民美好生活?从抽象意义上讲,教育涉及人的精神及人生的价值,教育的根本任务是促进人的自由全面发展,同时,它还承担着帮助和引导人进行价值探寻、价值决断和价值追求的任务。毫无疑问,美好生活首先是一种价值判断,对于不同的人来说,美好生活的内涵和意义不尽相同。人要选择过怎样的生活?什么是美好生活?毫无疑问,教育为人选择什么样的生活以及对美好生活的价值判断提供了无限的机会。教育的帮助和引导关涉人们生活价值的选择,如果把值得过的生活或者应该去追求的生活看作美好生活，那么教育就要贡献于这种生活，否则，教育就不是真正以人为目的的[1]。

教育作为民生之首，从来都不是与生活分割的。从英国教育家斯宾塞的"教育为完满生活做准备"到杜威"教育即生活"和罗素关于"教育与美好生活"的哲学探讨，教育总是与人类美好生活息息相关。《国家中长期教育改革和发展规划纲要（2010—2020年）》开宗明义地指出，"百年大计，教育为本。教育是民族振兴、社会进步的基石，是提高国民素质、促进人的全面发展的根本途径，寄托着亿万家庭对美好生活的期盼。"教育以其育人的价值属性居于达成人民美好生活手段之首，学校教育为学生和家庭过美好生活和审美人生打下坚实基础，学校教育在育人过程中，帮助学生养成追求美好的意识，将学生自我潜在的美好希望变为自觉理想；帮助学生养成欣赏与乐观的生活态度，培养体验与感知美好的情感惯性；教会学生追求美好生活的技能，以此实现真正的美好生活；帮助学生拓展心灵的富足，保持在任何人生境遇下都不放弃追求美好的希望，一生进行美好的感悟与践行[2]。

教育不仅是实现美好生活的关键，也是美好生活的一部分。作为家庭尤其是学生日常生活的一部分，学校教育本身就构成了日常生活非常重要的内容。马克思说过："人的存在就是他们的现实的生活过程。"学生接受学校教育的过程本身就是一种生活的过程，这是毋庸置疑的。这种美好生活的实现，或者学生的学校生活的幸福的实现，需要学校教育积极引导学生享用美好生活，这种引导构成了学校教育的根本。首先，学校教育是一种特殊的生活方式，其特殊性在于它是一种学生的文化生活。德国教育家斯普朗格说过："教育也是一种文化活动，这种文化活动指向不断发展着的主体的个性生命生成，它的最终目的，是把既有的客观精神（文化）的真正富有价值的内涵分娩于主体之中。"具体到学校教育过程中，学校文化是学校全体成员共同创造和经营的文明、和谐、美好的教育生活方式，包括教师文化、学生文化、课程文化、课堂文化、管理文化和环境文化。在此意义上，学校文化构成了学生教育生活的全部内容，承载着学生未来美好生活的基本期许[3]。因而，人民美好生活的实现，离不开美好教育生活，更离不开精致的学校文化及其学校教育生活。

此外，随着我国社会的发展和基本矛盾的转变，人民日益增长的美好生活需要越来越多地表现在对美好教育的需求上。人们的追求从"有学上"转向了"上好学"，极大地刺激了人民对接受优质而公平的教育的需求。现实地讲，不同的人对美好生活的理解存在较大的差异性。同时，就具体教育教学过程来说，不同教育主体的需求也是多样化的。但总的来说，随着人民生活水平的不断提高，教育条件的不断改善，期盼更加精致、卓越的教育越来越成为我国人民美好生活向往的重要内容。因而，人民的美好生活对教育的需求究竟是什么，学校教育教学改革和发展如何满足人们对"美好教育"的需求和期盼，不仅是学校教育落实党的十九大精神时必须明确的问题，也是促进和深化学校教育教学

[1] 金生鈜.教育哲学怎样关涉美好生活？[J].华东师范大学学报（教育科学版），2002,20(2)：17-21,48.
[2] 杨进,柳海民.论美好生活与学校教育[J].教育研究,2012(11)：11-15.
[3] 张东娇.学校文化建设成就美好教育生活[J].中国教育学刊,2019(4)：48-52.

改革的内生动力。

3.以精致的学校教育创造人民美好生活

人民对美好生活和美好教育的追求的实质是追求更加优质的教育,特别是追求更加精致的学校教育。当前,我国社会各行各业已迈入提升质量和发展内涵的阶段。如果说以往我们的经济、社会和教育的发展为追赶西方和世界发展而注重"快""大""多",强调效率优先,那么进入从大国转向强国的历史发展阶段后,我国的发展逐渐开始注重形成精细、精深、精巧、精美、精良、精彩和精品等特质,即"精致化"。这是实施"高质量发展"和内涵提升的应有之义,也就是说,美好生活应该是一种精致的生活,我们对美好生活的关注和需求,实质上也就进入了一个"精致化"的发展阶段。

精致化不仅是我国经济社会发展的趋势,同时是当前我国教育教学改革的重要发展趋势,既为我国学校教育改革指明了发展方向,同时带来了新理念、新策略。精致教育坚持科学管理与人本管理的交融、整合,以真善美为目标,注重教育过程和教育细节,不断提高教育质量和教育效益[1]。精致教育,是一种为学生全面发展服务的高品质教育,打破传统的粗放型的教育发展理念,追求卓越,努力提升教育服务品质,精心打造精品、精致的符合人民美好生活需求的教育。重庆市教科院巴蜀实验学校由重庆市教科院与巴蜀中学、巴蜀小学三家联合创办,秉承教科院精益求精之科研精神,发扬巴蜀精英辈出之优秀传统,披荆斩棘,继往开来,以最精之教育,最好之教育为己任,服务家长,教育学生。全体教师努力打造重庆市教科院巴蜀实验学校的精致教育,不断满足家长和学生对美好教育生活的期盼和需求。

"精致",一指精巧、细致,二指工巧、出新。"精致教育"注重发展人的潜能和创造性,以精致化为价值取向,确立精准的教育目标,精致的实施策略和精心的教育过程,特别注重细节和关注个性,并促进学校、教师和学生的可持续发展。精致教育的特点在于"小""细""诚""巧""美""新";它是"小"教育——教育的关键在于小中见大,积小成大。它是"细"教育——教育的目的在于"教致广大";教育的方法在于"育尽精微",细节决定成败。它是"诚"教育——教育的精神在于"精诚所至";教育的态度在以心换心,真诚感人。它是"巧"教育——教育之技巧在于"巧引善导";教育之要求在于"心性灵巧""巧能生慧"。它是"美"教育——教育之根本在于"至善至美";教育之特色在于"各美其美"。它是"新"教育——教育之动力在于"不断创新";教育之希望在于"新人辈出"。

总而言之,重庆市教科院巴蜀实验学校精致教育的目的是担当时代使命,培养时代新人,探索和构建人民满意的优质教育,回应人民美好生活对学校教育的需求。精致教育不仅是针对目前的粗放教育提出的学校教育发展理念和实践策略,也是顺应当前我国经济社会发展,尤其是为满足人民美好生活对优质教育的需求提出的学校教育发展的时代使命,更是聚焦于教育的根本使命,探索促进学生全面自由发展的"精致化"学校教育发展之路,还是重庆市教科院巴蜀实验学校教育质量提升和内涵发展的内在需要,其为未来学校教育发展和探索指明前进方向。

---

[1] 王铁军.精致化:学校管理的新理念、新策略[J].江苏教育学院学报(社会科学版),2007,23(3):9-12.

(二)精彩少年:发展学生核心素养

为把党的十八大和十八届三中全会关于立德树人的要求落到实处,2014年教育部印发的《关于全面深化课程改革落实立德树人根本任务的意见》提出,"教育部将组织研究提出各学段学生发展核心素养体系,明确学生应具备的适应终身发展和社会发展需要的必备品格和关键能力"。核心素养是党的教育方针的具体化,是连接宏观教育理念、培养目标与具体教育教学实践的中间环节。党的教育方针通过核心素养这一桥梁,可以转化为教育教学实践可用的、教育工作者易于理解的具体要求,明确学生应具备的必备品格和关键能力,并从中观层面深入回答"立什么德、树什么人"的根本问题,引领学校教育教学改革和实践的模式变革。

1.对核心素养的整体理解

2016年9月13日,核心素养研究课题组公布《中国学生发展核心素养》总体框架及基本内涵。该研究课题组提出"中国学生发展核心素养研究以科学性、时代性和民族性为基本原则,以培养全面发展的人为核心,充分反映新时期经济社会发展对人才培养的新要求,高度重视中华优秀传统文化的传承与发展,系统落实社会主义核心价值观"。核心素养分为文化基础、自主发展、社会参与三个方面,综合表现为人文底蕴、科学精神、学会学习、健康生活、责任担当、实践创新六大素养,细化为国家认同等十八个基本要点。各素养之间相互联系、互相补充、相互促进,在不同情境中整体发挥作用[1]。核心素养的总体框架和基本内涵公布后,国家、社会和学界纷纷就如何实现核心素养与课程教学改革实践的结合,实现核心素养在课堂教学实践中的落实展开了理论和实践上的探索。教育部在2017年公布了普通高中课程方案和14门课程标准,并高度重视新时代创新人才培养与学生核心素养发展的关系,强调学科课程标准与核心素养的结合。"中国学生发展核心素养是党的教育方针的具体化、细化。为建立核心素养与课程教学的内在联系,充分挖掘各学科课程教学对全面贯彻党的教育方针、落实立德树人根本任务、发展素质教育的独特育人价值,各学科基于学科本质凝练了本学科的核心素养,明确了学生学习该学科课程后应达成的正确价值观念、必备品格和关键能力,对知识与技能、过程与方法、情感态度价值观三维目标进行了整合。课程标准还围绕核心素养的落实,精选、重组课程内容,明确内容要求,指导教学设计,提出考试评价和教材编写建议。"[2]

尽管国家在教育目标、课程标准和教学大纲等一系列宏观和中观层面对发展学生核心素养提出了一系列具体的要求,但在微观层面,核心素养如何与学校教育和学科教学融合,核心素养如何落地成为当前我国教育教学改革的关键还有待探究。现在,世界上存在许多有关核心素养的"核心"的争论,如联合国教科文组织的五大支柱说,经济合作与发展组织的三大关键说,欧盟的八大素养说,美国的二十一世纪学习框架说,日本的学力模型说等。其他的学者对核心素养的"核心"的理解也不尽相同。荷兰学者沃格特

---

[1] 核心素养研究课题组.中国学生发展核心素养[J].中国教育学刊,2016(10):1-3.
[2] 中华人民共和国教育部.普通高中课程方案(2017年版2020年修订)[M].北京:人民教育出版社,2018:4.

（Joke Voogt）等人比较分析不同国家提出的核心素养及其框架后指出，所有框架共同倡导的核心素养是协作、交往、信息通信技术素养、社会和（或）文化技能、公民素养，以及创造性、批判性思维、问题解决、开发高质量产品的能力或生产性。张华教授在其基础上将核心素养进一步提炼为四大素养：协作、交往、创造性、批判性思维[1]。我国台湾学者丁志权教授比较不同国家和地区提出的核心素养概念及其框架后指出，核心素养是基于成功的人生指标与社会良好运作的需要而选择的，是一个人为适应现在生活及面对未来挑战所应具备的知识、能力与态度。尽管各自提法不同，但在精神上具有互通性[2]。钟启泉教授在分析不同国家和地区的核心素养相关研究后指出，核心素养的"核心"大体涉及"人格构成及其发展""学力模型"和"学校愿景"研究三大领域。人格的结构与发展研究所引出的发展法则，为界定"核心素养"提供了基本视点，学力模型研究是寻求国民教育基因改造的关键 DNA，最后勾勒出构建学习共同体的未来学校发展愿景。

2.核心素养的"关键"与"核心"

建构学生核心素养框架的逻辑起点是人的全面发展理论。学生核心素养作为课程整体育人的顶层设计，体现了以学生为本，注重学生的全面发展、终身发展和自主发展。我国学生核心素养的价值定位主要基于完整的人的培养，侧重强调学生健全人格的塑造和价值观的养成，体现了社会主义核心价值观的理念要求。学生核心素养追寻个人发展、社会发展与国家发展的统一，强调要加强个人修养和社会参与以及家国人文情怀。学生核心素养兼顾个体需要与社会发展，以促进终身学习发展和社会良好运行为其价值取向。学生核心素养具有生长性与迁移性，可广泛应用于各个未来社会领域。这一育人目标要求能够促进学生的持续生长，融会贯通并滋养整个生命发展过程。

所谓"核心"是相对一般、外围而言的因素，指对事物发展起决定性作用的因素。学生核心素养强调素养的关键性与共同性。学生核心素养是个体自我完善、融入社会及胜任工作应具备的关键性素养。核心意味着内容不宜面面俱到、不分轻重，因此教育应重点培养"关键素养"。学生核心素养具有共同性，适用于一切情境和所有人，是每个学科都能且都应该发挥作用来培养的素养。核心素养是能够为学习生涯和终身发展奠定坚实基础的素养。过分强调学生发展的核心素养是高级的专业素养，而不从基础知识技能等方面进行素养的构建，将不利于学生构建基本能力与品格。试想，若没有基础知识技能的储备，何来复杂思维活动能力的发展呢？因此，基础性是学生核心素养具有的重要特性之一。尤其是在中小学教育阶段，基础性体现得更加明显。

学生核心素养需要跨学科的、可迁移的综合知识与共通能力。学生核心素养以整合的方式出现，是知识、技能、态度情感的多元集合。其强调发展学生的综合能力，超越了学科课程所教的知识与技能。学生核心素养以发展学生的能力为基本导向，这与课程改革主张从教授知识转向培养内化与应用能力的观点相契合。课程改革阶段将以素养为导向，以能力为重点对学生的学习与评价进行进一步的改进与完善。因此，学校需要整

---

[1] 张华.论核心素养的内涵[J].全球教育展望,2016,45(4):10-24.

[2] 严加平,潘国青.基于学生核心素养的学校变革——2016年海峡两岸教育学术研讨会综述[J].教育发展研究,2016,32(22):80-84

合各学科课程,发挥合力共同培育学生。传统学科课程体系以分析现实生活中的知识概念,选取其中的部分知识内容的方式建构而成。其教学实践也遵循特殊、固定的学科逻辑展开,难以适应学生核心素养跨学科性、综合性等特点带来的培养要求。学生核心素养作为实施课堂教学要实现的目标,具有系统性与整合性。这显然与分科课程的设计与实施存在矛盾,因此,课程改革需要对课程内容进行广泛全面且有深度的整合。

3.精彩少年:培育学生核心素养

育人始终是教育的根本使命。核心素养从根本上讲是教育对"培养什么样的人""为谁培养人""怎么培养人"这些问题的时代回应,其实质是在"立德树人"的根本要求下教会学生"如何思考、如何做事、如何成人",培养学生能够具备适应终身发展和社会发展需要的必备品格和关键能力,传承人类优秀的文化传统,促进人类文明的发展进步。学生核心素养的培育不能一蹴而就、一劳永逸,它是一个动态的、不断发展的过程,学校教育的意义就在于为学生的发展提供丰富的可能性。

教师是培育和发展学生核心素养的"关键他人",其应具备专业能力。从结构上分析,教师专业能力主要包括教学设计能力、课堂教学能力、现代教育技术能力、反思能力、组织和指导学科课外活动的能力以及教学研究能力等。教育理论与实践证明,教师的专业能力是教师综合素质的最突出的外在表现,是评价教师专业性的核心要素。学生发展核心素养是当前教育改革的核心和重要内容。在学生核心素养的转化中,教师发挥着重要作用。核心素养的提出对教师的课堂教学提出了更高的要求,教师亦面临着知识本位向能力本位转变、教师中心向学生中心转变、"去情境教学"向"情境教学"转变的一系列挑战。由于教师专业化水平总体偏低,基于核心素养的学校教育教学改革的实施面临很多困惑和难题。

我校紧紧围绕"育人"这个学校教育的根本使命,以"精"为核心理念,以精致教育为办学特色,萃取精致教育之独具特色的目标、方式与宗旨,结合教育的本质、作用与规律,创造性地对儒家名言"教致广大,育尽精微"进行教育学解释,以学校课程体系建设和课堂教学改革为基本抓手,始终坚持以人为本,坚持以学生发展为学校教育的根本使命,精心为学生设计个性化的教育教学活动,为每个孩子的全面发展、为每个孩子的健康成长和为每个孩子的个性培养提供精心、精致的教育服务。经过多年的沉淀,我校提出"精彩少年"的育人目标,其内涵"立志、强身、知礼、善学、卓立、尚美"六个维度,包括友善、忠诚、和谐、修身、齐家、报国、健康、阳光、强大、勤学、会学、好学、辨美、赏美、求美、自理、自立、自强十八个方面的内容,并以此推动核心素养在我校教育教学实践中的落地。

(三)精心育人,促进课堂教学改革深化发展

在学校教育中,课堂是学生学习的主要场所,为师生的活动提供了空间条件。教学通过师生、生生的互动与交往,能促进学生知识、能力和品格的变化。因此,课堂教学毫无疑问是学校教育中促进学生学习的主要手段,是落实学校教育理念的基本载体。总之,课堂无小事,教学需精心。

1.充分发挥课堂教学的育人主渠道作用

课堂教学之于教育改革与发展的重要性不言而喻。叶澜发表的《让课堂焕发出生命活力——论中小学教学改革的深化》在一定程度上吹响了新课改的号角。她在文中指出,"教学,尤其是课堂教学(其中最基本的是必修课的课堂教学),过去是,当今依然是我国中小学教育活动的基本构成部分……探讨课堂教学改革问题,就具有推进、深化学校内部教育改革的全局性意义[1]。"无独有偶,2012 年,时任我国教育部党组书记、部长的陈宝生在《人民日报》撰文,吹响了"课堂革命"的号角。他提出"深化基础教育人才培养模式改革,掀起'课堂革命',努力培养学生的创新精神和实践能力[2]。"课堂,作为学校教育的核心阵地,是学校最为平常、最为常见、最为细小的细胞,教师每天都在课堂中生活,学生的学习时光大多是在课堂上度过的。这种"司空见惯"和"理所当然"的课堂社会事实使得我们经意或不经意地忽视课堂,忽视对课堂的深刻挖掘[3]。课堂教学是育人的主阵地,所有的教育教学理念及其改革终究要落脚于课堂教学中。

课堂教学改革是学校教育发展的关键,具有"牵一发而动全身"的地位和作用,任何学校教育理念和育人理念的实现都离不开课堂教学的落实。从学校层面来讲,课堂教学改革是提升学校教育教学质量和水平,打造学校品牌和特色,提升学校影响力,构建卓越、优质、高效的精致教育的关键;从教师层面来讲,课堂教学改革是促进教师教育教学观念的转变,提高教师教学水平,推动教师专业发展的根本动力;从学生层面来讲,课堂教学改革是转变学生学习方式,充分挖掘每一位学生的内在潜能,促使学生对关键能力和必备品格的掌握以及实现个性全面发展的关键。教学无小事,育人需精心。学校教育教学水平提升的关键直接取决于教师的"教"和学生的"学",其根本和基础在课堂教学。一个连课堂教学质量都搞不好的学校不可能是好学校。没有高质量的课堂教学就没有优质的学校教育,没有优质的学校教育就不可能培育"精彩少年"。课堂教学是育人的主渠道,各种教育形式改革都要强化、优化、精化、细化课堂教学这个育人的主渠道,主渠道有质量、有效果,教育理念的创新和教学改革才谈得上有实效。我校坚持精心育人的课堂教学理念,坚持关注课堂教学细节,面向全体师生,追求让每一位学生生命个体得到更充分的尊重与发展,让教师的生命价值得到更充分的体现与提升,让孩子与教师一道收获生命成长幸福的教育旅程。

2.当前课堂教学改革的困境与机遇

进入 21 世纪,知识更新速度明显加快,学科知识更新周期缩短,这要求学生具备终身学习能力。基础教育正由知识本位时代走向核心素养时代。核心素养作为当下理论研究和课程改革实践的热点,引领课堂教学与评价的观念及方式的转变方向。基于此,国际组织与众多国家及地区相继提出了核心素养的概念与内容框架,并积极开展基于核心素养的课堂教学改革探索。课堂作为承载学校教育、为国家培养优质人才的主要阵

[1] 叶澜.让课堂焕发出生命活力——论中小学教学改革的深化[J].教育研究,1997,18(9):3-8.
[2] 陈宝生.努力办好人民满意的教育[N].人民日报,2017-09-08(7).
[3] 郑金洲.重构课堂[J].华东师范大学学报(教育科学版),2001,19(3):53-63.

地,担负着新时期教学变革的重任。改善教学,促进学生核心素养的形成与发展是现代教育观的一个重要组成部分,其既是培养学生全面素质和综合能力的重要"抓手",也是实现课堂教学从以知识讲授为中心转到以能力养成为中心的"催化剂",是当前课堂教学改革中出现的一种新思潮和新趋势。所以,不论在何时何地,课堂教学改革的呼声从来没有中断过,课堂教学改革的浪潮从来没有停下过。

在教学理念上,教师缺乏对先进教学理念的探究和了解,教学设计很大程度上还是以自我为中心,将教学目标定位于应对考试,以考试引领教学,以知识点的传授为基点;在教学行为上,教师对自主学习、探究学习、合作学习等学习方式缺乏准确的了解,缺乏有效引导学生动口、动手、动脑,共同参与学习过程的方法,缺乏提高学生运用所学知识和能力的具体行动策略;在教学评价上,教师习惯于采用传统的笔试方式,考查学生对知识点的掌握状况,这种偏重量性而忽视质性评价方式的实践还占有相当大的比重,忽略了对学生思考能力、动手能力、解决实际问题能力和应对现实生活能力的考查。"核心素养"的理念本身也是课堂教学改革的一个愿景——通过课堂教学改革,使学习者能够在异质群体中进行协作,有良好的人文底蕴和科学精神,能够形成持续的学习力,有责任有担当。所以以核心素养为基础也是课堂教学改革的内在要求。

3.教学无小事,育人需精心

精心育人,是一种教育的本真态度,什么事都要认真对待,努力做细做精。我校努力追求师生"各美其美,美人之美,美美与共,天下大同",坚持精细的做事方式,提倡从细节入手,把过程、环节放大,精心策划设计,努力追求更为美好的教育发展过程和结果。经过多年的摸索和打磨,我校逐渐形成了"见微知著,精于教化"的教风及课堂教育育人理念。"见微知著"出自《韩非子》,其意指智慧之人,见到微小的细节,便能推知事物已有的变化;见到事物最初的萌发,就能知道未来必然的发展与结果。"见微知著"之"微",即孩子的每个动作,每分神态,每次作业,每处习惯——"见微",就是观察每个孩子,关注每个细节;"见微知著"之"著",即"微"中反映出的孩子的困惑、问题、心理——"知著",就是具有分析问题之能力,疏导心理之经验。"教化"出自《礼记》。所谓"教",即"上所施,下所效",上位者以言行举止为示范,下位者模仿效法;所谓"化",即"教行于上,化成于下",其描述下位者效仿上位者的德行,进而从粗鄙孤陋到知礼明德的过程与状态。"精于教",就是精心备课,精炼教学,精细修改——明晓难点,设计专题,引导思路,点拨关键,及时纠错,督促更正;"精于化",就是以身作则,躬身示范,言传身教——品行端正,为人师表,实践道德,亲自示范,以言劝善,以身立德。"见微知著,精于教化",融合品德与智慧,期待教师有"见微知著"之智慧,有"精于教化"之精神——以大爱对待每个学生,见其"微",以大德示范学生,精于"化";以大智指点学生,知其"著"而引其路,以大智慧帮助学生,知其难而"教"其行!

在具体的课堂理念及其过程设计上,我校以"析精剖微,画龙点睛"作为课堂教学改革的设计理念。"析精剖微",承自"育尽精微",意指剖析精微深奥之道理。"画龙点睛",源自绘画艺术,意指简洁精当,点明要旨。我校化"析精剖微"之本义,赋予其教育内涵——其"析精",指精细分析,精粹内容,精心构思,精巧设计;其"剖微",指从细处入手,从微处引入,以小见大,取近知远,由浅入深,举一反三。我校借"画龙点睛"之本义,赋予其教育意义——其"画龙",指让孩子亲自动手,尝试画龙,参与学习,合作学习;其"点睛",指紧扣重点,突破难点,及时点拨,恰到好处。"析精剖微,画龙点睛",一方面要求教师备课精益求精,设计以小见大,教授由浅入深,点拨及时恰当;另一方面强调合作学习,自主学习,重视传授方法,授之以渔!

在"见微知著,精于教化"的教风和精心育人的课堂教学理念下,我校坚持从育人主阵地——课堂教学出发,将精致教育的理念和追求落到实处,紧紧围绕"学生""教师""课堂"这三个教育的关键词,坚持培育精彩少年,打造精品课程和业务精湛的教师团队,建设优质、卓越、高效的课堂,推动课堂教学改革的深化发展。

二、研究目的与意义

(一)研究目的

本研究拟从教育本质、规律出发,结合重庆市教科院巴蜀实验学校自身的特点、渊源传统等,确立"精"的核心理念,并围绕它不断探索,不断创新,建立与众不同,清晰完善的精致教育办学理念和学校文化系统,彰显学校别具一格的文化特色,进而实现文化立校、文化兴校的发展战略。就研究目的来看,本研究将从以下五个方面构建精致教育的学校文化理念系统:

(1)通过研究,促进精致教育办学理念体系化、系统化、可操作化。

(2)通过研究,构建精致教育系列校本课程。

(3)通过研究,探索培养学生核心素养的有效途径和方法。

(4)通过研究,探索教职工专业素养提升的有效途径和方法。

(5)通过研究,全面提升学校形象和办学品质。

具体的研究包括以下三个方面的内容:

第一,精致教育文化内涵的探索和研究。本研究将梳理现有办学成果,提炼优化办学理念,规划未来办学,构建理念文化识别系统(MIS)、视觉文化识别系统(VIS)、行为文化识别系统(BIS)。

第二,以"精彩少年"为培育目标的教育教学实践与研究。"精彩少年"应具有最光明的品质,最出色的言行,最美丽的心灵,最独特的个性,最开放的胸怀,最包容的气度,最优秀的事功和最幸福的人生。为实现培育精彩少年的目标,拟从以下方面开展研究:①打造"见素抱朴,精于知行"校风的实践研究;②打造"见微知著,精于教化"教风的实践研究;③打造"见贤思齐,精于问学"学风的实践研究;④构建"知礼明德,励精笃行"德育理念的实践研究;⑤构建"析精剖微,画龙点睛"教学理念的实践研究。

第三,以建设"精美校园"为办学目标的策略研究。"精美校园",指建筑之精致,人心之美好;表现氛围之宽松,思想之活跃;描绘生长之健康,成长之幸福;表现相处之和睦,交往之和美!"精美校园"是建筑精巧,环境美丽的校园;是活泼精灵,人心善美的校园;是好学精思,思想碰撞的校园;是规则精当,自由宽松的校园;是待人精诚,和睦友好的校园;是哺育精心,幸福成长的校园!精美校园包含三个方面的内涵和内容:①追求"精益求精,致力极致"的学校精神的途径探索。②践行"深谋远虑,育尽精微"的管理理念。③践行"温暖如家,精细入微"的服务理念。

(二)研究意义

我校是寄宿制学校,80%以上的孩子在校住读,学生家庭经济条件普遍较好,其中单亲家庭、离异家庭较多,虽然家长中不乏社会成功人士,但是由于工作忙或者缺少教育的时间和方法,他们对学校教育存在依赖性,且抱有高期望值。孩子在学校的时间比在家里多,孩子与老师、同学相处的时间比父母多,在某种意义上,学校就是学生的家,教师兼具教师与"家长"双重身份,不仅负责孩子人格塑造和知识能力培养,还需关心孩子的衣食住行等。因此,培育学生的责任更多地落在学校及老师的身上。帮助家长培育孩子,打造精致教育关系到学校的生存和发展。

1. 践行精致教育是中国学生发展核心素养的需要

学生发展核心素养,主要指学生应具备的,能够适应终身发展和社会发展需要的必备品格和关键能力。研究学生发展核心素养是落实立德树人根本任务的一项重要举措,也是适应世界教育改革发展趋势,提升我国教育国际竞争力的迫切需要。

2. 打造精致教育是顺应课程改革的需要

随着社会发展,家长对其子女教育的期望值越来越高、对优质教育的需求愈加迫切,校本课程开发、课堂文化构建显得越来越重要。精致教育思想中关注个性、重视细节、着眼优质等核心理念,符合家长的需求和学生发展的需要,正是提高教育教学效率、全面提升学校办学品质的正确导向和有效途径。

3. 精致教育是学校可持续发展的需要

随着教育多元化的发展,公办学校不再是学生接受教育的唯一有效途径,在全民学习、终身学习的学习型社会的建设中,民办学校是重要的组成部分。如何打造一个具有"响当当"品牌的民办学校,文化内涵是关键。

三、核心概念

精致教育是一个系统的学校文化理念体系,包括"教致广大,育尽精微"的办学理念、

"精诚做人,精心做事"的校训、"见微知著,精于教化"的教风、"见贤思齐,精于问学"的学风、"见素抱朴,精于知行"的校风,以及"精美校园"的办学目标,"精彩少年"的育人目标、"精彩无限"的文化主题和"精益求精,致力极致"的学校精神等。

精致教育的"精致":从字面上讲即"精巧、细致"。"精"就是"经过提炼或挑选的精华",有完美、最好的含义;"致"就是"给与"或"达到""集中""精细"的意思。《辞海》把"精致"解释为细密、精密。精致教育是一种润物无声的教育境界,是一种完美的教育追求,是一种关注细节的严谨,也是一种欣赏差异的开放,更是一个让学生生命个体得到更充分的尊重与发展,让教师的生命价值得到更充分的体现与提升,让孩子与教师一道享受生命成长、幸福的教育旅程。首先,精致教育是一种态度,做教育的态度。什么事都要认真对待,努力做细做精。其次,它是一种品质,就是教育的高质量、高品质、高品位。让师生"各美其美,美人之美,美美与共,和谐发展"。最后,它还是一种做事的方式。就是提倡从细节入手,把过程、环节放大,精心策划设计,努力追求更为美好的教育发展过程和结果。

四、文献综述

(一)我国精致教育相关研究及其实践发展的历史梳理

精致教育的提出源于"追求卓越,提升教育服务品质"的教育和社会发展需求。20世纪90年代初,我国沿海地区的学校开始提出精致教育,其根本是为了学校的可持续发展。2001年,随着新课标的提出,精致教育开始在国内被接受。根据对精致教育的相关文献的梳理,精致教育相关研究及其实践在我国的演变大概经历了如下三个阶段:

第一阶段:2002—2009年。本阶段始于2001年国家新课程改革(以下简称"新课改")之初,精致教育主要被作为应对学校发展形势的一种革新倡导(主要是理论层面的倡导),如江苏教育学院王铁军教授提出精致教育、精致管理的理念以及实践中的积极尝试[1],是教育改革向深层次推进的重要标志,也是向教育科研提出的新课题;也有小部分一线教师开始尝试用精致教育的观念对课堂模式推陈出新,如章文丽根据精致化教育中"以人为本"的理念,提出"小班化"教学是学校基础教育课程改革的一项新举措[2],学校在"小班化"教学管理中可以尝试小班开放式的课堂教学模式;改革传统的课时分配模式,设置新型"长短课"。广东澄江中学的校长郑楚钦也总结了以历史文化传统为根基的

---

[1] 王铁军.精致化:学校管理的新理念、新策略[J].江苏教育学院学报(社会科学版),2007,23(3):9-12.
[2] 章文丽.让教育更精致——普通初级中学"小班化"教学管理初探[J].教育实践与研究(中学版),2006(2):9-11.

"精致教育"模式[1]。

　　本阶段是精致教育研究的初始阶段,本阶段的研究比较零散,但在理论建设、学校管理实践及课堂教学革新等方面均有涉及,研究者们开始明确提出,通过创新来深化教育改革,积极推进课改工作向纵深发展。精致教育在中国的发展,由此开始,并产生了一场极为深刻而勇敢的创新。

　　第二阶段:2009—2015年。在本阶段,随着课程改革的深入,第一期课改学生高考成绩的发布,2011年部分学科修订课标的出台,精致教育在中国的研究纵深发展,更多的教师关注到,精致教育理论对学科课堂教学进行调整和完善在于课堂的高效,这使得精致教育的课堂改革理念在研究中更加细致深入。同时,有研究者开始注意到在精致教育践行的过程中,可以进行校本文化的创设,这是对新课改下的校本课程比较深入的理论研究。还有一部分研究者开始将精致教育理念引入德育教育的范围,家长联系的范围等。在这个阶段中,精致教育研究全面铺开,2012年是精致教育研究发展的高峰年,2014年出现了"精致教育"系统理论,2015年很多学校开始形成自己的精致教育特色。

　　第三阶段:2015年至今。在本阶段,更多的学校不再盲目将精致教育仅仅定位于学校的某一方面,而是结合学校和区域实际,将精致教育在"精细管理""文化创建""区域改革"等方面不断深入。2015—2016年,近100篇课堂改革的文献表明精致教育开始向各个学科深入发展和延伸:精致教育涉及大学思想政治课堂、初高中所有与中考和高考相关的课程,以及中学的小部分美术和音乐课程。该阶段尚在起始阶段,对课堂教学的深入就已涉及方方面面:有对实验操作课程的细化,有对教学目标的细化,有对教学价值和教学评价的思考,有将"精致"与"简化"相对应,着力提高课堂效率。吴明芳在区域教育中以精致教育改革作为研究视角,回应群众对教育优质均衡发展的迫切需求,在万盛经开区探索实施精美学校、精心服务、精细管理、精干队伍、精博课程、精品课堂、精益质量、精彩学生八维一体的精致教育改革[2]。台湾师范大学的吴清基教授在2015年正式提出,以学生的要求为要求的永续性教师发展计划,即将精致教育引入教师职前培训,导入培训和在职提升培训,以提高教师专业地位和开展精致教育的能力[3]。

　　总的来说,精致化已经成为当前我国学校教育教学改革和发展的重要趋势,逐渐深入到学校教育教学改革的方方面面。教育界不仅在微观的课堂教学和学科教学中探索和研究精致教育的实现路径,并在学校管理、校园文化建设等中观层面探索学校教育教学的精致化路径。

(二)精致教育与课堂教学改革的相关研究

　　随着学校教育的精致化发展,在当前我国教育教学改革和实践中,精致教育的相关研究和实践逐渐落脚于具体的课堂教学和学科教育中。江苏省特级教师金永健在《如何让教学更精致》一文中指出,教师的根本使命是传道授业解惑,教师要激发学生的学习潜

[1]　郑楚钦.精致教育,灼灼其华[N].中国教育报,2006-03-30.
[2]　吴明芳.区域精致教育改革八维论[J].科学咨询,2015(44):1-4.
[3]　吴清基,黄嘉莉.台湾精致特色师资培育理念与作为[J].东北师大学报(哲学社会科学版),2015(1):40-44.

能,要让学生学有所得,学有所悟,享受课堂,成就人生,就必须做到内外兼修,能够潜心研究教学,沉心课堂,熟悉中国传统文化,深刻了解学生核心素养,不断更新教育理念,坚持与时俱进,统筹教学各个环节,让教学精致。具体来说就是要精心备课,做到有的放矢;精巧导入,做到激趣设疑;精准讲授,不断提升素养;精当组织,努力做到事半功倍。

长春市第二中学的邢光认为,教师教得多不等于学生吸收得多,将繁重的课堂教学变精、变致,既可以改善学生的学习状况,也可以促进教师业务的提高。精致教育符合新课改的教学理念,也服务于高考。他倡导将精致教育实施落脚在课堂教学中,不断提高课堂教学效率。他首先精准地分析了当前我国课堂教学低效的原因,认为粗放的课堂教学就是一个"不等式":教师在课堂教学中把内容安排得满满当当,课件、多媒体、黑板几乎全部应用,努力把每一个知识点都全面地展示给同学。一节课下来教师口干舌燥,付出的辛苦可想而知,但是学生在做题或者考试的时候得出的结果却不尽如人意[1]。因而,教师要在课堂教学中落实精致教育理念,做到备课要"精准"、教学目标要"精制"、教学过程要"精讲"、课堂训练要"精心"、课外习题要"精简",努力打造"精致课堂",不断提高学生在课堂学习的效率的同时,实现师生共赢。并且要让精致教学成为常态化教学,不断提高课堂的学习效率、教学效率,最终实现"全面提升学生素养"的课堂教学目标。

施春红在《精致课堂让课堂更精彩》[2]中提出,"精致"在于追求课堂教学的高效率,是每一个教师不断追求的目标,它是教学过程最优化,教学效果最大化的结果,是师生共同合作的结晶。特级语文教师张鹤专门以精致教育为引导,进行了学生识字研究,他认为,在新课改的理念下,教师应遵循认知规律,选取浅显易懂的范例进行教学,以此激发学生的探索精神和学习兴趣。这种"以生为本"的识字教学方式近乎是一种精致教学[3]。江苏江阴利港实验小学的周云霞老师基于认知心理学理论,提出精致化的数学概念教学思想。她认为,数学概念是构成抽象数学知识的"细胞",不仅是数学逻辑的起点,同时是学生认知和思维的基础。学生对数学概念的理解不是单纯的外部灌输的结果,每个人对概念的理解都是个性化的,因而数学概念的理解应该是学生思维过程的产物。基于此,她提出概念教学的"精致"过程,其追求对概念内涵和外延的深度加工,追求学生对概念的主动习得和整体把握。在教学过程中,教师要充分利用学生已有的概念基础,不断丰富概念意象,帮助学生形成概念网络,促使学生的数学概念从模糊走向清晰,从浅显走向深刻,从朴素走向精致[4]。

此外,教育界不仅在一般意义上探讨精致教育与课堂教学的相互关系,还将精致教育的理念与学科教学结合起来,深入、细致地探讨实现学科课堂教学精致化的现实路径。江苏省启东市王鲍小学的陈军老师认为,精致应该是一种课堂教学风格。对于具体的学科教学来说,精致的数学课堂应该是结构精巧、环节连贯,适合教师引领学生逐步深入探析数学知识的课堂。陈老师站在更高层次上指出了精致教育在当前数学教学上的时代

[1] 邢光.浅谈"精致教学与提高课堂实效"[J].中国校外教育,2016(29):133.
[2] 施春红.精致课堂让课堂更精彩[J].新课程学习(综合),2010(10):116.
[3] 陈军."精致数学"探微[J].河南教育(基教版),2015(C1):68.
[4] 周云霞.概念教学:有效源于"精致"[J].小学教学研究,2016(28):45-47.

意义。他认为精致是小学阶段数学学习的时代诉求,精致的数学教学能够引导学生形成相应的数学思维。他指出,当学生的抽象思维能力和逻辑思维能力还相对薄弱的时候,教师的循循善诱和巧妙引导能够在极大程度上激发学生的思维能力,让学生最大限度汲取数学的养分[1]。甘肃省金昌市金川区双湾镇中心小学教师张金花利用一节具体的数学课堂教学过程,向我们展示了数学课堂教学的精致化实践策略。她指出,课程标准所倡导的积极动手操作,并非简单的"动手活动",而是学生具体的"数学操作"过程,教师要引领学生借助操作活动进行数学思考,凭借想象和推理完成数学建模。也就是说,只有引导学生将动脑与动手结合,实现学生思维与操作同行,才能真正使课堂操作走向精致、高效[2]。此外,江苏省南京市金陵中学实验小学的刘成涛老师从数学课堂教学的每一个细节着手探索精致的数学课堂教学,他认为课程改革时至今日,微若沙砾的细节成为一线教师开展教学活动需要关注和改进的"节点",这些细节的关注和打磨是打造"精致化"的课堂教学必须满足的条件。

大理大学文学院的汲安庆老师在《精致:语文阅读教育的应然追求》一文中探索了阅读教学的精致化路径。他认为,在语文阅读教育中,无论是背景分析、目标确立、内容择定,还是教学设计等,教后反思无一不需要教师做精致的考量。要想实现语文阅读教学的科学性、审美性、创造性融为一体,精致的追求不可或缺。一旦离开对精致品质的淬砺,语文阅读教学的"至美""至乐"的审美愉悦亦无从产生。追求语文阅读教学的精致,必须注意课眼、课脉、课气的统一,以篇性的审美开掘为教学核心和基点,在引领学生生命融合的基础上多维贯通,使表现与存在成为教学的灵魂。

广东省湛江二中港城中学的郑海燕老师将精致教育的理念与高中政治课堂教学结合起来,她认为"精致教学"不但是一种教学方法,更是一种充满生命力的思想。"精致课堂"则是充满"以人为本"思想的一个表达,其发展、变化(包括诸多变式),反映了我国教学改革中的一个趋势。在课堂教学中采用精致教学,不仅能最大限度地调动学生学习政治理论知识的兴趣,而且能让学生主动探究知识,从而取得良好的教学实效。在具体的政治课堂教学中,教师要在教学内容的整合方面,体现精致合理;在教学主题的提炼方面,体现精致深刻;在教学方法的设计方面,体现精致有效[3]。

此外,教育界还从其他课堂教学方面探讨了精致教育的实践策略,如太仓市特级教师王晓春在新课程理念指导下,将精致教育充分应用于中学语文课堂,成为落实学生阅读教育的主要教学创新;华东师范大学马文杰博士在教育部人文社科类重点研究项目《义务阶段数学学科核心能力模型与测评框架研究》中,将精致教育引入数学作业布置,获得了很多成功经验;北京航空航天大学郑晓齐教授,于2014年10月正式提出了精致教学理论的背景、内涵和教学设计方法。他指出,精致教学是一种全新的教学理念,与学习阶层理论截然相反,他反对"部分到整体"的碎片化教学,而倡导"自上而下""从整体到

[1] 陈军."精致数学"探微[J].河南教育(基教版),2015(C1):68.
[2] 张金花.思维与操作同行,让数学课堂走向精致[J].数学学习与研究,2018(20):72.
[3] 郑海燕."精致教学"在高中政治课堂教学中的实践探索——以港城中学为例[J].教育现代化,2016(2):273-274.

部分"的教学序列,强调教学应当遵循"从一般到细节、从简单到复杂、从抽象到具体"的序列和过程。郑晓齐教授还详细介绍了精致教学理念下教学设计过程中的八条教学原则、四个教学步骤[1]。

(三)精致教育和学校建设与管理的相关研究

随着精致教育的发展,我国学校教育在学校管理过程中逐渐意识到"精致化"管理的价值和意义,对精致教育在学校管理层面的理解更加细致:孙桂清在 2010 年发表的《构建精致化管理模式下的和谐校园》中,对精致化管理与粗放式管理进行了不同方面的对比。余红在《探索精致教育途径促进学生全面发展》中提出,随着当代教育由粗放走向精致,精致教育以其精致、优雅的文化品质展现出学校办学的品牌魅力[2]。王利明针对学校的艺术教育,提出了"精致+精品"的发展之路,建议学校以艺术特色为突破口,努力创建一流艺术特色名校[3]。

金建龙教授针对新时代大学生思想政治教育,系统地构建了"精致育人"模式。他在《新时代背景下高校思想政治教育"精致育人"模式研究》一书中,对"精致育人"的理念进行了全面、系统的介绍。他基于马克思主义基本原理,认为高校思想政治教育就是一种精致的育人过程,通过调动教育过程中的一切积极因素,促进学生政治素养、思想道德素质的全面发展。高校思想政治课堂要充分发挥学生的积极性和主动性,在高度重视全体学生道德素质的同时,做到"分层教学""因材施教",不断提高思想政治课的亲和力。其次,精致育人的核心是"精细化管理",高校在对学生进行思想政治教育时务必做到"精、准、细、严",同时坚持"制度化、规范化、标准化、流程化"的管理原则。金教授所提出的全方位的精致育人理念引发了广泛共鸣,不仅在高校思想政治教育中受到了学界的关注,还引发了基础教育、学校教育教学的关注和讨论[4]。

江苏省宿迁市宿城区洋北初级中学的卢耀东校长从构建系统的督学责任区制度入手,以督学为切入点引领学校教育发展的未来方向让学校定位高远、追求精致;通过督学,促使学校管理人员更加关注教学,让课堂快乐高效、散发魅力;通过督学,努力打造校园文化,让校园润物无声、特色凸显。总而言之,学校通过构建责任督学制度,追求学校管理的精致化。金沙中学的周汉平更是直截了当地指出:"当前,精致化管理构成了学校管理建设的基本要求,成为彰显学校管理品质的重要方式。并且,为了推进精致化管理,国务院教育督导委员会办公印发了《中小学校责任督学挂牌督导办法》,从督导制度入手。推进学校管理精致化,要求每所中小学都必须有一到两名督学对学校日常管理和教育教学进行常态化督导。责任督学应细致入微地审视自己的督导过程和教育服务,狠抓

[1] 董志霞,郑晓齐.精致教学理论:背景、内涵与教学设计[J].中国教育学刊,2014(10):71-74.
[2] 余红.探索精致教育途径促进学生全面发展[J].吉林省教育学院学报(小学教研版),2010,26(6):12.
[3] 王利明.精致教育,让艺术特色之花灿漫盛开[J].课外语文,2015(8):19-20.
[4] 李滔.新时代高校思想政治教育亲和力提升机制探究——评《新时代背景下高校思想政治教育"精致育人"模式研究》[J].中国教育学刊,2019(5):124.

细节、精益求精,力争让学校管理在责任督学的助推中迈向精致[1]。"

北京第五中学分校校长杨春林在《北京五中分校与"精致教育"之二:精致课程成就精致教育》中认为,选择课程一定意义上意味着选择未来[2]。学校围绕培养目标,以国家课程和68门校本课程为主干,构建起了学校课程体系的整体框架,力求为学生全面发展、长远发展奠定坚实基础。太仓市新区第四小学以精致教育为导向,提出学校"四自""四得",并在2015年建成具有学校特色课程的四大微课程[3]。深圳市宝安区新安湖小学承接"十一五"国家教师科研基金课题,提出了精致教育内涵不在于求异,而在于追求更高教育中的更高精致原则。学校从课题研究中取得了学生、教学、课堂、管理和硬件设施的全方位发展。

综上所述,精致教育的研究发展基本上以新课程改革的研究发展为基线。在宏观层面,研究内容从单一的学校管理和课堂教学的探索开始,逐步延伸至基于学校实际的校本课程的开发,最后拓展到学校文化的发展。在微观层面,从课堂教学模式的改变,到教师教学方法的改变,再延伸至学校特色课程的开发和学生的成长,精致教育的研究覆盖了学校生活的各个方面,很多研究者都在研究中提出了独特的研究方向和有效建议。同时,也有学校在教学、管理、课程建设、学生发展方面做出了综合性研究。但因学校地区、学生结构以及新课改发展步骤不同,很多研究经验可以借鉴而研究结果不能套用。故本课题在总结之前的研究基础上,也以本校实际情况作为基础,在课堂改革、课程建设以及学校管理等方面,以教育科学的研究方法,进行行之有益的深入研究,以获得更符合本校实际和发展的价值的研究成果。

五、研究思路与方法

(一)研究思路

本研究遵循自上而下和自下而上相结合的研究思路。精致教育的学校文化和办学理念的提出和实践是一个复杂的现实问题,针对其的研究既不能单纯通过理论演绎的办法总结和践行"精致教育"的文化理念,也不能盲目地从实践中归纳和提炼"精致教育"的实践路径。其需要立足实际,综合考虑各种影响因素,应用多种理论进行审视,进而才能找到"精致教育"的文化内核和实践策略。本研究以"构建和发展精致化的学校教育品牌和理念"为出发点,紧紧围绕"坚持立德树人,着力培养担当民族复兴大任的时代新人"这一学校教育的育人目标,在回顾和梳理重庆市教科院巴蜀实验学校的办学历史、办学

[1] 周汉平.让学校管理在责任督学助推中追求精致[J].教师教育论坛,2018(8):93.
[2] 杨春林.北京五中分校与"精致教育"之三:以德为先 成就精致教育[J]北京教育(普教版),2012(6):23-24.
[3] 太仓市新区第四小学.精致教育:促进孩子生命成长与品质提升[J].江苏教育研究(实践)(B版),2015(11):4.

理念和办学目标以及自身的特征的基础上,从教育本质、学校特点、渊源传统等方面出发,确立精致教育的办学目标定位和学校文化。具体可以从三个方面阐释本研究的思路(详见图1):

首先,学习理论,充分调研。学校各部门查找问题,定位责任,找准方向,细化问题,并承担子课题研究。

其次,实施研究。学校组建研究团队,聘请专家指导,根据前期调研,制定研究方案,从硬件设施改善,软件设施提升方面达成课题目标。

最后,总结成果。课题组提出创新点,达成课题实施目标。

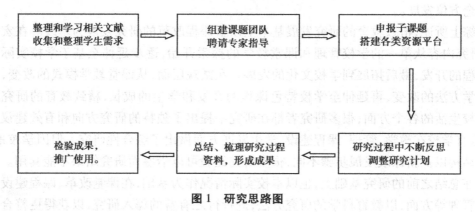

图1 研究思路图

(二)研究方法

1.文献法

任何的研究都是站在巨人肩膀之上进行的,因此查阅相关研究主题的文献,了解前人都做了些什么,有什么成果以及未来研究的趋势等等具有重要的价值和意义。因而,文献法对于任何研究,尤其是教育研究来说,是常用且非常重要的研究方法。文献概念在实际运用中非常广泛,广义的文献是对记录知识的一切载体的统称,包括用来记录人类知识的文字、图像、符号、视频等各种载体[1]。显然,广义的文献概念与我们在教育研究中所运用和理解的文献相去甚远,教育研究对文献有着更加严格的规定,并非所有的语言文字或者记录信息的物质载体都可称之为文献。一般来说,只有那些公开发表的学术期刊论文,公开出版的学术著作,以及一些权威机构搜集整理的统计资料和档案资料,才是教育研究可以正式引用的文献。

查阅文献是一个繁重且琐碎的工作,很多时候我们经过长时间的文献检索和查询,最后能够消化或者写进研究中的内容也就只有那么一句话;有时候为了寻找和确定某个观点的出处,往往需要好几天的时间,花费大量的人力和财力。然而,尽管文献研究往往"出力不讨好",但是扎实的文献基础为精致教育的研究和实践提供了巨大的帮助。首先,研究文献帮助本研究团队更加熟悉精致教育中已有的观点和研究成果。通过对已有

---

[1] 辞海编辑委员会.辞海[M].上海:上海辞书出版社,2000:1860.

相关研究进行梳理,我们发现,当前学校教育的精致化发展趋势很大程度上与我校的办学特色和理念相契合。通过对重庆市教科院巴蜀实验学校的特征和发展历史的梳理,并结合对国内外关于学校教育教学改革的理论和实践的研究,我们进一步提炼和深化了重庆市教科院巴蜀实验学校本身的"精致教育理念",并通过反复的探索和打磨,形成了我校精致教育理念体系。其次,其帮助课题组和团队形成自己的研究思路。阅读、整理和分析精致教育相关研究文献,为我们探索和构建精致教育的学校文化理念系统提供了理论逻辑和实践路径。再次,其帮助团队发现适合的研究方法,并为最后的研究成果提供了系统的结构框架。最后,其提高了精致教育研究团队和课题组老师对教育现象的敏感性,不少教师在阅读和梳理文献过程中进一步受到了教育理论的滋养,提高了教育教学研究的水平和能力。

在精致教育研究和实践中,我们对文献法的使用主要分为两个步骤。第一步是探索学校文化,也就是寻找和摸索精致教育的学校文化及其教育理念。第二步是在确定和提炼了精致教育的学校文化理念之后,开始集中对精致教育的相关研究系统地进行梳理和总结,为本研究提供文献基础和理论支撑。在文献检索、梳理过程中,我们一方面充分借助我校现有的文献资料库,另一方面通过合作和求助的方式,充分利用南岸区和西南大学的教育文献资源,从国内外各大期刊数据库、专著中收集有关精致教育、学校文化建设、学校教育发展、学校教育教学改革、校本课程建设、校园文化建设、师资队伍建设等方面的研究资料,通过总结、梳理前人的研究成果,了解和学习国内外有关精致教育和学校文化建设方面的理论和实践。在利用相关研究资料的基础上,我们深入探讨了精致教育和学校文化发展的相关问题,为精致教育研究提供了相应的理论成果和实践智慧。

2.问卷调查法

问卷调查法是目前国内外人文社会科学研究中较为广泛使用的一种研究方法。问卷是指为统计和调查所用的、以设问的方式表述问题的表格。问卷调查法就是研究者对所研究的问题和对象进行一种科学度量,从而搜集到可靠的资料的一种方法。问卷大多以邮寄、个别分送或集体分发等多种方式进行发放,并由被调查者按照表格的问题来填写答案。一般来讲,问卷调查法较之访谈要更详细、完整和易于控制。问卷调查法的主要优点在于标准化和成本低。问卷调查法以设计好的问卷作为主要的研究工具进行调查,因而问卷调查法要求问卷的设计做到规范化且可被计量。

问卷调查在教育研究中占有重要的地位,通过问卷调查,可以较为真实地反映教育现象。在问卷调查过程中,问卷的设计是收集"真实反映社会现象的资料"的关键环节,它也是整个调查最大的难点和重点,问卷的质量直接影响所收集和获得的调查资料的真实性、适用性。在问卷调查中,样本的选择和抽样方法同样具有相当重要的地位。一般来说,在样本选择中大致存在两种抽样方法:概率抽样和非概率抽样。概率抽样能够有效提升研究的的普适性价值;而非概率抽样则有助于解析一些特殊的问题存在。抽样在某种意义上就是运用特定的方式对研究对象进行选择的过程。而样本抽样则用某种特定方式从研究对象中选择一定数量的研究对象作为最终的研究对象。

在具体的的问卷调查过程中,存在五种较为常用的抽样方法:(1)就近法。就近法亦被称为方便抽样,指研究者依据研究目的和研究的客观条件,抽取最接近、最容易和最方便的部分研究对象作为研究样本[1]。此种研究方法常被用于质的研究,与其他抽样方式相比,就近法比较省时、省力。但这种研究方法的缺点在于,方便抽样的偶遇性使得并非总体中每个成员都有被抽取的机会,并且被调查者的自我选择、抽样的主观性偏差等因素,容易导致抽样存在偏差,以及无法保证样本的有效性等一系列问题。在精致教育研究中,由于研究主题和研究对象主要是重庆市教科院巴蜀实验学校的师生和教职员工,我们在问卷调查中主要采取就近抽样法,但是我们通过一系列技术操作,尽量降低了抽样和样本局限性带来的误差并尽力确保问卷调查的有效性。(2)目标式或判断式抽样。目标式抽样或判断式抽样是依据研究者对总体样本的构成要素和研究目标的认识,依据研究目的的判断来选择样本的抽样方法。目标式或判断式抽样多用于问卷设计阶段和问卷调查初期。这是因为问卷的设计不是"一把过的功夫",其需要反复检测和修改,并提高问卷的有效性和科学性。(3)滚雪球抽样。滚雪球抽样是一种非概率抽样方法,也可以称之为偶遇抽样。滚雪球抽样就是先收集目标群体的少数成员和研究对象的资料,然后再向这些成员收集相关信息,找出其他属于所研究目标总体的调查对象的抽样过程,其实质就是以样本找样本的抽样方法。这种抽样方法可以极大地提高研究的效率,深入挖掘相关的研究数据。(4)定额抽样。定额抽样又可以称之为配额抽样,它是一种比偶遇抽样稍微复杂的非概率抽样。定额抽样需要根据总体特征来选择样本,然后通过配额的方式保证样本特征分布和要研究的总体一致。(5)综合式抽样。综合式抽样就是根据实际情况,综合使用不同的抽样策略选择研究对象的方式。在精致教育的研究和实践中,除了上述就近抽样的方法,本课题组和团队在研究过程中主要采用的就是综合抽样法。本课题组和团队根据学校不同学段、年级和班级的具体情况,在全校范围内进行问卷调查,通过编制精致教育发展及其学校文化建设的相关调查问卷进行多次调查,了解全校师生对于精致教育及其学校文化建设的相关意见、需求等内容。

3.访谈法

访谈,就是研究性交谈,主要是指研究者寻访、访问被研究者,以口头形式,根据访谈的答复,或者说通过与其进行交谈和询问,搜集研究信息和事实的一种研究方法。当然,访谈与日常生活的谈话很不一样,访谈是一种有特定目的和一定规则的研究型谈话。当然,访谈也存在正式与非正式,结构化与半结构化的不同形式,但是总的来说,访谈是根据研究目的和一定的结构所进行的研究性交谈。由于访谈收集信息资料主要是通过研究者与被调查对象直接交谈方式实现的,具有较好的灵活性和适应性。访谈法广泛适用于教育调查、求职、咨询等等,既有事实的调查,也有意见的征询,更多用于个性、个别化研究。从某种意义上说,访谈法与问卷调查法有着天然的联系,这两种方法都是通过向被调查者提问,了解研究问题的方式。相对于访谈来说,问卷调查是一种绝对的结构性访谈,并且在大多数的实证研究中,访谈往往作为一种辅助性的研究方法,进一步深度挖掘研究数据。但是,在具体的研究过程中,尤其是在教育领域中,访谈调查与常用的问卷

---

[1] 陈时见.教育研究方法[M].北京:高等教育出版社,2007:178.

调查在研究的指向、调查的重点以及操作方式上有较大的区别。访谈除了能够深度挖掘研究对象的相关数据外，还常常用于群体个案或个体个案的相关研究。在精致教育研究过程中，访谈法作为一种非常重要的研究方法，在实际的研究过程中，对于我们提炼精致教育的理念系统，了解不同个性的学生需求和教师专业发展意愿，收集全校师生对于学校教育教学发展的意见、建议和未来期待起到了非常大的作用。

访谈有正式的形式，也有非正式的形式；有逐一采访询问的形式，即个别访谈；也有集体访谈，即通过开座谈会进行集体访谈的形式。在精致教育研究实践中，重庆市教科院巴蜀实验学校进行了多次集体访谈，并鼓励教师和相关教研管理人员定期或者不定期组织座谈会，搜集师生对于精致教育发展的意见和建议。访谈的优点在于非常容易和方便可行，深入交谈可获得可靠有效的资料；集体访谈，不仅节省时间，而且可以让与会者放松心情，作较周密的思考后回答问题，还能使其相互启发影响，有利于促进问题的深入。但是访谈有明显的缺点，主要是样本小，需要较多的人力、物力和时间，应用上受到一定限制。另外，其无法控制被试受主试的种种影响（如角色特点，表情态度，交往方式等等）。所以访谈法一般在调查对象较少的情况下采用，且常与问卷法、测验等结合使用。

4.案例分析法

案例分析法又叫个案研究法，主要是指根据某些普遍原理，对社会生活或生产实践活动中的典型事件或案例按照一定的分析思路进行研究和剖析，以寻求解决相关领域同类问题的思路、方法和模式，实现经验的迁移或提出新的问题，探索一般的规律，检验某些结论的一种社会科学研究方法。这种方法最早广泛用于医学诊断、军事斗争和法律判决等活动。近些年来，在行政学、管理学等领域中，其被使用得尤为普遍，甚至成为一种独特的教育教学方法。教育硕士、教育博士、MBA等专业学位的研究生培养偏爱案例教学，案例教学甚至成为了国家和相关学位授予单位高度重视的一种培养方案和课程建设。哈佛大学在十九世纪八九十年代建设了系统的案例资源库，后来成为哈佛商学院培养高级经理和管理精英的独特的教育实践和教育特色，并逐渐演化发展成为一种人文社会科学的研究方法。

实际上，自20世纪80年代以来，西方科学哲学研究领域也开始用案例分析法研究科学发展史的典型事件，并把它当作检验和发展科学哲学理论的一个重要途径。案例分析法的优点在于立足于典型的具体事件，并紧紧围绕事件提炼出一套系统的行为结构。其一方面可以提炼出适合于同类情况的一般原则、方法和模式，起到举一反三的效果；另一方面又以具体的事例作为示范，从而避开抽象的议论，揭示出某种一般原则在实际上是如何表现出来的，某些问题在实践中是如何解决的，某些方法是如何具体实施的。运用案例分析法，首先应当详细地收集有关材料，并做到精缜、周详、准确地收集；其次要对材料进行客观分析（包括对过程要素和结构要素及各种要素之间的关系的分析），并避免从先验的框架出发对材料做主观的处理；最后应抽取出一般的结论，概括出具有普遍意义的原则、方法和模式。

在教育教学研究过程中，案例开发，或者说在教育实践和现场中捕捉典型案例是案例分析的关键。在精致教育研究和实践中,不少精致教育理念及其实践都处于"摸着石头过河"的阶段,我们有意识地积累典型案例,并系统总结经验,不少精致教育相关理念的完善都是从具体的教育教学实践中得到启发的。我们鼓励课题组和教师有意识地选择一个或几个场景、情景,系统地收集数据和资料,进行深入研究,以探讨某一现象在相应的实际生活环境下的状况。例如,当教师在实践过程中遇到一些显而易见,但却无所适从的困境或者难题时,我们鼓励教师根据自己的实践境遇寻找相似的案例,运用多种资料搜集和分析的方法探索"如何改变""为什么变成这样"及"结果如何"等研究问题。并鼓励他们系统地收集数据和资料,进行深入研究,仔细分析深藏于个案背后的各种行为、情感及联系及其影响因素等。

5.行动研究法

行动研究法(Action Research Method)是 20 世纪 40 年代在美国的社会科学研究中出现的一种研究方法,大约在 50 年代开始被应用于教育研究,随后越来越受教育工作者的欢迎。目前,其已成为广大教育者从事教育教学研究的一种重要方法。行动研究法作为一种研究方法,具有浓厚的实践品性,对于不同的教育者和研究者来说,行动研究法的概念和意义不尽相同。大致来说,行动研究是在教育情境中的一种自我反省、探究的方式。研究者(亦即是教育者和参与者),包括教师、学生、校长等等,其目的在于促发社会的或教育实践的合理性及正义性,帮助研究者了解实践工作,使情境内(或组织内)的实践工作能够实施且有成效。美国学者考瑞在其《改进学校实践的行动研究》一书中,第一次系统地在教育领域中定义了行动研究,他认为:"所有教育上的研究工作,应由教育者直接来参与,只有这样,其研究结果才不致白费。同时,只有教师、学生、行政人员及家长、支持者能不断检讨学校措施,学校才能适应现代生活之要求。故此等人员必须个别或集体地采取积极态度,运用其创造性思考,指出应该改变之措施,并勇敢地加以试验;且须讲求方法,系统地收集证据,以决定新措施之价值。这种方法就是行动研究法。"

在行动研究中,教育者或者被研究者不再是研究的客体或对象,而是研究的主体。通过结合"研究"和"行动"的双重性活动,教育者将研究的发现直接运用和及时反馈到自己的教育实践中,进而不断提高自己改变教育现实的行动能力。行动研究的目的是唤醒教育者,使他们觉得更有力量。而不是使其觉得更加无力,并在受到教育社会体制结构和其他势力的压迫之外,还受到研究者权威的进一步压制。在行动研究中,教育者扮演的不只是一个触媒的角色,其需要自主确认和定义研究的问题,并对分析和解决问题提供自己的思考角度[1]。

教育界越来越重视行动研究法,其主要的原因是它能够比较有效地纠正传统研究中存在的一些弊端。传统的教育研究方法通常让研究者凭借个人的兴趣选择研究课题,研究的内容容易脱离教育实际,既不能很好地反映教育实践的实际情况,又不能满足教育实际工作者的需求。其最后造成教育研究者与教育实际工作者之间存在较大的心理距离,甚至产生教育理论与教育实践"两张皮"的现象。一方面,学校教育实践工作者得不

---

[1] 陈向明.什么是"行动研究"[J].教育研究与实验,1999(2):60-67,73.

到研究者的有效帮助,不能直接从目前已经多如牛毛的科研成果中直接获益;而另一方面,他们又因为种种原因(如工作太忙、没有科研经费、领导不重视、缺乏指导等)不可能对自己所处的环境和面临的问题进行系统研究。而行动研究倡导教育者自己通过自己的研究来对实践作出判断,或者是在研究者的帮助下系统、严谨地进行探究工作,然后采取相应的行动来不断改善自己所处的环境。因此,行动研究既是一种研究方法,又是一个解决现存问题,促进学校教育教学改革,帮助教师改进教学实践的好办法,并受到广大教育者欢迎。

由于行动研究有较强的实践品性,在具体研究和教育实践中,行动研究存在多种不同的形式。我国学者郑金洲根据研究的侧重点,将行动研究大致分为三种不同类型:(1)教育者用科学的方法对自己的行动进行的研究。这种行动研究强调教育者使用测量、统计等科学的方法来验证有关的理论假设,并结合教育者自己在实践中发现的问题进行研究。这种行动研究既可以表现为一种小规模的实验研究,同样也可以表现为一种较大规模的验证性调查。实际上,从我校教育教学改革发展的宏观层面和学校的整体行动来说,精致教育就是一种"较大规模的验证性"行动研究。(2)教育者为解决实践中的问题而进行的研究。这种行动研究使用的不仅仅是统计数据等科学的研究工具或手段,而且包括参与者(主要包括教师、学生)个人的资料,如日记、谈话录音、照片等等。研究的目的是解决实践中面临的现实问题,而不是为了建立理论。在精致教育的中观和微观层面,尤其是在校本课程建设和课堂教学改革中,我们鼓励教师积极采用这种行动研究方法,在实践中发现问题,及时改进教学,提升实践。(3)教育者对自己的实践进行批判性反思的研究。这种行动研究强调以理论的批判和意识的启蒙引起和改进实践。教育者在研究和实践中通过自我反思追求自由、自主和解放。同样,我校在教师队伍建设中鼓励教师既成为教育实践者,也成为教育研究者,通过不断地自我反思,发动脑袋,不断实现专业的自我发展和提升。

上述三种行动研究分别强调行动研究的不同侧面:第一种行动研究强调研究的科学性;第二种行动研究强调的是行动研究对教育教学实践的改进功能;第三种类型强调的是行动研究的批判性。虽然这些行动研究强调的方面各有侧重,但在实际研究中,教育者有可能同时结合这三个方面的特征,不断改进个人的研究和实践工作[1]。本研究在理论梳理的基础上,结合我校在学科文化建设,如校本课程建设、教育教学改革、师资队伍建设、校园文化建设的实践探索,将研究提出的精致教育理念系统和实践模型运用在具体的学校教育教学发展中,在实践和改革的过程中不断验证并修正研究结论,对不适宜的研究结果进行及时修正,并将反思和修改的成果再次运用于课题研究中。本研究努力引导师生和全体员工参与到学校文化建设和发展的实践中,使其更加深刻地理解精致教育理念,不断推动精致教育理念的发展。

[1]　郑金洲.行动研究:一种日益受到关注的研究方法[J].上海高教研究,1997(1):23-27.

六、未来展望

(一)以办学特色为先导进一步凝练改革"再出发"的价值理念

精美校园是我校的办学目标,也是课堂教学改革的先导。"精",学校建筑之风格,工巧设计,精制雕琢,赏心悦目;"美",校园友爱之风气,心美人诚,言雅行善,其乐融融!我校以精为核心理念,以精美校园为办学目标。精美校园,描绘建筑之精致,人心之美好;表现氛围之宽松,思想之活跃;描绘生长之健康,成长之幸福;表现相处之和睦,交往之和美!接下来,我们将在精美校园理念引领下,不断尝试和总结一套具有本校特色的"精美课堂教学体系"。

(二)以效益导向为动力进一步落实改革"再出发"的行动方略

1.课堂教学效益精准化,聚焦核心素养

课堂教学效益精准化,一方面需要教师仔细研读相关指导文件,如核心素养框架、学科课程标准及其解读文本,吃透核心素养和学科核心素养的本意,把握住体现学科本质特征的知识、能力和品格;另一方面,需要教师具备整体的课程观,了解某一阶段学生(学科)核心素养发展的脉络,能够准确定位每堂课的教学内容在学生(学科)核心素养发展中所起的作用,析取出主要的教学目标,并将其作为课堂教学设计和实施的重心。

2.课堂教学效果实效化,落实核心素养

首先,课堂教学要从关注教师教学任务的完成度转向关注学生学习的达成度,关注学生知识、能力和品格的实际变化。低效的课堂教学往往将焦点放在教师教学计划的完成情况,而不重视学生通过教学后是否获得了切实的发展。再者,课堂教学要将每堂课的教学目标,根据学生(学科)核心素养发展的轨迹,逐步分解、细化成为具体、可操作的教学目标,注重教学过程性目标的达成,促进学生学习的稳步进阶,最终实现本堂课的教学目标,同时提倡学生主动参与学习反馈。

3.课堂教学效率最优化,发展核心素养

优质高效课堂教学在教学效率方面,要求在投入有限的时间和精力后使学生在三维目标、核心素养上的受益实现最大化。优质高效课堂教学遵循高效率的学习观,强调根据学生认知规律设计、开展教学,在教学中注重激发并维持学生兴趣,引导学生主动学习,通过对话、批判和反思等活动,建立新旧知识之间的联系,通达对事物本质和原理的理解。

第二章　精致教育的理论基础

精致教育的提出大约始于美国课程改革中的对"卓越课堂"的追求,20世纪90年代初,我国沿海发达地区的学校开始提出精致教育,但其着重于学校的可持续性发展。2001年,随着新课标的提出,精致教育开始在国内被接受。精致教育是现阶段推进素质教育的一种有效模式,它关注人的学科素养、思维品质和个性品质的培养,有效揭示了教育的根本属性,它在开发学生潜能并促进学生个性发展方面显示出教育的本质力量。精致教育的推进以生命教育理论、个性化教育理论和卓越教育理论为知识论基础,精致教育通过对这三大理论的梳理,透视精致教育的推行依据。

一、生命教育

重庆市教科院巴蜀实验学校是寄宿制学校,80%以上的学生在校住读,学生家庭普遍经济条件较好,但单亲家庭、离异家庭较多。家庭背景中虽然不乏社会成功人士,但是由于工作忙或者缺少教育时间和方法,他们对学校教育存在依赖性,且抱有高期望值。教师身具教师与"家长"双重身份,不仅负责孩子人格塑造、知识能力的培养,还需关心孩子的衣食住行等。因此,学生的培育责任更多地落在学校与老师身上。如何给予学生充足的关心,使其生命状态得以最好地发展,是亟须解决的问题。20世纪90年代以来,生命教育逐渐成为我国教育界、哲学界和社会学界共同关注的热点议题。自21世纪开始,生命教育趋向于系统化的理论研究,部分地区生命教育实践开展得如火如荼。与传统教育强调教育的实用性、工具性、快捷性不同,生命教育不仅强调教育者所制定的教育计划、采取的教育措施必须顺从生命的成长规律,以润泽人心、成全受教育者的个体生命为宗旨,而且强调受教育者应该在长期、有效的受教育活动中逐步提升对世界、对生命、对人生的理解,并最终能认识生命的价值与意义,完善生命意识与自我人生价值观。这为精致教育的开展提供了理论视角。

(一)生命教育的产生背景

1.价值(观)相对主义

随着信息技术、新能源新材料、生物技术、航天技术、生命科学等学科研究成果的进展,社会、经济、文化都开始高速发展,生活水准也得到大幅度提升。随之而来的是地区间差距加大、贫富悬殊惊人、局部战争不断、恐怖主义盛行等政治与社会问题,文化虚无主义、相对主义盛行,人们正常的生活准则、道德规范被消解,于是,人们生命存在的价值感无处寻觅,生活的意义变得缥缈,一切都无所谓,一切似乎仅是游戏。现代人由此陷入价值与意义难定的虚无世界中,这种现象同样表现在学生身上。

2.现代性冲击

当前生命教育存在的这些问题是伴随我国教育的现代化发展而衍生的,是教育中的现代性表现。这里所说的现代性,主要是指自17世纪以来,在欧洲出现的现代世界观、现代哲学的思维方式以及由其带来的生活方式。虽然它在科技和工业上给人类带来了巨大的进步,但也给人类带来了灾难性后果。在现代西方思想发展史上,笛卡尔的"我思故我在"的哲学思想较早奠定了以理性主义、二元论、机械论和自我中心主义为主要内容的现代思维方式,影响着现代人的生活现实。"现代生命问题归根到底是现代生命质量问题,现代生命质量的堕落是一种普遍的现代现象。现代生命质量之所以出问题,是因为生命在现代性中成为一种独特的摆置,人们对生命、生活的看法发生了一种特别的变化,这一现代人的生存品质和样式的巨大变形被称为现代性。"[1]我国的教育遭遇"现代性",这既是我国教育现代化发展中的基本客观物质化的呈现,又给现代我国的教育带来诸多的困惑与矛盾。

3. 生命教育的危机

在当前的生命教育中,往往存在着极端化和零散性倾向——只聚焦于生命成长中的特殊事件,如自杀、暴力等等,而缺乏对生命本体的全面关怀;只重视对心理疾病的干预,而缺乏对恬静、愉悦的心理的营造;只关注生命成长的短期防范,而缺乏对生命发展的整体引领等。尤其是在物质生活日益丰富的今天,现代人身上却广泛地流行着"现代病",包括沉溺物质、漠视生命、强烈的孤独感、无意义感和无聊等等,这个现象有增加而并无减少之势。在社会转型的特殊时期,我们急切地期盼生命教育能将人的被放逐的心灵回归到人的本真存在上来。生命教育要在回归本质——面向生命本身,对生命本体关照入微,对生命之根精心呵护,在社会"共在"中蓬勃发展的基础上,受生命理想的引领走出生命教育的现代性困境,使人身心健康、生活幸福、生命安顿。

教育的本质本应是让受教育者能更好地适应社会生活,获得身心全面发展。然而,由于社会竞争加剧,现代教育越来越偏重于知识的传授,使受教育者缺失了人文关怀、价值关怀和意义关怀。学校教育中凡是与升学和就业无关的内容,教师不教、学生也不学习。许多青少年的道德品质、文化素质和人格都出现了不同程度的问题,青少年群体暴力事件、犯罪事件频现报端。泰戈尔曾说,"教育的目的是向人类传送生命的气息",杜威也曾言,"教育即生活"。让受教育者学会用"生命"更好地"生活",是当代教育要关注和解决的重要问题。换言之,提升人的生命和生活品质是教育的核心所在。

(二)生命教育的三重含义

1. 为了生命的教育

为了个体生命的成长与幸福,是教育最正当的价值追求。生命教育就是为了生命更加美好、更加幸福和更加久远的教育:(1)为了生命更加美好,这意味着教育要服务于学生生命的完整成长。成长是生命最为积极和美好的姿态,是每一个人生命历程中永恒的主题。学生的生命成长通过身体、认知和社会经验的发展而得以实现,促进学生的自主

---

[1] 高伟.从生命理解到生命教育———一种走向生活的生命教育[J].北京师范大学学报(社会科学版),2014(5):35-42.

发展、和谐发展、有特色的发展和可持续的发展是生命教育的自觉追求。（2）为了生命更加幸福，这意味着教育要着力培养学生营造幸福人生的能力。一个人不管毕业于哪一所学校，所学的是哪一门专业，获得了怎样的学位，最终都得面对生活。一个能感到生活幸福的人一定会更多地珍惜生活、善待自我、友爱他人和奉献社会。感受幸福的能力源于内心的力量，生命教育要着力帮助学生聚集这种力量，为学生的幸福人生奠基。（3）为了生命更加久远，意味着教育承载着延续和发展人类精神生命的重任，"每个个体，作为群体中生活经验的承载者的每个单元，都会离开人世。但群体的生命在延续。一个社会群体中每个成员的不可回避的出生和死亡，决定了教育存在的必要性"。生命教育要弘扬和升华人的精神需要，引领学生过有品位的精神生活。

2.关于生命的教育

生命教育是关于生命的教育，是引导人们关注生命、了解生命、认识生命的教育，是阐释生命现象、生命过程和生命本质的教育，是探索"生命与自我、生命与他人、生命与社会、生命与世界"关系的教育。从这个意义上说，生命教育是重要的教育内容，是课程开发的重要领域，它涵括了丰富的学习主题，如"生命的起源与演进""生命的结构与功能""生命的出生与死亡""生命的安全与健康""生命的规划与成长""生命的权利与责任""生命的价值与意义""生命的尊严与幸福"等。

3.充满生命气息的教育

每种教育总是呈现出一定的形态和特征，如"斯巴达教育"严厉残酷，我国古代的私塾教育强调死记硬背。生命教育也是一种教育形态，在这种教育形态中，教育的过程和方法充满生命的气息，涌动着生命的活力。在这种教育形态中，没有粗暴与糊弄，没有训斥与羞辱，童心得到守护，童年得到保卫，童趣得到张扬，童真得到彰显。在这种教育形态中，师生在学校的每一段时光都荡漾着生命的情怀，在校园的每一个角落都充满人性的温暖：笑声朗朗，书声琅琅，歌声朗朗……每一个人的优长都能够得到充分绽放，每一个人对未来都有着乐观的向往，每一个人心中有对教育无限信任的力量。

（三）生命教育的知识基础

1.生命伦理学

生命伦理学是于 20 世纪 60 年代发源于美国，随后在欧洲发展的一门新学科，也是迄今为止世界上发展最为迅速、最有生命力的交叉学科。生命伦理学主要研究生命科学、生物技术和医疗保健提出的伦理道德问题，并加以规范，使人们有所遵循。生命伦理学的生命主要指人类生命，有时也涉及动物生命、植物生命及生态，而伦理学是对人类行为的规范性研究。生命伦理学是指运用伦理学的理论和方法，对生命科学和医疗保健的伦理学范畴如决定、行动、政策等等进行的系统研究。尊重生命是生命伦理学的根本宗旨。尊重生命包括尊重人的生命和对非人的生命给予一定程度的尊重。生态伦理学诞生之后，承担了论证和宣传尊重非人的生命和非生命的自然的必要性的任务。因而，在生命伦理学语境中，尊重生命是指尊重人的生命形式，并且主要是指尊重人类每一个个体的生物学意义上的生命存在和健康利益。美国生命伦理学家恩格尔哈特在《生命伦理学基础》一书中提出了生命伦理学的基本原则[1]。

（1）允许原则

在多元化社会中，涉及别人行动的权威只能从别人的允许得来。允许原则表达的情形是，在多元化的俗世社会中，解决道德争议的权威来源于争议者们的同意，因为它无法来源于理性论证或共同信仰。因此，允许或同意是权威的来源，尊重争议者表达同意的权利是道德共同体之可能性的必要条件，允许原则提供了俗世的道德商谈所需的最起码的语法。只要人们有意于得到辩护地进行责备和称赞，带着道德权威解决问题，这一原则就是必不可少的。人们服从这一原则的动机与人们有意以下述方式行动的兴趣紧密联系在一起：①这种方式是可以向一般的和平的人们辩护；②这种方式将不会为别人使用自卫性或惩罚性的强制手段对付自己提供辩护。这种行动的结果是：①没有这样的允许或同意就没有权威；②违背这种权威的行动应受到责备，因为违背者将自己置于一般的道德共同体之外，并使别人报复性的、自卫性的或惩罚性的强制手段成为正当的。因此，允许原则为那些旨在保护无辜者的公共政策提供了道德理由。

（2）行善原则

道德行动的目标是获得善与避免恶。然而，在多元化的俗世社会中，没有一种具体的善恶说明或善恶排列可以被确立为标准。其结果是，在尊重自主权的约束下，没有一种具体的充满内容的道德观可以在相互竞争的道德感之上得到确立。但是，对行善的承诺仍表现出道德事业的特点。因为不承诺行善，道德生活便没有了内容。行善原则所反映的情形是，道德关怀包含追求好处与避免坏处。由于在多元化社会中有关好处与坏处的争议只有诉诸允许原则才能解决，因而允许原则从概念上讲先于行善原则。人们总是能够知道自己何时违背了相互尊重的道德，即使当人们无法知道自己是否违背行善原则时，然而，承认行善原则满足了道德关怀所要求的起码的特征。人们服从这一原则的动机与人们有意以下述方式来行动的兴趣紧密联系在一起：①这种方式是可以向一般的行善的人们辩护的；②这种方式将不会为这样的人辩护：他被视为没有同情心的人，可以被一个具体的共同体或任何共同体的行善关怀排除在外。因此，行善原则为从公有财物中引出（可以谢绝的）福利权利提供了道德理由。

2.生命哲学

生命哲学是一种试图用生命的发生和发展解释宇宙，甚至解释知识或经验基础的学说或思潮。德国哲学家狄尔泰最早用"生命哲学"一词表示他的哲学。生命哲学把揭示人的生命的性质和意义作为全部哲学研究的出发点，进而推及人的存在及其全部认识和实践，特别是人的情感意志等心理活动，再由人的生命和存在推及人的历史和文化，以至人与周围世界的关系。易言之，从对生命的揭示推及对整个世界的揭示。

生命哲学虽然分为多种流派，但共同点在于，他们不把生命视为物质或精神、感性或理性的实体，而是看作主体对自己存在的体验、领悟，也就是心灵的内在冲动、活动和过

[1]　恩格尔哈特.生命伦理学基础[M].2 版.范瑞平，译.北京:北京大学出版社,2006:123-125.

程;他们不但反对把世界上各种事物和现象还原为物质或精神存在,更反对把它们的特性简单归结为物理特性,而认为应当把它们看作具有活力,或者说是具有能动性和创造性的生命存在。他们强调生命的变异性和创造性,以及作为人的生命的体现的心灵世界的独特性,并由此强调生命科学和物理科学的差异性。他们还强调生命和激情对理性和经验的超越。概言之,生命哲学认为,要用生命去理解生命,当体验与直觉被认为是生命的基本存在形式之时,生命哲学进而认为,生命只有通过内心体验和直觉才能把握,个体通过自己的体验和直觉把握自己。这种生命哲学,在一定程度上消解了各种将生命物化的主义,生命被本体化,生命的神圣性得到一定的恢复。

3.生命境遇学

生命境遇学从个体生命与世界的关系出发,探索和思考生命,尤其是个体生命在这个关系中的遭遇和现实情境。尽管生命意义是由个体生命自己建构的,但人生的意义与价值的实现程度却不完全由个体生命自己决定,人生在世对生命的实现过程构成各种各样的境和遇,这些境遇或者能够与人生意义的赋予建立起直接的关联,或者会妨碍人生价值的实现。通过对生命实现中各种不同境遇的辨正,明晰这些境遇的不可回避性,学会承担生命,这是生命教育的重要内容。

"遭遇"是生命境遇学的核心概念。遭遇作为一个词并不是新的,而是德语中现有的一个古老词汇,人们一直在使用它,使用中并未给予其特别的强调,但现在它却有了一个全新的声音,表现出一种新的生活经验、一种存在的经验。根据阿尔佛雷德·诺思·怀特海的过程与实在理论,可将人的发展状态概括为一个过程,且这一发展过程由许许多多的突发事件组成。这些事件是人存在的基本样式,大体可以分为两种类型,一种是常态的、连贯性发展的连续性事件,是顺着人的发展方向的一般持续、不间断的过程;另一种是非常态的、突如其来和不可预测的非连续性事件(包括遭遇),可引起发展顺序的局部中断、停止或转向[1]。即生命的发展具有非连续性的一面,人总是在时空里相遇到特定的人、事、物,但并非所有"相遇"都称得上"遭遇"。只有少数重大的特定经验可以称作遭遇,它们闯入人的生活,突然地、往往令人痛苦地中断人们的活动,使之转向一个新的方向。遭遇到的可能是某个人、某件艺术品、某部著作,也可能是某件事——遭遇到的可能是好事,也可能是坏事,但都能够震撼人的心灵、改变人的精神状态[2]。虽然这种遭遇不以人的意志为转移,也常常与人的愿望背道而驰,却也是人类存在的基本方式,深深埋藏于人存在的本质中。遭遇是人存在的方式之一,具有本体性的特点。从表面看来,遭遇并非人的和谐发展,而是发展中的断序和混沌,是重大的扰乱,甚至是前进中的"绊脚石"。但是从人的发展来看,遭遇以粗暴的方式突然中断了事物发展的往常秩序,往往使人处于一种失衡断序的状态。它以一种事件的形式衔接人的连续性过程,为其今后的发展提供了新的契机。

---

[1] 阿尔弗雷德·诺思·怀特海.过程与实在[M].杨富斌,译.北京:中国城市出版社,2003:33.
[2] O.F.博尔诺夫.教育人类学[M].李其龙,等译.上海:华东师范大学出版社,1999:57.

(四)生命教育理念下的精致教育的价值诉求

1.以"关爱生命、尊重生命"为教育前提

教育面向的是一个个独特的生命个体,而并非一个个毫无生气的、有待加工的零件。教育者只有从受教育者的生命出发,用已有的知识点化、润泽、提升新的生命,使每一个受教育者能够通过自己的生命律动来感悟与学习,进而提升个体自我的生命境界、实现个体生命的自由和价值追求,教育的使命才算真正完成。①"生命化教育"提倡教育者要关注与尊重每一个生命。关爱生命、尊重生命必须要尊重每个人的不同个性。教育者应因人而异,努力发挥每个受教育对象的长处,激发他们的生命潜能,不仅要让他们在学习中获得幸福和快乐,而且还能让他们发展和成长。然而,当今我们的学校如同"加工厂",将一个个原本生动活泼、棱角分明的学生加工、改造成众多面目相似、心性趋同的"产品"。这样的学校教育注定是失败的教育。②关爱生命、尊重生命要求教育者尊重每一个受教育者内心的真正需求。有些教师不顾学生的实际情况,一味地要求学生考高分,或是变相地"拔苗助长"。而有些家长平时只知道按照自己的想法或教育方式来教育孩子,却忽视了对孩子内心真实想法的探求。教育者只有了解了受教育者内心真实的想法,依照其心理需求真正关爱他们,才能使教育目标真正得以实现。

2.以"解放与发展受教育者"为教育宗旨

生命教育是顺从人的生命自然、具有极强个性化色彩的教育。要想使每个受教育者认识生命、并实现生命的意义,教育者首先要解放受教育者。在具体教育活动中,教育者应该给予受教育者足够的自由,给予其足够的学习时间、学习空间和学习自主性,让所有受教育者在身心上得到一定的放松与解放。解放受教育者,除了要将学习的自主权交给他们,还要使他们在学习过程中能够积极参与实践,在具体的实践活动中获得知识、能力与生命的滋养。譬如,在对低年级学生进行写作能力的训练过程中,语文教师如果让学生在亲身参与、体验一些劳动之后写作文,学生就易于生动地写出"劳动"的辛苦与快乐。在自然、本真的生活中,受教育者对待生活、生命的认知也会相应提升,教育的效果也会慢慢显现。

3.有利于培育和践行"生命至上"的价值观

生命教育的宗旨是捍卫生命的尊严,激发生命的潜能,提升生命的品质,实现生命的价值。它的首要意义在于肯定和重视生命的价值,把生命的价值摆在至高无上的地位。对于一个社会来说,"生命至上"的价值观体现在对个体生命的尊重,对个体生命的独特性、唯一性的尊重。一切以牺牲个体生命为代价而换取的所谓"大业",所谓"圆满",不管它冠以何种崇高的名义和美妙的名字,其正当性都是值得怀疑的。一切以"虚幻的共同体"的名义,对于人做出牺牲的要求都是缺乏其存在的合理性的。正如陶行知先生所说:"中国要到什么时候才能翻身?要等到人命贵于财富,人命贵于机器,人命贵于安乐,人命贵于名誉,人命贵于权位,人命贵于一切。只有等到那时,中国才站得起来!"一个社会,只有重视生命的价值,才能创造其他一切价值,才能真正走向繁荣富强。对于一个个

体来说,"生命至上"的价值观体现在对幸福人生的追求,对生命尊严、生命质量的追求。一个真正懂得珍爱生命的人一定不会牺牲生命内在的成长和幸福去换取"金钱""权力""名誉"等外在物,正如马斯洛所说,人的最高需要是自我实现,一个人自我实现的程度越高,他的幸福感也会越强。而在一个社会中,如果有更多的人能感受到幸福,这个社会将会变得更为安全,更为和谐,更为融洽,更有前途和更有活力。

4.有利于倡导和形成"生命化"的教育过程

生命教育强调用生命去温暖生命,用生命去呵护生命,用生命去砥砺生命,用生命去滋润生命,用生命去灿烂生命。相比于一般的教育重视教育结果,生命教育更加重视教育的过程。它的意义在于,让教育者更加关注和优化教育过程,使教育过程变得富有生命乐趣和活力,因为生命本身就是一个过程,是一个不能快进、不能倒退、不能暂停、不能回放的过程,生命的每个阶段都有其独特的价值和乐趣,没有哪个阶段拥有牺牲另一个阶段的权力和借口,每个阶段的空白都是终生的空白,每个阶段的遗憾都是终生的遗憾。如果我们的教育只重视结果,无疑会错过许多生命中的美好和快乐,让生命的过程蒙上灰暗和压抑的颜色。重视教育的过程,会让我们的教育不那么急急忙忙,不那么紧紧张张,不那么死气沉沉,会让我们更好地享受当下的教育和生活,从而改善教育的面貌和品质。

(五)生命教育理念下精致教育实施面临的困境

1.生命本体意识不强

生命教育在我国有时被简化为"安全教育",只聚焦于对校园恶性事件,如自杀、他杀、酗酒闹事、猝死等的防范,缺乏对生命本体的关照。在现实生活中,普遍的现象是家长、学校甚至社会往往只关注人的生命安全和外围存在,包括对危险的防范及生命外在的追求等等,而缺乏对成长中人的本真存在的关怀。例如,相关材料显示,我国青少年的眼睛近视率较高。其中,初中生近视率达60%,高中生近视率达80%,大学生中有85%以上的人近视。据我国中小学生健康调查报告,近年来我国中小学生的脊柱侧弯的发生率明显上升,高血压、糖尿病、肥胖等慢性疾病在青少年群体中的发病率也逐年增加。同样,我国的中小学生心理状况也不容乐观,他们的心理健康状况和情绪障碍状况非常令人担忧,神经衰弱、抑郁等问题困扰着越来越多的青少年学生……学习是人成长的重要手段,但身心健康成长才是人存在的根本,也是进行学习活动的前提条件,而之所以出现这种状况,都是因为人们缺乏生命的本体意识,漠视生命的本质存在。

2.心理状况不容乐观

众所周知,身心和谐发展才是人的生命的健康成长,也是马克思关于人的全面发展思想的基本内容之一。在我国当前的教育中,学校非常重视学生的生命安全教育和心理咨询与辅导,相关的教育、课程与帮助开展得也颇有成效,但不容忽视的事实是当前学校中出现心理问题的学生的数量,不但没有减少反而有逐年增加的趋势。其中的原因复杂,但有一点是肯定的,就是目前学校的心理教育普遍存在"治标不治本"的现象,很多学校的心理健康与咨询机构往往"重干预"而"轻预防",扮演的角色是心理问题的"消防队"——只有当发现学生的心理出现问题时,他们才去采取措施进行干预,缺乏对学生心理变化的早期干预和预防,往往错过解决学生心理问题的最佳时机。在当前的学生群体中,偏执、抑郁、交往障碍、强迫行为、极度浮躁等心理问题及其引发的校园案件屡见不鲜,"郁闷、忧虑、无聊"等状态可以概括为现代多数学生的基本生活状态,这也是他们常用的"口头禅"。心理脆弱、精神颓废是现代学生心理状况不容乐观的基本表征。

3.生命共生意识薄弱

在整个辩证唯物主义体系中,世界万物的普遍联系和永恒发展是其总体特征,现代物理科学和生态科学也进一步证实了生命的关系性存在和生态的共生价值,过程哲学大师阿尔弗雷德·怀特海(Alferd Whitehead)认为一切现实的存在都是"动在",而一切"动在"在根底上都是"互在",都是关系性的存在。[1] 然而,在当前的学校生命教育中,我们更多地关注学生个体孤立的生命存在,缺乏对学生进行关于生命整体共生意识的培养。在社会存在中,人与自然、人与社会、人与自身都是浑然一体的,是一种整体性的存在,如果割裂了这种关系性的整体存在,必然会导致学生心理上的自我中心主义,漠视外在的他者生命,缺乏对他者生命的应有尊重,其个人也容易产生人格分裂,也就容易产生践踏生命的极端行为。学生缺乏对自然万物的共生意识,往往就会在心灵上遮蔽自然美的发现,缺乏生态环保意识,甚至导致其虐杀自然生命;学生缺乏社会的共生意识,就会很容易产生嫉妒、仇恨、攀比、恐惧、孤独等不健康的心理,并使得其人际关系不融洽;学生缺乏自身的共生意识,就会导致身心的二元分裂,出现偏执、易怒、人格不健全等问题。针对这种情况,查伦·斯普瑞特奈克一针见血地指出,"当前真正的危机不是缺少数据或使用电脑的能力,而是缺少重视生命相互关联性的道德发展和精神发展。"[2] 当前我国大多数学生都是独生子女,他们大多在"唯我独尊"的家庭环境下成长,这就更需要学校加强对学生生命共生意识的培养。

4.生命理想不够明确

生命理想是人的生命追求,是人的价值体现,是使人的生命充满活力的源泉。实现生命理想的前提是要具有健全的人格,人格的发展对生命理想的追求具有监督与规诫作用。学校只有帮学生培养出健全而高尚的人格,才能为他们的未来创造幸福美好的社会生活。然则当前的生命教育存在重"生命安全防范"轻"德性心灵净化"、重"道德认知"轻"道德行为"等不良倾向。学校在迫使学生追求分数和向其灌输科学知识的同时,淡化了对学生的德性养成和其人文素质的提高的重视,更缺乏对学生进行必要的环境伦理、生态伦理、社会责任等意识的培养;在进行道德教育中,往往只重视学生对道德知识的机械式掌握,缺乏对其必要的情感感化和意志磨炼的重视,导致出现"认知与行为两张皮"的现象,这在生活中的表现就是言行不一致,难以"慎独"。人格不健全,生命理想不明

---

[1] Alfred North Whitehead. Process and Reality[M].New York:The Free Press,1978:50.

[2] C.A.Bowers.Ideology,educational computing and the moral poverty of the information age[J].Australian Educational Computing,1992,7(1):14-21.

确,不仅会导致校园安全事件频发,更会导致明日之社会的道德严重滑坡,社会风险加大,人人没有安全感。显然,人的生命历程需要理想的引领,需要自己的"中国梦",需要对生存立命的终极关怀。当前,很多学生没有理想,缺乏信仰,人生失去了方向和快乐,这是因为他们失去了驾驭人生快乐的标杆。在缺乏生命理想的人那里,世界永远是灰暗的,而不是五彩缤纷的;在他们那里也很少见到自然之美和社会之爱;他们的审美意识与能力匮乏,难以创造美,缺乏必要的人生艺术;他们精神枯竭,思想中或许只剩下了金钱崇拜。

（六）生命教育视野下精致教育的实施路径

1.营造充满生命情怀的精致教育环境

生命教育的过程是对生命的点化与启迪过程,也是不同生命间的交流过程。在开展精致教育活动时,教育者应尊重、激励、包容每个受教育者,使每个受教育者都能得到均等的受教育机会。无论受教育对象的性格是外向还是内向,无论他们的智商是高还是低,无论他们的身心是否健全,教育者都有责任和义务平等地对待他们,都有责任和义务使每一个受教育者得到锻炼和发展的机会。

"教育是生命的教育,学校是生命的学校"[1]。基于此,精致教育的开展需要做到如下两点:第一,要想使受教育者在接受教育的过程中获得真正的平等,必须使他们拥有充分的学习自主性,拥有足够的学习时间和空间。无论是在学校的学习还是在家庭内部的学习,教师和家长都必须将学习的权利交给学生或孩子。第二,营造开放的教育环境,教育者要能够将学生从课堂学习、理论学习以及封闭式训练中解放出来,让学生在日常生活、家庭、社会的具体的生活实践中进行学习与锻炼,让他们的生命得到真正的成长。学生的学习要贯穿课堂内外,教师要采取多种途径使学生课堂内外的学习互相补充和强化,从而真正实现学生的自主学习及成长。

2.打造基于生命化的精致教育课堂

学生的主要生活是校园生活,校园生活又主要是课堂生活。学生在当下的校园过着怎样的课堂生活,会在很大程度上影响他一生的生活品质。假如我们的学生总是能从课堂中学有所获,感受生命的美好,感受学习的乐趣,并能深深地沉入到学习过程中去,那我们就可能培养出学生那种高度投入的、专注的、有生命尊严存在的状态。相反,如果学生在课堂中总是遭到忽视、训斥甚至是羞辱,那学生就可能形成冷漠、粗暴甚至是反社会的人格。因此,学校要以生命教育的眼光审视精致教学,一方面,需要充分发掘各学科中生命教育的精神元素,使课堂充满生命的情怀与律动,打造基于生命化的精致教育课堂。基于生命化的精致教育课堂是师生之间心灵相遇的场所,是关照意义世界和感悟生命之美的场所。基于生命化的精致教育课堂是充满理智挑战的课堂,能让学生感受到智力劳动的愉悦,感到智慧之花尽情绽放。这种课堂是快乐主宰的课堂,能让学生感受到人

---

[1] 张文质.跨越边界——生命化教育的一些关键词[J].中国校外教育(理论),2007(1):27-32.

性之美、人伦之美、人道之美,唤起学生对于生活的热爱与柔情。另一方面,教室作为有限的空间,无法满足学生展示丰富独特的生命表现形式的更多的需要,难以避免使生活过程变得死板、呆滞、程式化和模式化。基于生命化的精致教育课堂不局限于教室,它是学生在更广阔的时空中的更为个性化的学习与生活的方式。

3.开发立足生命教育的精致教育校本课程

学校的课程结构由国家课程、地方课程和校本课程组成。校本课程是以校为本,由学校组织开发和实施的课程。开发立足生命教育的精致教育校本课程有利于系统梳理和规划关于生命的学习主题,如"了解生命成长历程的青春期教育""守护生命的安全教育""健康人格教育""感恩教育与生命情怀的养育""敬畏生命与信仰教育""保护生命多样性的生态环境教育"等主题。通过这些主题的学习,学校能够帮助学生更好地认识生命的真相、理解生命的意义、感受生命的美好、开发生命的潜能、呵护生命的尊严、提升生命的品质,以便最大程度地实现生命的价值。立足生命教育的精致教育校本课程开发的一个重要方面是开发课程资源。凡是有助于学生生命成长的物质的、精神的材料与素材,都是课程资源,如图书资料、音像资料、风俗习惯、文史掌故、名胜古迹、自然风光、与众不同的人和事等等,有效地开发和利用这些资源,可以使资源具有更多的教育附加值。

二、个性化教育

"个性化教育"源于"以人为本"的理念,它打破了用"一把尺子"来衡量所有学生的狭隘的教育观念,用积极的眼光去发现每一个学生的不同优点,继而采取"因材施教"的策略,让每一个学生都受到关注,让每一个学生都找到自信,让每一个学生都获得发展,让每一个学生都在教育过程中感受到快乐。个性化教育思想目前已经受到了越来越多教育界的有识之士的关注与分享。在个性化教育理念下,重庆市教科院巴蜀实验学校负责孩子的人格塑造与能力培养,尽力让每个孩子成功、幸福——"精心"设计最适合孩子的教育;"精诚"对待每个孩子,用诚挚的善意与爱心去感化和指导孩子;在每个细微之处和每个点滴之末"精细"。

(一)个性化教育的产生背景

1.政策背景

我国 2010 年颁布的《国家中长期教育改革和发展规划纲要(2010—2020 年)》(以下简称《教育规划纲要》)强调对广大青少年开展素质教育,指出,推进素质教育是中国特色社会主义教育的主旋律;坚持以人为本、全面实施素质教育是教育改革发展的战略主题,是贯彻党的教育方针的时代要求。《教育规划纲要》还提出,"关心每个学生,促进每个学生主动地、生动活泼地发展,尊重教育规律和学生身心发展规律,为每个学生提供适合的教育。"2011年,由中国教育学会、中国民办教育协会主办的个性化教育国际会议把"个性化教育与学生全面发展"确定为主题,该会议旨在深入探讨在经济全球化背景下,个性化教育对学生全面发展及创新人才培养的重要意义,总结我国个性化教育实践经验和成功案例,研究新形势下个性化教育的有效模式,探究个性化教育理论体系,其将为深化中小学教育教学改革和推进素质教育提供重要启示。

2.社会背景

当今世界正处于大发展、大变革、大调整的特殊时期,世界多极化、经济全球化深入发展。人类正处于新的科技革命前夕,新技术革命和产业革命初露端倪,许多领域的科学研究将出现重大突破,可望从根本上改变人类社会发展的面貌,催生以知识文明为特征的新型人类文明。此外,各国也都面临着日益加剧的资源、环境压力和种种社会矛盾。在这种时代背景下,人力资源尤其是人才资源成为各国迎接新的挑战、确保可持续发展的第一资源,教育的责任越来越重,培养创新人才成为其核心任务。推进个性化教育有利于加强教育的针对性、实效性;有利于改变学生被动学习的状况,进一步调动广大学生学习的主动性、积极性;有利于发展广大学生的优势潜能,有效培养其创新能力,遵循教育规律和人才成长规律,尊重广大学生的主体地位,体现教育以人为本的核心理念和促进公平、提高质量的战略目标。因此,我们需大力提倡个性化教育。

3.历史背景

我国伟大的教育家、思想家孔子最早关注人的个性差异,提出因材施教的教育原则和方法,强调教学应长善救失,促进个性发展,培养各类人才。现在我们所主张的个性化教育与孔子所提出的因材施教思想既一脉相承,又被赋予了新的内涵。推进个性化教育的根本目的是坚持全面发展与个性发展的统一,培养和促进广大学生真正实现德智体美全面发展。实施个性化教育的前提是树立人人成才和多样化人才的观念,关爱每位学生,帮助每位学生进步,并切实培养广大学生的终身学习能力。个性化教育要求尊重学生的不同特点与个性差异,课程和教案的设计应面向全体又兼顾个别,具有灵活性、针对性、多样性的特点,避免"千人一面";要求确立先进的教学理念和课堂文化,运用启发式、探究式、讨论式、参与式等教育教学方法,激发学生独立思考和学习的热情,促进其创新精神和创造能力的培养;要求高度重视信息技术对教与学的革命性影响,充分利用信息化、数字化技术为广大学生提供先进的个性化学习手段和优质学习资源;要求摈弃传统的评价理念和标准,完善综合素质评价体系,探索促进学生个性全面发展的多种评价方式。总之,实施个性化教育是促进教育改革创新的一个重要抓手,是实施素质教育的重要措施,是教育贯彻以人为本科学发展观的生动体现。因此,我们必须对个性化教育给予高度重视。

(二)个性化教育理念下精致教育的价值诉求

1.对人性的回归

一直以来,教育备受诟病之处是将学生看作学习的机器,当作考试的工具,教师眼中没有人的存在,教育中师生关系异化为"我—他"的关系,而不是"我—你"关系,作为教育主体的学生被客体化,被当成被动学习的对象,以至于巴西教育家弗莱雷指出,教育成为一部被压迫者的教育学,教育导致了人性光辉得不到彰显,人的个性得不到张扬,学生的差异性被泯灭。学校进行流水线作业,标准化生产所培养出来的人才,是缺乏个性的,正如许多年前的某漫画中所描绘的那样:接受学校教育之前,每个学生都是不同的形状,有正方形、长方形、菱形、五角形、圆柱形等,但是经过学校教育,他们往往变成了圆形,学生的那些棱角都被磨平了。这样的教育是一种去个性的教育,是没有尊重人性的教育。"人是万物的尺度,是存在者存在的尺度,也是不存在者不存在的尺度。"[1]可见,世上只有人才是最珍贵的,如果教育忽视人性,那么这样的教育不是"人"的教育。因此,我们需要尊重学生的差异性,保护学生的个性,让学校成为具有丰富感情、充盈人性的地方。个性化教育,是根据学生的个性进行教育,尊重学生的个性经验和个性发展水平及个体兴趣的差异,实施恰切的教育,是一种人性教育,是遵循教育规律的教育,同时,也是一种公平的教育。"为每个学生提供适合的教育才是最公平的教育"。

2.培养创造人才的必由之路

"钱学森之问"被我国广大人士关注。为什么我们培养不出杰出人才?对于这个问题,很多人将责任推卸给教育,理由是学校教育没有培养出杰出人才,是一种失败的教育。教育之罪在哪里呢?一般认为,教育没有关注学生的创新能力培养,没有关注学生的实践能力,没有培养学生的终身学习能力,导致学生缺乏创造能力。其实,创造能力与一个人是否具有创造人格有关,即创造与创造个性是相互关联的。心理学研究表明,创造个性与创造具有正相关的关系。因此,要培养创造型人才,首先要培养学生具有独立的思维方式、独特的人格特质、独到的判断能力等创造所需要的个性。作为创新人才首先要具有创造性的个性,倘若没有个性特长的发挥,就根本谈不上创新。人的探索欲望和求知欲望得到充分调动的前提是人的个性充分发展,潜能充分发挥,只有这样才有可能去发现新的问题,激发出人的创造性。[2] 当前,在我国大力倡导人才创新、教育创新的背景下,我们的学校教育需要寻找其逻辑前提,就是学生创造人格的培养、学生个性的生成。而学生个性的形成在很大程度上取决于教育的质量,创新人才的培养的关键在于教育能否培养出有个性的学生。所以说,个性化教育是与创新人才培养密切相关的。

3.特色学校建构的鲜明旗帜

中外教育史上无数的案例表明,一个学校的生存与发展,需要具有自己的品牌和特色,趋同化将阻碍学校的最终发展。然而,我国学校的办学理念和办学方式趋同,教育理念和教育方式几乎没有多大差异。但是,在今天教育竞争日趋激烈的形势下,如何在对手如林的教育市场上生存下去,如何提高核心竞争力,其答案只有一个,就是加强特色教育和特色学校的创建。特色学校不是主观想象出来的,如果没有历史积淀、相宜的客观环境、主体自身的条件和实力,建设出来的学校就是"空中楼阁"。建设特色学校需要建

---

[1] 北京大学哲学系外国哲学史教研室.西方哲学名著选读(上卷)[M].北京:商务印书馆,1981:125.
[2] 王利珍.个性化教育在培养创新型人才中的作用分析[J].中国人才,2011(14):94-95.

设特色的学校品牌,因而需要加强个性化教育,没有以个性化教育为支撑的学校将岌岌可危。因此,个性化教育将成为学校追求个性化、彰显特色的一个标志,是特色学校建设的重要一环。

4.教育质量的追求

质量是教育的生命力,质量是学校教育的目标。我国政府在开展义务教育方面做了大量的工作,为推进免费教育耗费了大量的人力、物力和财力,但是随着教育改革的发展,追求优质教育资源、期待优质教育的思想与日俱增,然而优质教育资源是相对有限的,优质教育资源的短缺导致供需矛盾,以至于产生"择校"现象,近年来择校成为我国中小学教育中的一个"顽疾",久治不愈。人们追求优质教育,这本来是无可厚非的,但是我们不能短视,需要从长远和全局的眼光看待问题,需要提高整个基础教育的质量,而不是追求某个地区或者某所学校的成功。因此,我们需要关注个性化教育,促进所有学生的个性化发展,针对学生的个性发展实施合适的教育,而不是盲目去追求"贵族"学校教育。我们要让所有的学校具有个性化,都具有一定教育质量的保证,从而推进整个教育质量的提升。

(三)个性化教育理念下精致教育面临的实践阻抗

1.模式化教育

在当前现实的教育活动中,教育一直在追求统一性和标准化。这种教育的规范化和标准化把统一设计好的标准人的形象及其社会职能当作教育的培养目标,学生的发展是按照社会要求预先设计好、计划好和预定好的。教育对学生的个性、创造、发展都进行控制,使他们接受社会与教育为他们规定好的标准化的知识,发展为他们设计好的才智,获得为他们计划好的思想,这种教育着重培养社会类的个体的标准化的行为与思想,因此,这种教育只是在塑造标准化的人,这其实不是在教化人,而只是根据标准形象与榜样用标准化过程"克隆"人或复制人。

这种模式化教育有其历史适应性,但随着社会的发展,这种无视个性、压抑个性、甚至摧残个性的教育已经呈现出它的消极后果。教育千篇一律,而人失去了个性的多样性,这种模式化所培养的是社会所需要的标准件,是束缚于陈规陋习的定型规格的人,甚至是平庸的人。英国教育哲学家怀特在谈到他关于"受过教育的人"的设想时,曾发表意见说:"无论如何,我是绝无理由如此强调统一性的。为什么受过教育的人必须都是同样的类型,具备同样的特质呢?我们是否能够摈弃把事物概念化的做法,从而使教育工作者培养出丰富多彩的个性呢?"每个人都有自己的优势和劣势,教育应该致力于学生个性的发展,而且,为了实现这一目的,教育本身也应该个性化。当今社会已由工业社会进入信息社会,信息社会的发展对人的个性化、自主性和创造性等等都提出更高的要求,以往那种封闭划一、千人一面、扼杀个性的模式化教育越来越不适应社会的发展,个性化教育理应成为信息社会的教育形态。

2.主智主义教育

自1905年法国心理学家比奈和医生西蒙编制出第一个智力测验量表起,传统智力便开始了其统治教育领域的历程。传统教育就是在这种背景下大行其道的，教育强调的是尽量使受教育者获得智力上的高分，这种高分就是可以用纸笔测试测量出来的以语言和数理逻辑为核心的个体拥有的较高程度的认知智力。因此，我们看到在学校教育中，学生尽可能地学习相同的课程，并且教学尽可能地以相同的方式将这些学科的知识传授给儿童，然后以标准化的考试形式来评价学生之优劣。学校培养有知识的人，这是无可厚非的，但是它致力于塑造一种知识人，而忽视了人的完整性与个性差异性。在学校教育的视界中，知识被看成是人的唯一规定性和人之本质，学生是用一片片知识搭建起来的，充塞于学生心灵的"唯一"就是知识。他们的价值也只是以其拥有的知识来进行衡量，他在学校、班级中的地位与身份全与其知识、学习之优劣挂钩。至于其他如道德之类的品行，经常可以用"一好"（知识学习好）所替代，这种教育的任务就是要实现学生的知识化。于是学生不是被驯化，就是被淘汰，不是去迎合，就是被剥夺；于是人们为知识而生，为它而死，甘心情愿受它肢解，为它所宰割，于是就产生了这样的结果：知识得到之时，就是人自身、人的生活被异化之时，这是教育的悲哀。这种主智主义教育根本就没有对人的尊严的维护，对人的价值与个性的尊重。人具有完整性与差异性，而教育是绝对不能无视或忽视这一点，知识只是人的一部分而不是全部，教育必须顾及人的个性与完整性，谋求人的潜力的独特性发展，谋求人的智力与人格的全面发展，谋求人与自身、自然、社会和谐发展。

3.对个性化教育的误读

个性化教育实施的前提是理解个性化教育。这是一个浅显的道理：只有理解的东西才能更好地去运用，没有对个性化教育的深刻领会，就不能有效开展个性化教育。当前存在对个性化教育的误解，其主要有两个方面：一方面，将个性化教育等同于"一对一"或者个别化教育。一部分人认为，个性化教育就是"一对一"，就是一个教师对一个学生进行教学，或者是针对每一个学生的实际情况实施教学，这是一种错误的认识，"一对一"不等于"个性化"。另一方面，有些人将个性化教育误解为一种具体的教育模式，并竭力想将个性化教育进行模式化，这是一种不恰当的想法与做法。当然，在个性化教育中，对其不理解或者误解，是造成个性化教育走样或者变形的重要原因，我们需要重视这一点。

4.教师的保守与惰性

心理学研究认为，教师具有职业倦怠，即教师具有保守性。一方面，教师善于研究和教学，不断进行教育改革，另一方面，教师的"惯习"即教师的教育经验、专业知识等等又成为教师惰性与保守的根源。教师的保守性表现为，懒于学习理论，教育教学没有新课程理念的支撑，懒于思考教学现状，导致教学方式一成不变，以至于教师不愿意去改革教育，这是个性化教育的重要障碍因素。因此，教师需要从懒惰走向积极，打破已有的教学"惯习"，不断树立创造性教育思想，去开展个性化教育。

（四）个性化教育理念下精致教育的实施路径

1.形成开放式理念

个性化教育与开放式理念是联接在一起的，没有开放式的理念，那种张扬教师和学生的个性、尊重学生差异、悦纳所有学生个性的理念,就会成为空中楼阁,因此,我们需要认识到在个性化教育方程式中,开放式是自变量,个性化教育是因变量,要进行个性化教育,首先要形成开放式理念并做到如下三点:(1)进行平等对话,共享差异。在个性化课堂教学中,教师需要改变观念,从思维多元中看到个性,在交流中分享他人智慧。不让学生交流,怎么能理解差异? 同时,教师应成为"平等中的首席",要与学生进行心灵沟通,进行对话交流,要使学生之间能打破传统教育理念的束缚,能进行课堂交流。而且,校际之间、教师之间、班级之间、年级之间、学生之间的差异要得到尊重,在交流与沟通中,教师与学生要共享差异,学生与学生也要共享差异。(2)认识到差异是一种资源。我们需要看到差异是学生丰富个性的彰显,差异是一种教育资源,因此,我们需要尊重学生个体不同的兴趣、志向、人格特质、思维方式、生活经验等差异性,将这些差异性转化为一种教育资源,从而更好地去践行个性化教育。(3)抛开"好"与"差"的"二元论"。教师需要改变那种将学生定格为"好学生"与"差学生"的做法,去掉刻板印象,认识到学生不是简单分为"好"与"差"的,学生是多元的,"差生"是有差异的学生,要用发展的眼光去看待学生,去悦纳学生的差异与个性。教师具有开放式的心态,去宽容和包容学生的差异,尊重学生的独特个性,个性化教育才能落到实处。重庆市教科院巴蜀实验学校,秉承教科院精益求精之科研精神,发扬巴蜀精英辈出之优秀传统,披荆斩棘,继往开来,以最精之教育,最好之教育为己任,服务家长,教育学生。

2.促成校长成为精致教育领导者

无论个性化教育理念有多好,学校都需要将其具体化为学校的个性化教育行动,并落实到中小学课堂教育实践中去。我国中小学实行的是校长负责制,校长作为一个学校的法人代表,是学校的灵魂,他既是学校的决策者,也是学校的管理者,还是学校教师和学生的服务者。可见,校长的作用在学校教育中是不可或缺的。并且,在个性化教育开展过程中,校长起着关键性作用。为了有效地开展个性化教育,校长需要做到以下三点:第一,校长需要形成个性化教育理念。理念是行动的先导,所以校长首先需要具备个性化教育理念。第二,校长需要进行角色的转型,需要成为个性化教育领导者,尊重教师和学生的个性与差异性,构建学校的个性化建设,进行个性化教育决策,组织和领导全校教师开展个性化教育。第三,校长需要学习与借鉴其他学校个性化教育的经验。不容置疑,学习他人之所长补自己之所短,这是一种重要的办事方针,校长可通过对其他学校个性化教育经验的学习来反思和改革本学校的个性化教育,从而更好推进个性化教育。重庆市教科院巴蜀实验学校校长从教育本质、自身特点、渊源传统等方面出发,结合学校住宿制、小班教学等特点,确立了以"教致广大,育尽精微"为办学理念,以培育"精彩少年"为育人目标,以办"精致教育"为特色的校园文化。为此,除了扎实开展国家课程和地方课程以外,校园特色打造的视角重点放在"生活养育"上,具体培育目标概况为"四养四育",四养:养生命,养身体,养感情,养习惯;四育:养道德,养品格,养知识,养能力。

3.培育教育家式的教师

个性化教育的关键在于教师。教师是个性化教育的实施者,他们的理念和行动关系到个性化教育实施的成败,因此,我们需要培育能开展个性化教育的教师,特别是教育家式的教师。当前,我国中小学教师数量超过千万人,数量不可谓不多,但是,真正称得上教育家的又有几人呢? 在推进个性化教育过程中,我们需要培养出更多的教育家。为了推进个性化教育的发展,我们需要做到以下三点:(1)在教师职前教育阶段,教师教育需要培养学生的个性化,让学生形成个性化教育理念,具有个性化教育的实施能力。(2)成立教育家书院,通过教育家书院,培养更多的具有个性化教育理念的教育家式教师。(3)注重中小学教师的教育实践和自我反思。古今中外教育家的产生都需要教育实践,以杜威、陶行知等人为代表的教育家都是从教育实践中产生出来的,因此,教师在教育实践中需要关注儿童的个体性经验,重视经验与课程之间的连接,将制度化的文本转化为具有个性的教育经验,从而体现个性化教育。

4.改革现行的教师评价制度

在今天,制度是一种规范、一种生活秩序,是必不可少的,在教师教育过程中,对教师行为的规范与约束也是必需的。但是教师评价制度一定程度左右着教师的教育思想和行为,诸如以考试成绩来评价学生的教师评价制度等等,这使得教师"不敢越雷池半步",没有人敢去吃"个性化教育"这个螃蟹。因此,我们需要改革现行的教师评价制度,从奖惩性教师评价走向发展性教师评价,关注教师专业化发展,关注其个性化的体现,重视其对学生的个性化教育,为教师开展个性化教育提供制度保障。

5.构建特色学校

个性化教育需要在个性化的学校中才能进行。个性化学校是一种具有自身特色的学校,而特色学校创建的根本目的在于培养个性化的学生,使学生具有更强的竞争力,使学生各方面的能力得到提升。特色学校是从整体上和全局上来考察的,其特色体现在办学体制、办学方式、办学目标、全部的教学等方面。在个性化教育推进过程中,我们需要改变过去学校去个性化和趋同化的现象,不断建构特色学校、特色课程。重庆市巴蜀实验学校构建了本校特色,以容纳教师的个性化教学,鼓励学生的个性发展,为个性化教育提供一个开放的组织结构。其主要有十方面的内容:一是坚定精信的育人观念;二是坚持精准的育人价值;三是养成精诚的育人态度;四是确立精确的育人目标;五是制定精当的育人策略;六是构建精细的育人内容;七是实践精心的育人过程;八是培养精良的育人队伍;九是形成精巧的育人方法;十是建设精美的育人环境。

三、卓越教育

2012年7月,重庆市颁布了"重庆市义务教育卓越课堂五年行动计划",计划书中提出了五大目标和九大行动计划,其涵盖了教学目标、教学方式、学习能力、教学评价、课程建设等众多第二轮课程改革的核心项目,力争通过五年努力使义务教育阶段学校课堂教学符合新课改理念,全面落实新课程三维目标,普遍达到"有效课堂"要求,总体水平明显提高。然而,当前文化多样性与人的存在及发展的多样性使得教育区别于工厂里的生产流水线,面对着具有多样性、复杂性发展潜能的学生,教育唯有实现每个学生在其已有基础上的最充分的发展才能实现其本真的使命。要想学生具有追求卓越的品质,就必须让学生接受卓越的教育,学会过卓越的生活。所谓"卓越的教育",就是指,学校要以本真的教育,优秀的教育对待学生,而非以失真的,低劣的教育对待学生;在面对社会的平庸之时,学校要能坚守其精神高地责任,给学生树立榜样。所谓"卓越的生活",就是要重视学校生活与未来生活的统一性,让学生在学校就过上他们力所能及的卓越生活,能够参与学校中的公共生活,克服学校生活中的平庸。重庆市教科院巴蜀实验学校的"精益求精,致力极致"精神,即是在卓越教育的理念之下提出的,它是一种致力完美的思想境界——求精是因为渴求完美,极致是因为追求卓越,所以我们倡导精益求精,提倡致力极致,就是期待学子有追求卓越,超越自我之精神。

(一)卓越教育的产生背景

1.人之卓越就是实现人之为人的内在要求

在古希腊,卓越一词与德性(virtue)密切相关。在亚里士多德看来,德性或者说卓越是使得一个事物状态好并使得其实现活动完成得好的品质。例如,对于桌子来说,它的卓越就是能够很好实现桌子功能的品质。古希腊对于卓越的定义其实包含了两个要点,其一,卓越是表现得优秀;其二,判断卓越的标准在于事物本身。那对于人而言,究竟什么是人之卓越的体现呢?亚里士多德区分了三种生活,即享乐的生活、政治的生活和沉思的生活。享乐的生活追求的是肉体的快乐,它是动物式的,因此它不可能是人之卓越的体现。沉思的生活针对的是人灵魂中最好的部分"努斯"。为什么说"努斯"是最好的部分?"因为,努斯的实现活动最完美,最能够持续,最令人愉悦,最为自足,既有严肃性又除自身之外无目的,且拥有闲暇。"[1]按理说这种生活应该是人之卓越的体现。亚里士多德在充分肯定此种生活的同时又指出,由于此种生活具有半人半神的性质,虽然它是可实践的,但只有少数的哲学家能做到,大多数人只能退而求其次,即政治的生活。这种生活与追求荣誉有关,不过因为它也含有逻各斯(理性),所以这种生活是第二好的,也是人之卓越的体现,而且它也是大多数人可以实践的生活。阿伦特在其《人的境况》一书中,进一步突出了政治的生活是人之卓越的体现。她认为,人有三种活动:劳动、工作和行动。"劳动是与人身体的生物过程相应的活动",即满足人类生存需要的活动;"工作是与人存在的非自然性相应的活动",即制作人造世界的活动;"行动,是唯一不需要以物或事为中介的,直接在人们之间进行的活动,相应于复数性的人之境况",即人在公共领域中展示人之为人的活动,它是人之卓越的体现。根据亚里士多德和阿伦特的论述,人之卓越就是实现人之为人的内在要求,它既不体现为动物性的生理满足,也不体现为神性的绝对沉思,而是体现为人性的完满,当然这种完满既离不开理性的指引,也离不开公共领域中的实际行动。

---

[1] 亚里士多德.尼各马可伦理学[M].廖申白,译.北京:商务印书馆,2003:34.

2.人之卓越意味着不断自我超越

在理解亚里士多德关于人之卓越的观点时,还必须顾及时代背景,当时的雅典是一个城邦,不仅拥有自由民,还有大量的奴隶。由于奴隶从事着大量的生存必需的"劳动",才使得自由民彻底摆脱了劳动,所以亚里士多德认为,那种以生存为目的的活动不是人的目的,只有那种高层次的能够展示人的尊严的活动才是人的目的,才是人之卓越的体现。但是,在现代的社会条件下,我们每个人都要为自己的生存而从事一定的"劳动",甚至"劳动"在某种意义上已经与人的其他活动紧密联系。这不是要否定亚里士多德关于人之卓越的论述,而是要对它作一个现代的转换。在现代条件下,人之卓越应被理解为超越低层次的需要,走向高层次的需要,即"自我超越"。正如鲁洁教授所言,人不是一个停留在实然状态的存在,而是一个能够不断从实然状态走向应然状态的存在。

3.人之卓越离不开实现活动

这就是说人之卓越不是人的某种能力或者功能。因为能力和功能即使人不运用也能具有,而卓越不同,人必须在运用的过程中才能证明其存在。亚里士多德认为,对于卓越,我们使用了它们后才能获得它们。"一个人的实现活动怎样,他的品质也就怎样"[1]。他还举了个例子来说明这个问题:比赛绝不会把荣誉奖励给最有力量但没有参加比赛的人,只会奖励给参加了比赛,且表现为最有力量的人。此外,实现活动还意味着"仅当一个人知道他要做的行为,并且出于意愿地、因其自身之故而出于一种确定的品质选择它时,这行为才是德性的"[2],或者说是卓越的。

(二)卓越教育的知识基础

1.多元智力理论:卓越教育何以可能

多元智力理论的创造者霍华德·加德纳教授在《智力的结构》一书中将人类所有能力分成了八个综合性类别——言语智能、逻辑—数学智能、空间智能、肢体—动觉智能、音乐智能、人际智能、内省智能和自然观察者智能,并指出每个人都同时拥有这八种智能,即每个人在八种智能方面都具有潜质。尽管这八种智能对每个人都以独特的方式——一些人看起来在所有或大部分智能方面都处于极高的水平,而另一些人看起来却几乎丧失了除最基本智能外的大部分智能——起作用。但是他认为大多数人都有可能将任何一种智能发展到令人满意的水平,而这只需要给予他们适当的鼓励,提供丰富的环境与指导。值得注意的是,这八种智能的每一种都存在多种表现方式。在某种特定领域中,不存在标准化的、必然被认为是具有智慧的属性组合。因此,"一个可能不会阅读的人,由于故事讲得很棒或具有大量的口语词汇而具有较高水平的言语能力;同样,一个人可能在比赛场上很笨拙,但当她织地毯或做一个嵌有棋盘的桌子时,却拥有超常的肢

---

[1] 亚里士多德.尼各马可伦理学[M].廖申白,译.北京:商务印书馆,2003:37.
[2] 亚里士多德.尼各马可伦理学[M].廖申白,译.北京:商务印书馆,2003:27.

体-动觉智能"[1]。

加德纳教授还认为,智力是"在一定的社会文化背景下,个体用以解决自己面临的真正难题和生产及创造出社会所需的有效产品的能力"[2],即智力具有文化关联性,它不是可以跨越不同文化用同一个标准来衡量的某种特质,而是随不同文化背景而有所不同的能力。他认为,不同社会文化环境下人们的智力模式和智力发展方向有着鲜明的区别:以航海为生的文化重视的是空间智力,生活在这种文化环境下的人们以空间认知和辨认方向能力的相对发达为智力发展的共同特征;以机械化和大规模复制产品为主要特征的工业社会重视的是言语—语言智力和逻辑—数理智力,生活在这种社会环境下的人以语言表达能力和逻辑运算能力的相对发达为智力发展的共同特征。加德纳教授关于八种智能的论述及智力的文化关联性的观点为着眼于学生卓越发展的教育提供了理论支持。我们需要重新审视什么是"聪明",这不仅包括了几种智能复杂的组合与显现,更有着这种独特表现背后深刻的文化关联。教育无法用一杆标尺去衡量一切学生的各种表现,因为来自不同文化背景的人群其智力组成和智力特色不尽相同,所以人们学习、认识事物的方式也是各不相同的。教育要想使每一个学生都能得到最大限度的发展,就必须考虑学生的文化背景以及他们独特的智能组合。着眼于学生卓越发展的教育的宗旨就是让不同的学生都能接受平等的教育并在教育中实现自己最大限度的发展,多元智能理论让我们认识到每个学生都有发展的空间与可能,其中不仅包括了传统意义上的"优秀学生",更包括了"一般学生"(包括我们所说的"后进生"),这样不同文化背景的人的智能才能受到尊重,我们的教育才会是平等而多元发展的。

2.最近发展区理论:卓越教育的可能空间

所有的学生都有发展的可能与空间,这样的空间究竟有多大,苏联心理学家维果茨基的最近发展区理论,让我们对于这一发展空间有了更加深刻的认识。维果茨基特别关注儿童发展的潜能,强调教学对认知发展的促进作用。维果茨基认为,教学必须符合儿童的年龄特征,必须以儿童的一定成熟为基础,当我们试图确定儿童的发展过程与教学的可能性的实际关系时,就需要确定儿童的两种发展水平:第一种水平指儿童到今天为止已经达到的发展水平,即儿童在独立活动中所达到的解决问题的水平;第二种水平指现在仍处于形成状态的、刚刚在发展的过程,即儿童在有指导的情况下借助成人的帮助所达到的解决问题的水平。这两种水平之间的差异即"最近发展区"[3]。例如,两个儿童接受8岁儿童心理测定标准的测验,在标准化的辅助下,第一个儿童达到9岁儿童的水平,而第二个儿童达到12岁儿童的水平,那么第一个儿童的最近发展区是1年,而第二个儿童的最近发展区是4年。维果茨基认为"教学应当走在发展的前面",即教学应当以创造最近发展区为己任,因此,各种教学形式与教学方法的采用应考虑到对儿童发展起到的最大效果,教学不能仅停留在儿童已有的发展水平,而应着眼于儿童今后的心理发

[1] Howard Gardner.Frames of mind: the theory of multiple intelligences[M]. 2nd Edition. New York: Basic Books. Inc. publishers,1993:60.
[2] 霍力岩,李敏谊.多元智力理论与多元文化教育[J].比较教育研究,2005(11):13-16.
[3] 邵瑞珍.教育心理学[M].上海:上海教育出版社,1988:259.

展,并合理地影响这种发展。

"最近发展区"理论给我们提供了一个使学生充分发展的区间,教学只有落在这个区间内才是最有效的。但是每个学生的"最近发展区"都有各不相同的起始点,不能一概而论,否则就会产生无效或低效的教学,从而影响学生的发展。只有使"最近发展区"的利用率最大化才能实现每个学生的充分发展。此外,"最近发展区"还让我们认识到,儿童的发展主要是通过与成人或更有经验的同伴的社会交往而获得的。在这个"跳一跳,能够到"的区间内,如能得到成人帮助,儿童比较容易吸收单靠自己无法吸收的东西。而这样的帮助的实际形式是多样的,如用模仿的方法示范、列举实例、启发式提问、集体活动等等。

3.成功智力理论:卓越教育可能空间的广泛适用性

在教育过程中,我们常常看到一些教师无可奈何地放弃了一些令他们和家长无望的学生,对于他们的学业,甚至连学生本人都认为是一个绝望而无法改变的事实,因此,从某种程度上说,要做到"让平常者不平庸"有相当多的困难。但这一切,都是以传统的智力观念为基础的,教师、家长甚至学生自己失去信心都是在经历了各种标准测试后得出的结果,这种测试的分数在某种程度上已成了智商的象征,学业失败者的分数也屡屡向他们"证明",他们是不可能成功的。那么,如何使这样的学生实现他们自身的充分发展?如何使教师和学生具有发展的信心? 耶鲁大学心理系教授斯腾伯格的"成功智力"给了我们很大的启示。

斯腾伯格认为,在通常情况下我们所指的能够使人在标准化测试中取得优异成绩的智力,仅仅是智力的一部分,而且是无关紧要的一部分,故他称之为"呆滞的智力"[1],真正使人走向成功的是"成功智力"。具备成功智力意味着"能够很好地从三个不同方面进行思维:分析、创造和实践",学校课堂中及测试中所看重的通常只是分析的能力。但是,这种学校推崇并视之为聪明的能力与创造和实践的能力相比,在日后的现实生活中显得相对无用。具体来说,分析性的思维用来解决问题和判定思维成果的质量;创造的能力可以帮助我们一开始就形成好的问题和思想;实践的能力则可以在日常生活中将思想及其分析的结果以一种行之有效的方法来加以使用。这三个方面的能力是彼此联系的,只有当这三方面能力协调、平衡时,它们才最为有效。因为,知道什么时候以何种方式来运用成功智力的三个方面的能力,要比仅仅具有这些能力来得更为重要,具有成功智力的人应该学会思考在什么时候、以何种方式来有效地使用这些能力,而不仅是具备它们。在此基础上,斯腾伯格又明确指出,需要用分析性智力发现好的解决办法,用创造性智力找对问题,用实践性智力来解决实际工作中的问题。

斯腾伯格的"成功智力"理论并非只适合于学业平平或失败的"一般学生",因为即使是在学校的标准化测试中表现优异的"优秀者"(只被证明拥有较高分析性思维的学生)也同样可以通过发展其"创造的能力"和"实践的能力"从而变得更优秀。在成功智力的视域中,每个拥有不同智力结构的学生都同等地拥有在自己原有基础上变得更加优

---

[1] R.J.斯腾伯格.成功智力[M].吴国宏,等译.上海:华东师范大学出版社,1999:2.

秀的可能性潜质。

（三）卓越教育理念下精致教育面临的实践阻抗

现代性的种种弊端造成了追求人之卓越的阻碍，教育本应该发挥自己的力量，对这一不良趋势提供相应的拉力，然而，教育中存在的一些实际的情况却对此起到了推波助澜的作用。

1.物质化的教育忽视了人之精神的健全

"不论人们如何定义教育，教育都有其不言自明的意义，那就是教育要使人成为人，教育要促进人的发展"[1]。在唯经济主义的浪潮中，教育也丧失了它应有的批判与反思功能，反而是在对社会发展的"阴暗面"推波助澜，与社会其他方面共同酿成了现代人的"物欲症"。为何即使在素质教育呼声不断的背景下，应试教育依然如火如荼？为何人们会说"减负"等于"加正"？为何课程改革后，即使教材变化很大，不仅关注学生的生活，而且重视学生的综合素质，可是实践层面还是变化不大？其实，在这些现象背后都有一个重要的原因，即教育对物质利益的承诺。无论是教师、家长，还是学生都知道，通过应试教育可以实现代际流动。应试教育的成功，即高考的成功在很多人看来就是人生的成功，这个成功意味着可以考上名牌的大学，可以找到好的工作。可谓一步成功，步步成功，一步失败，步步失败。然而，近几年来，因为本科的扩招，研究生的扩招，上了大学，读了研究生已经不能完全承诺学生可以获得物质利益，所以"读书无用论"又有抬头的趋势。本课题组认为，在物质利益驱使下，教育出现了背离人性和卓越的初衷的情形。不能否认教育有其功利性的一面，即通过教育，学习知识与技能，为将来的谋生提供基础性的条件，但是，教育的终极目的不在于此，而在于使人的精神能够获得健全的发展，物质化的教育忽视了教育对人之精神健全的关注，使得教育走向了异化，也最终使得人之卓越变得扭曲。

2.等级化的教育扼杀了人之卓越的可能

现代社会一方面，学校中的领导通常拥有权力，他们能够决定学校的一切，教师和学生对于学校的各项决策实质上基本没有发言权。另一方面，教师和学生也并不觉得这有什么不妥。究其原因，不仅是等级主义对他们毒害较深，而且是现在的教师和学生都受身份焦虑的驱使而只关注自己的私人生活，关注个人的得与失，对公共生活、公共利益毫无兴趣。这种现象不仅使得校园中等级主义不断蔓延，而且还对未来社会中等级主义蔓延起到了推波助澜的作用。正如杜威所说，学校即社会，也就是说，今日的学校生活就是未来社会生活的雏形，如果学校纵容了等级主义的蔓延，那么，未来的社会只能是一个等级主义盛行的社会。等级化的教育，其实质是一种自上而下的灌输式教育，上级的教育领导制定教育目的、内容以及方式，下级的教师和学生只要按部就班地接受就行，这种教育剥夺了人之自由的选择，必然扼杀了实现人之卓越的可能性。

---

[1] 鲁洁.道德教育的当代论域[M].北京：人民出版社,2005:155.

3.知性化的教育阻碍了人之卓越的实现

随着科学主义的蔓延,整个教育出现了知性化的趋势,其具体体现为"教育的知识化","教育的思维化"。虽然这样的教育有其价值,但是它绝不是完整的教育。因为完整的教育不仅要关注人理性的一面,而且要关注人非理性的一面;不仅要关注人知道了什么,而且要关注人有了怎样的生活实践。教育的知性化割裂了完整意义的人,排斥了人的情感,排斥了人的行动。人之卓越绝不体现在一个人知道什么是人之卓越,而是体现在一个人的生活实践中。从这个意义上说,知性化的教育阻碍了人之卓越的实现。

(四)卓越教育理念下精致教育的实施路径

卓越教育面向全体的目标由两方面构成:第一个是高期望,高期望是"卓越"的核心,教育者继续对所有儿童设定高期望值。实践证明,当期望值提高,不论来自怎样的家庭背景的学生,经过不懈的努力都可以达到所期望的目标。第二个是"无处不在","无处不在"是指此次卓越教育改革将聚焦长期落后地区的学校,对成绩低下、成为"顽疾"的地区和学校给予更多支持,在未来五年内采取措施使这些地区的教育质量得到提高,使那些取得明显改进的地区、学校和学校领导的经验在落后地区和学校得到推广。据此,精致教育的实施应该从课程、教学和评价三个方面入手:

1.课程应是多元的、综合的、生本的

设计多元智力课程,是适应学生多元智能发展的有效途径。这里必须指出,根据加德纳的多元智力理论,我们很容易用过去分科课程模式去思考多元智力课程设计,如根据某元智力需要设计相应课程。的确,为了培养学生具有特长的个性以及培养学生需要发展的个性,我们需要设计适应性课程;但是,如果从全面发展的角度,从培养学生获得成功智力来看,我们更需要开发出综合课程,因为成功智力不是一种单一的智力,它是一种综合智力。因此,多元智力课程设计的最佳策略应该是:以多元智力理论为理论基础的综合课程及生本课程。综合课程因其打破学科界限、融合多学科知识为一体,且多以社会问题、学生实际经验为主题而成为 21 世纪课程设计的大趋势,我国新课改也以此为"亮点"。多元智力课程采用综合课程的策略是指:以综合课程形式,用主题或专题统整多学科知识及多元的智能,以供学生进行学习。具体而言,学校的教学将真实世界中具有个人和社会意义的问题作为学习对象,这些问题通过师生互动转化成学习主题,它的解决需要多学科的知识及多元的智力相互配合,学生透过与知识的应用有关的内容和活动将课程经验统整到他的意义架构中,并亲身体验解决问题的方法,最终达成经验和知识的统整。在这里,学科知识不再是分离的、抽象的和去脉络化的,而是统整于一体的,其在学习的脉络中重新定位,成为组成主题、活动的一种资源,成为一种活的、有生命、有意义的、能有效解决实际问题的知识;而多元智力也不再是相互分离的,而是围绕某一个主题统整于一体的。

以多元智力理论为理论基础的生本课程也是卓越教育的课程策略之一。所谓生本课程就是针对学生的个别差异而专门为某一类或某一个学生设计的课程,这一概念至今

并未被学界所接受,但有学者已经提出,抛开争论不谈,我们只要将其看成是校本课程的逻辑延伸,就可以理解它。实际上,在现实的教育实践中已经存在着生本课程实践。如在小班教学或分层教学中,教师能够与学生充分互动,了解学生的智能倾向,针对不同学生的"多元智力",有时间也有精力去设计旨在发展学生独特的具有特长的个性以及发展其需要发展的个性的多元课程,并有充分的时空及资源的保障去有效地实施这些课程。

据此,重庆市巴蜀实验学校做出了如下努力:一是专设"生活育人"课程,整合校内外资源,从安全、心理健康、礼仪、劳动、生活技能、生活防护等方面进行构架和实施,形成了我校课程建设的亮点;二是开设"活动育人"课程,确定我校以书法、足球、花式跳绳为艺体特色的发展思路,并整合校内外师资,开设涉及语言、艺术、运动、思维、科学五大领域的二十几项兴趣课程,并根据实际需要,常设六一展示活动、体育文化艺术周、书香阅读月等大型展示活动,以此满足师生的展示需要。

2.教学应是个别化指导的

教学的个别化指导是指根据多元智力理论确认每一个学生的智能倾向,在课程实施中有针对性地加以指导,即长善救失和开掘潜能。其主要表现为三点:一是根据每一个学生的"智慧专长"加以指导,使其更好地发展成为学生的特长;二是针对学生的某些不足,加以弥补,使其达到或超过国家规定的培养目标,从而与其特长相辅相成,均衡发展;三是根据学生的特定需要,帮助学生开掘其希望拥有的潜能,使"潜"转化为"显",成为学生在实际生活中能够运用的智能。此外,还可以用学生擅长的模式来学习;如果某个学生"语文智慧"比较弱,那么教师就要加以指导,如具体指导该生阅读;如果某个学生的"音乐智慧"尚未成为该生的特长,而该生又想开掘自己这方面的潜能,那么教师也应给予积极指导,甚至在后续的众多学科学习以及社会实践活动中,有意识地指导该生用音乐智慧来解决问题。

个别化指导无论在大班教学还是小班教学中都能实施,只是在大班教学中更难实施,而小班教学因其人数少,教师对学生的个别化指导能够落到实处,其方式方法也多样,因而常常可以满足个别化教学的需求。小班教学由于有优于大班教学的时空及资源条件,因此更易于实施当前基础教育课程改革倡导的"自主·合作"的教学,也更易于对学生进行个别化指导。以"多元智力理论"为理论基础的"自主·合作"学习以及个别化指导是一个行之有效的教学策略。其具体操作为:在教学中,提倡学生按照自己适合的方式自主学习——可以是接受式,也可以是研究式、体验式等等;在自主学习的基础上或在自主学习的同时,加强合作学习。在合作学习中,根据学生们的"智能基础"进行分组,既可以使学生们在解决学习问题时"智能互补",又可以使学生们在交流、沟通中取长补短。

3.评价应是发展性、过程性、多元性、主体性的统一

当前,学校在教学评价方面存在诸多误区,如评价对象的窄化(只评学生的学业成绩),目标唯量化(以量化的形式给学生定位),手段单一化(以考试或练习、作业代替其他形式的评价),主体局限化(只有教育行政部门及教师是评价主体)等等。这些都是不利于学生的充分发展的,而对学生充分发展更为有利的评价策略则是发展性、过程性、多

元性、主体性统一的评价策略。

"发展性"是指在评价观念上,确立为促进学生全面发展而评价的基本观念——让一切评价围绕促进学生发展这一宗旨,以激励性评价为主,帮助学生认识自我,建立自信,充分发挥评价的教育功能,促进学生在原有水平上不断发展,并且避免像传统评价那样给学生定位,以及过多地筛选、选拔对学生造成伤害。

"过程性"是指改变过去过于注重结果性评价的做法(只关注学生的学业成绩),在评价对象上,既要评学生的学业成绩,也要对学生在学习过程中表现出的情感、意志、人格等方面的发展,以及学生的需求、潜能等等给予适度评价,从而促进其全面发展。从评价方法上讲,档案袋评价法是过程性评价的一种有效形式。

"多元性"主要是指使评价方法和手段多元化,即改变单一化倾向,除了考试、测验及作业以外,还应设计多种方法,如档案袋评价法、研讨法、游戏化的竞赛、自由创作、答辩等等,这些都是有效的评价手段。一般来讲,过程性评价以档案袋评价法及研讨法为主要采用的评价手段,在阶段性及终结性评价中,以非选拔性的考试、测验为主,其余手段为辅。

"主体性"是指在评价主体上,应确立学生应有的主体地位,特别是在面广量大的过程性评价中,充分让学生以主体身份参与教育教学的评价,学生可以自评,也可以互评,可以"个人评",也可以"小组评"。总之,应把教师评价与学生评价结合起来,并以学生为主要评价主体。

第三章 "精致教育"的目标定位

当前,我国学校教育已经由量的发展走向质的提升,人民对教育的要求也从"有学上"走向"上好学"。广大人民对美好教育的向往,直接推动着学校教育朝着品牌化、特色化、卓越化的方向发展,打造优势突出、特色明显、质量提升的学校教育成为当前我国学校教育教学改革发展的战略趋势。重庆市教科院巴蜀实验学校秉承教科院精益求精之科研精神,发扬巴蜀精英辈出之优秀传统,坚持从教育本质、自身特点、渊源传统等方面出发,以精作为学校发展的核心理念,以精致教育为办学特色,努力打造教科院巴蜀学校精致教育的优秀品质和品牌。学校品牌塑造和品质发展是一个系统的工程,其既是对学校文化和发展的历史回顾,又是对学校教育教学的未来展望,更是对学校教育理念、教育行为和教育形象的有机统一。其首先离不开对学校"精致教育"发展目标的定位和蓝图设计,本章结合美国学者艾·里斯(Al Ries)与杰克·特劳特(Jack Trout)所提出的定位理论,以及精致教育理念、精致教育行为和精致教育形象,探讨精致教育在学生发展、教师队伍建设、课程建设、校园文化建设等方面的目标定位,为重庆市教科院巴蜀实验学校未来发展提供战略方向。

一、精致教育目标定位的理论阐释

(一)定位理论

任何一种教育理念都要明确学校发展的目标定位。定位就是方向,目标定位不准,就容易迷失方向。定位(Positioning)最早是由美国学者艾·里斯(Al Ries)与杰克·特劳特(Jack Trout)于1969年提出的一种市场营销策略。艾·里斯的定位策略在20世纪60年代末至70年代的激烈的美国商业竞争中脱颖而出,他们于1972年合著了《定位:攻心之战》,其标志着定位理论的正式诞生。定位理论帮助艾·里斯及其企业在市场竞争中举得了巨大的成功,因而备受世人关注,并迅速在全世界范围传播开来。他们认为,"定位聚焦于产品。定位并不是对产品采取什么行动,而是将重点指向顾客的需求并采取有效措施。"这个措施就是目前流行的定位理论及策略——"为自己品牌在市场上树立一个明确的、有别于竞争对手品牌的、符合消费者需要的形象,其目的是在消费者心中占据一个有利的位置[1]。"实际上,定位就是通过产品塑造一个或者多个标签,突出其优势特征,通过明显的定位来吸引消费者,使得产品在迅速在激烈竞争的市场中占有一席之地。定位理论在当前依然活跃于各种市场营销中,除了传统的广告服务行业,当前的娱乐圈中也存在着"人设"等遵照定位理论设计的营销方式。定位理论及其营销策略不仅在市场竞争中取得了巨大成功,更不断向社会科学领域扩展。

---

[1] 方中雄,陈丽,等.学校品牌策划[M].重庆:重庆大学出版社,2009:57.

自 20 世纪七八十年代开始,西方学者将定位理论广泛运用于话语分析、互动研究,其应用涉及社会心理学、教育学、政治学、传播学等领域,具有极强的解释力和影响力[1]。于新世纪之交,我国高等教育吹响大众化的号角,为高校的发展提出了多样化的内在要求。我国高等教育在大众化背景下如何审视和解决其定位问题逐渐成为人们关注的焦点。我国学者夏光荣和李星毅率先明确提出在教育领域引入艾·里斯的定位理论,并创造性地提出了教育定位理论:教育定位是为适应社会人才需要,根据学校自身特点以及教育目标的规定性而设计的学校教育、教学、科研、管理等组合的行为。它是一个调动一切学校教育教学力量,合理分配资源,树立学校形象,在社会公众心目中确定适当位置的过程[2]。仔细分析两位学者对教育定位理论的理解,不难发现,教育定位实际上就是对学校进行形象设计、探索特色鲜明的学校发展的过程。其实质就是提炼和发展其独特的办学方式以及办学效果,突出其与其他学校的差异性,而在学校教育中脱颖而出、独树一帜的过程。

(二)学校教育目标定位的基本依据

教育并非是真正意义上的商业产品,源自市场营销领域的定位理论是否适用于学校教育发展的蓝图设计,还需要做进一步讨论。随着我国经济的发展,教育与市场经济的关系受到了学界的普遍关注。自改革开放以来,关于教育的商品化、市场化和产业化问题一直是社会关注的一个焦点,进而引发了学界关于教育的产品属性的讨论,教育到底是公共产品还是非公共产品的争论一直相持不下。但是,从教育的本质来看,关于教育产品属性的讨论都来自教育的外部性。外部性是经济学的一个重要概念,又被称为"外部经济"或"临近影响",主要指企业或个人向市场之外的其他人所强加的成本或利益。例如,果农为养蜂人提供了蜂源,为养蜂人带来收益,但这种收益不能被果农占有[3]。因而,外部性概念本身也可以很好地解释关于教育产品属性及其与市场经济之间的关系。教育是一种商品,或者属于某一个产业,其应该遵循市场运作的基本规律。这种观点具有一定的现实合理性,其源自人类社会经济的发展。随着时代的变化,现在出现了不同形态甚至价值取向的教育——盈利性和非营利性教育。盈利性教育的商品属性不言而喻,在学界的观点中,其不能被称为学校教育或"正规教育",最多也只能是教育的"影子"。

对于学校教育本身来说,人类学校教育经历了上千年的历史演化,尽管其形态发生了极大的变化,但育人作为学校教育的永恒使命一直没有变化。只是在不同时代,学校教育对"培养什么样的人""怎么培养人""为谁培养人"这些根本的教育问题的回答不同而已。众所周知,现代学校教育实质上是一种制度化的教育形式结构。人类教育经历了从非形式化教育到形式化教育的演变过程,这个演变过程的关键标志是教育实体——学校的出现。学校教育本身也经历了从古代教育实体到近代学校的兴起——其关键标志

---

[1] 庞宇.定位理论:一种社会建构主义的方法[J].新视野,2019(5):119-128.
[2] 夏光荣,李星毅.教育定位理论初探[J].镇江市高等专科学校学报(综合版),1996(1):1-3,10.
[3] 王一涛,安民."教育是公共产品"吗?——对一个流行观点的质疑[J].复旦教育论坛,2004(5):37-41.

是教育制度化的发展,如现代学制的形成和班级授课制的完善。近代以来,从学校系统化形成至今,学校教育制度化经历了一个多世纪的发展,已经到达了成熟的程度,学校教育制度本身开始成为反思的对象。近代学校教育是工业社会发展的产物,为"制造"和"生产"工业社会所需的劳动力,学校教育遵循标准化、通用化、规范化的模式大批量地培养人、"生产"人。伴随着知识经济的不断发展,现代社会已经实现了从追求普适性规律向重视独异性规律的转变。重视个体特点和个人发展,倡导为个体提供差异化的发展方向成为当前社会发展的重要内在动力:"主体已经从社会的各种要求中解缚,被释放到自决的状态中。独异化的意思要比独立自决和自我完善更多,核心的一点是,独异化要追求独一无二和卓尔不群,要达到这个目的不再仅仅取决于主体的个人意志,它已经变成了社会的期望[1]。"传统工业化背景下的学校教育重视标准化的专业知识、技能的培养,现代学校教育已经转向激发和挖掘学生的个体独特性、个人天赋和潜能。当今学校教育发展的核心和关键是为学生个性的全面发展提供专业服务。这不仅是学校教育的根本使命所在,同时也是新时代学校教育发展的独特历史使命。

因而,不管教育的产品属性如何,育人始终是学校教育的根本使命。尽管不能像市场营销那样直接根据产品特征为教育定位,打造教育的"特色标签",但是可以紧紧围绕育人这个教育的根本使命,在当前社会经济发展的背景下,为学校教育的发展提供目标定位和蓝图设计。简言之,对学校教育的目标定位,实质上就是对"培养什么样的人""怎么培养人""为谁培养人"这些学校教育根本使命的时代回应。

(三)学校教育目标定位的策略

学校教育目标定位是一个系统的工程,其实质是围绕"育人"这个根本使命探索和构建现代制度化的教育形式结构。育人并非是一个空洞的理念或口号,而是一个复杂的实践任务,既不能采取理论演绎的方式纸上谈兵、按图索骥、画饼充饥,也不能在实践中粗放地盲目蛮干。而要立足实际,综合考虑各种影响因素和条件,应用多种理论进行审视,借鉴经典的学校教育发展经验,进而探索和构建本校教育目标定位的策略。我国学者方中雄、陈丽等人在长期的学校发展规划研究和实践中总结了多种不同的学校教育目标定位策略。他们指出:学校发展规划和目标定位要在分析学校发展的相对竞争优势的基础上,审时度势,提出学校教育发展目标的定位策略,并制定具体的措施以实现学校教育的目标定位[2]。具体来说,他们大致提出了四种不同的目标定位策略:

1.特色定位策略

特色定位策略,顾名思义就是在梳理本校办学发展历史过程中,总结和提炼学校的优秀办学传统和文化,将其打造为办学特色的策略。这种策略主要针对部分经过规范化,并且在业界具有一定知名度的学校,这类学校为了突破传统束缚寻求新的发展,在进行学校教育教学改革时往往采取特色定位策略。特色定位策略是教育界常见的目标定

---

[1] 安德雷亚斯·莱克维茨.独异性社会:现代的结构转型[M].巩婕,译.北京:社会科学文献出版社,2019:3.
[2] 方中雄,陈丽,等.学校品牌策划[M].重庆:重庆大学出版社,2009:61.

位策略,学校在具体运用时也可以根据发展情况的不同选择具体的定位策略,如项目特色、整体特色等等。特色定位策略特点鲜明,优势集中,可操作性强,如果学校在策划时能制定有效的措施,就能够快速地吸引大批家长和学生。

2.空档定位策略

空档定位策略,主要是指寻找家长与学生所重视的,但是尚未被提出或者成形的学校教育发展理念及其目标的战略。空档定位策略是商界一种常用的定位策略,商界往往以逐利为目标,寻找消费"空档"并提高产品的吸引力,如霸王洗发水主打"育发防脱"洗护产品,直指现代年轻人对养发生活的需求和脱发的烦恼,极大地填补了同类产品在这个领域的苍白,尽管其广告产生了巨大的风波,它依然受到了消费者的青睐。空档定位策略适用于新建学校,当学校处在发展重要时机,如合并或者寻求新的发展方向和机会时也可以采用该策略。这种定位策略的优点是"包袱轻",目标明确,可以巧妙地避免与周边学校的竞争。

3.首席定位策略

首席定位策略是指追求学校成为同类学校中的领导者的市场地位的品牌定位策略。毫无疑问,这种策略适用于具有相当实力和发展基础,寻求新的发展机会和更高发展水平的学校。这种策略在具体运用过程中需要根据具体目标和情况来实施。例如,对于发展特别好的学校来说可以追求成为全国领先乃至世界一流名校;对于发展比较好的学校来说,可以追求成为全市同类学校的首席;次之者,以此类推。实际上,在具体的实施过程中,同类学校的领导者并非仅仅指那些学校整体发展的"首席"。学校还可以根据本校在具体业务方面的优势和权威,确定学校教育发展的首席目标定位,如德育方面的首席、数学教育方面、寄宿制方面的首席等等。通过这类方面的首席地位,扩大相应业务在业界的影响力,使学校在这一方面的发展精致化,进而带动学校整体的发展。

4.高级俱乐部定位策略

这个策略与首席定位相似,但又有不同,其主要指强调学校成为某个具有良好声誉的小团体成员之一的定位策略。这种策略适合不能成为首席或取得明显特色的学校,是当前我国一些相对弱势的学校选择的定位策略——这些学校大多以集团化的形式办学。集团化办学是当前我国学校教育发展的新态势,是实现我国义务教育均衡发展的重要举措。集团化办学具有多种模式和途径,其实质是一种学校间的合作关系的建立——或强强联合,或以强带弱,或学校间实现资源共享,构建学校教育发展共同体。这种策略的优势是能够使学校获得较为丰富的资源,快速实现影响力的提升。但是对于学校长远发展来说,学校还是要谨慎使用该策略。

一般学校在定位目标和规划发展时并不局限于使用某一种特定的定位策略,其往往综合使用多种定位策略,从而使学校发展更加全面,更加具有竞争力和发展动力。但是在定位目标的过程中学校也要警惕模糊定位、跟风定位、虚妄定位和静态定位等问题,拒绝过于庞杂的定位,并立足实际,抓住核心竞争优势,努力打造经典、精品的学校发展目标定位。

（四）精致教育目标定位的结构

精致教育是重庆市教科院巴蜀实验学校秉承教科院精益求精之科研精神，发扬巴蜀精英辈出之优秀传统，坚持从教育本质、自身特点、渊源传统等方面出发，结合我国优良的文化传统，在新时代背景下针对"培养什么样的人""怎么培养人""为谁培养人"这些学校教育根本使命所提出的办学特色和教育理念。精致教育是系统的教育理念、教育行为和教育形象的有机统一，本校从学生发展、教师队伍、课程建设、校园文化等学校教育的四个要素入手，构建精致教育文化结构。其中前三个要素的提出不难理解，其来自于学校教育的三要素：教育主体、教育课题和教育影响的规定性。第四个要素"校园文化"是学校环境文化和管理文化的统一。伴随着教育现代化的发展，校园文化成为精致教育文化结构的要素之一，校园文化本身隐藏着巨大的教育资源，并成为影响现代学校教育的重要因素而被人们关注。校园文化以环境作为师生交往的空间载体，以学校管理作为师生交往的行为规范，校园文化以"软"和"硬"两种形式，通过规范、暗示、熏陶、启迪和管理等直接或间接的方式影响学生的思想观念、道德品质、心理人格、行为习惯等方面，构成学生发展重要的精神文化资源。随着现在学校教育的发展，人们在关注学校软文化实力的同时，也越来越关注和看重校园物质文化的发展，对校园环境和学校管理提出了越来越高的要求。校园文化建设追求高品质、优质、卓越的现代教育，其同样也是精致教育目标定位的一个重要结构要素。接下来，本研究从学生发展、教师队伍、课程建设、校园文化等四个方面对精致教育的目标定位进行系统和详细的介绍。

二、学生发展的目标定位

无论是从学校教育物质形态的历史变迁，还是从人类教育目的历史演变过程来看，育人，始终是学校教育的根本使命。尽管教育界存在形式教育和实质教育、人本位和社会本位等一系列有关教育本质和教育目的的争论，我们始终都无法否认育人这一学校教育的根本使命。教育作为一项培养人的事业，与不断发展变化的社会有着千丝万缕的联系。在很多时候，学校教育在社会强大冲击和影响下显得相对被动或者说是弱势，甚至被人理解为"象牙塔""知识的围墙"等等。学校教育如果没紧紧抓住"育人"这一根本目的，一定是没有永恒的理想和信仰的，最终也会失去自己终极性的价值追求。学校教育具有"变"与"不变"两个方面。没有"变"，教育势必封闭、僵化，必将随着自我发展脱离于社会，甚至异化于社会，与社会产生对立；没有"不变"，学校教育势必动荡、轻浮，必将同化、淹没于纷繁复杂的社会中。这两种学校教育都不是理想的和真正的教育，其既不是人所需要的理想的教育，也不是社会所需要的理想的教育。提倡学校教育目的的终极性，其意义主要在于维护学校教育的本体价值和学校教育的独立性，在于确立统领随社会变化而变化的各级各类教育的灵魂和信仰,避免因教育总目的不必要的经常变化而造成教育方向的迷失和整个教育的摇摆与动荡[1]。就学校教育发展来说,学校需要坚持"育人"这一学校教育永恒的、终极的、根本的使命。育人实质上就是促进学生的发展,但是在不同的历史时期和时代,人们对"人"的理解,对学生发展的内涵、任务的认识是不断"变化"的。因而,对于学生发展的目标定位,不仅要从其不变的维度——"人"去把握,也要在学校教育目标演变的历史中,结合当代学校教育的历史特征和时代使命来确定。

(一)"以人为本":当代学校教育目标定位的立论依据

"以人为本",顾名思义,强调人是人的世界的根本。其在更深层次上指出,人是创造人的世界的主体,人的世界是属人的。同时其还强调人本身是人的根本,因为人是自己独立人格的主体,所以人具有人的价值、意义和尊严。简单来说,以人为本的原则和理念不仅体现了人与人的世界的同一性,还体现了人与自身的同一性。以人为本作为当代社会经济文化发展的一个基本原则和理念,在各个领域中可以说受到了广泛、普遍的接受和认同。早在两千多年前,我国古代政治家管子就提出了以人为本的原则:"夫霸王之所始也,以人为本。本理则国固。"管子的这一观点尽管意味着他把以人为本看作是建立和巩固霸王之业的根本原则,但实质上也表现了管子对人的作用、价值和尊严的重视与肯定。马克思也曾说过,"人就是人的世界,就是国家、社会。"因而,"国家的职能和活动是人的职能……国家的职能等等只不过是人的社会特质的存在和活动的方式","社会本身即处于社会关系中的人本身"。马克思认为"人的根本就是人本身","人是人的最高本质"[2]。马克思从最普遍、最一般的意义上指明了人与人的世界的内在的同一性,以及人与自身的内在同一性,这些观点不仅是对以人为本的最根本的规定和最彻底的说明,同时也帮助我们理解了"人"的本质。

实际上,从近代开始,随着以人为本在哲学、心理学、伦理学和管理学的不断深化和发展,人们对以人为本的原则和理念的认识、理解不断深化,以人为本的理念逐渐渗透到人类社会生活的各个领域。尤其是在学校教育中,伴随着人类社会的发展,以及人类自我意识的不断觉醒,学校教育开始逐渐实现"关于人的回归",以人为中心,强调人的价值、人的尊严和"人本位"的教育目的取向,构成近代以来学校教育目标定位的基本理论依据。近代以来"人本位"的学校教育目的取向的立论,一般以"人性论"为基础,着眼于对"人"与"兽"的区别的探讨。例如,杜威在《我们怎样思维》中系统论述了反省思维的内涵、特征与价值,他认为思维所具有的目的性、指导性、预见性是人类获得事物和经验的重要途径,同时也是"野蛮人和野兽人"的本质不同之处。"人们也运用思维建立和编制人造的符号,以便预先想到结果以及为达到某种结果或避免某种结果而采取的种种方式……表明了文明人和野蛮人的不同[3]。"基于此,杜威系统研究了人类反省思维的发

[1] 扈中平.教育目的应定位于培养"人"[J].北京大学教育评论,2004,2(3):24-29.
[2] 中共中央马克思恩格斯列宁斯大宁著作编写局.马克思恩格斯选集(第一卷)[M].北京:人民出版社,1972:1,270,226.
[3] 约翰·杜威.我们怎样思维·经验与教育[M].姜文闵,译.北京:人民教育出版社,2005:24.

生过程及其机制,并在此基础上构建了他的"思维五步法"的教学过程及其模式,其实质是将教学目的定位于学生思维的发展。

就学校教育中蕴藏的人性力量来说,学校教育的目的在本质上归属于价值范畴,因而具有强烈的人文性。追求学生发展及其育人使命,成为学校教育发展的根本存在价值,同样也构成了当代学校教育的永恒追求。高度关注学生的发展、学生的完善和学生的幸福,成为当代学校教育始终如一的孜孜追求和信仰。将学校教育目标定位于培养"人",发展学生,并不是片面地宣扬学校教育目标的抽象性,更不是在鼓吹学校教育要超脱现实和远离实际,而是为了坚持学校教育固有的质的规定性和学校教育本质中的永恒性。至于学校教育目标的时代性、现实性和针对性等随社会经济文化发展而变化的方面,可以体现在对所要培养的"人"和"实现什么样的发展"等一系列不同内容的具体规定中。学校教育要从历史的发展阶段中寻求对培养什么样的人的富有时代性的阐释,从而在教育总目的、培养目标、教学目标和课程标准所构成的教育目的体系中完整地体现不变与变、抽象与具体、超越与现实协调与统一。教育的总目标,抽象地讲,本质上要体现的是学校教育的不变性、稳定性和超越性,显然,培养"人"和"学生发展"的定位最能体现学校教育目标的这些特性。

教育以人为本,就首先要关注到学生,聚焦学生的发展,还必须把学生当"人"看,把学生当活生生的生命个体及其主体看,把学生当目的看,把学生当有其独特的个性价值、尊严、需要、兴趣和自主性的主体看。这不仅是精致教育学生发展目标定位应该关注的问题,也是当前我国教育和中国社会最缺乏、最需要的内容,还是中国教育与发达国家教育差距最大的一面。以人为本既是中国教育和社会改革深化发展的重要方向,同时也是精致教育教学改革发展能否取得成效的关键。

(二)"以学生为中心":当代学校教育与学生发展目标的认识偏差

"以学生为中心"的学校教育目标定位和学生发展理念无疑与以人为本的人类理念中有着天然的联系,可以说,以学生为中心的学校教育目标定位和学生发展理念是以人为本在学校教育中的直接体现。但是,值得指出的是,就学校教育和学生发展理念来说,"以学生为中心"和"以人为本"一样源远流长。不管是我国还是西方国家,以学生为中心的学校教育理念和学生发展思想自古就有。甚至可以说,无论古今,成功的学校教育教学实践都有意识或无意识地体现了以学生为中心的学生发展思想。例如,在《论语》中,孔子有很多论述,如"学而不思则罔,思而不学则殆""温故而知新""不愤不启,不悱不发""三人行,必有我师""多闻,择其善者而从之""有教无类"等等。《礼记·学记》中也有阐述以学生为中心的思想:"教也者,长善而救其失者也。""长善救失",就是强调要让学生身上"善"的因素生长出来,用"善"的因素去克服"不善"的因素,它把教育、教学的本质说透了[1]。在西方,古希腊时期苏格拉底的"产婆术",古罗马时期昆体良的修辞教学,也都是以学生为中心的典型表现。

---

[1] 刘献君.论"以学生为中心"[J].高等教育研究,2012(8):1-6.

受工业革命的影响,17 世纪初捷克教育家夸美纽斯提出班级授课制的教学组织形式及其理论后,"以教师为中心"的教育理念逐渐开始萌芽。后来,赫尔巴特构建的形式教学确立了"课堂、教师、教材"的传统"三中心"的教学理念。"三中心"的核心,实际上是"以教师为中心",强调以教师为主导的课堂组织形式、以教师讲授为主的传授方式、以教材为传授内容的知识传承。以教师为中心虽然在系统化的科学知识传授方面具有一定的优点,但在很大程度上忽视了学生的主体地位,其在很长一段历史时期中成为学校教育的主导思想。19 世纪末 20 世纪初期,欧洲进步主义教育运动对传统的"三中心"的学校教育理念和教学思想进行了猛烈的抨击。在美国,实用主义教育思想和进步教育思潮提出"以儿童为中心"的教育思想,反对"以教师为中心",主张"教育即生长""教育即经验的不断改造""从做中学",将课堂还给学生,重新实现以学生为中心的学校教育和课堂教学。

"以学生为中心"和"以教师为中心"作为两种对立的学校教育思想和教学理念,形成近代以来学校教育发展的一对主要矛盾。这在一定程度上造成了人们对以学生为中心的学校教育理念和教学思想的认知偏差。一方面,人们将"以学生为中心"与"以教师为中心"二元对立,将教师与学生对立起来,造成师生关系的紧张,产生以学定教的教学论思想;另一方面,人们将"以学生为中心"理解为个人本位,认为"学生中心"过分强调学生的个性张扬和个性发展,在一定程度上忽略了学生社会性发展,造成学界关于学生发展的个体本位与社会本位的争论。实际上,不管是教师中心还是学生中心,根本上都是"人"中心。教师和学生都是学校教育教学中的主体,是教和学的统一,不管两者关系如何,其本质上都着眼于学生发展。因而,在精致教育理念中,我们始终着眼于学生发展,将学校教育目标定位于学生个性的全面发展。

(三)"人"与"己":我国学校教育目标的历史演变

在学校教育目标演化的历史进程中,毫无疑问,古今中外的学生教育都关注了"人"和学生发展。但是对于实现怎样的具体发展,教育界一直以来存在个人本位和社会本位的争论。因此,对学生发展的目标定位离不开对"实现学生怎样的发展"这一问题的历史梳理。由于精致教育强调从中华传统文化中汲取思想精髓,因而,对于"培养什么样的人"以及实现学生怎样的发展,我们主要从我国学校教育目标的历史演变中萃取教育智慧。

自古以来,我国教育都高度关注"人"的存在。对学校育人目标进行定位首先要回溯中国传统教育中关于人的基本假设和思想。"学以为己"是我国经典的教育思想,《论语·宪问》有言:"子曰:古之学者为己,今之学者为人。"孔子语境中的"人"与"己"并非我们今天意义上的"人",两者甚至有很大的区别:古代学者学习是为了充实提高自己,现在的学者学习是为了装饰给别人看。孔子提倡的恰恰是"为己之学",教育、学问、学习是为了明事理,增进自己的智慧德行,提高自己的人生境界,为己强调的是自我完善和自我实现。以己为本,"己"作为教育的出发点构成了中国传统教育"为己之学"的文化底蕴。孟子传承孔子的"学以为己"思想,提出"反求诸己""自求自得"的教育思想;朱熹继承儒家"为己之学"的教育目标和思想，系统构建了学以为己的教育理论体系：在教育认识论上，朱熹围绕人对外部世界的探究，主张"格物致知"；围绕人对内在世界的改造，主张"知行相须"；围绕人的内外世界的融合，主张"豁然贯通"。在教育过程及其文化机制上，朱熹主张"理一分殊"是人发展的基本规则，"上学下达"是人发展的内在秩序，"气质之性"是人发展的最终表征。在教育模式上，朱熹根据在不同学段中人的成长规律和特点以及社会发展需要，提出并推行了以"学其事"为重点的"教事"型小学教育、以"明其理"为重点的"明理"型大学教育和以"笃行之事"为重点的"践履"型书院教育等三大教育类型及其形式结构。从而，形成了一种促进人的全面发展、具有内在连贯性的学以为己课程实施序列[1]。

为己之学从目的论和价值论切入，探讨了教育和学习过程中的"人己关系"，教育目的到底是定位于"人"还是着眼于"己"，以及教育过程中应该如何处理"人己关系"等问题。由于学科、视角、立场和研究旨趣的不同，学界对为己之学与"人己关系"的解释和理解有较大的差异。例如，黄勇认为"为己之学，主要是指我们试图理解一个文本，一个传统，或一种文明时，我们所主要关心的乃是我们从这个文本、传统和文明中可以学到一些什么东西。为人之学，主要是指理解一个文本、一个传统、或一种文明时，我们所主要关心的乃是理解这个文本的作者、这个传统的传人、这个文明的群体，从而使我们在跟这样的个人或团体打交道时，知道应该如何行为处事[2]。"而在具体的教育过程中，学校教育目标和教学目的到底是应该定位于自我完善，还是聚焦于对外在世界的理解也一直是隐藏在当前学校教育中的一个难题。但总的来说，为己之学不仅是对我国传统教育目标定位的浓缩，体现了我国传统教育的人文关怀和文化底蕴，而且是立德树人的新时代教育提供的逻辑与实践的历史和文化基础，为我国中小学教育发展提供了文化基础和精神实质。

在很长的一段时间里，我国学校教育对人的关注是不充分，不全面的，将"人"与"己"分离开了。每一个学生都是鲜活个体，都是独特个性与自我主体性的统一。世界上没有两片相同的树叶，学生也不是空着脑袋进入学校的。每一个学生都是不同的，但并不是每个学生都能自觉、主动地展现独特的个性。新课改以来，我国学校教育尽管对学生个体差异和自我主体性给予了高度关注，但往往将其视为两个独立的因素，忽视两者实质上是对立统一的。例如，因材施教是教育界高度关注的教育理念、教育原则和教学方法，但教育界对因材施教的理解往往是教师根据不同学生的个性、经验、志趣、认知风格、能力等一系列个体差异，有针对性地给予不同的"施教"，这忽视了这些个体差异是深埋于学生自我主体性之中的，如果学生没有意识到这些差异，或者没有赋予个体差异以自我主体性意义，学生个性依然无法发挥其应有的活力。从人类个体发展的历史来看，学生自我主体性、自我意识的发展开始于个体认识到"我"的存在。认识到个体差异，将"我"与他人，"我"与周围世界区别开来，个体差异就具有了主体的意义。简单来说，意识到"我"，源自发现"我"是独一无二、个体差异的我。为己之学则实现了这种客观的、

[1] 龙兴."学以为己"：朱熹课程思想研究[D].上海：华东师范大学，2018.
[2] 黄勇.解释学的两种类型：为己之学与为人之学[J].复旦学报(社会科学版)，2005(2)：45-52.

鲜活的个性差异与主观的自我主体性的统一,将学生个体发展建立在自我完善、自我修养的前提和基础上。从现代意义上看,为己之学的中国传统教育思想蕴含了丰富的人文关怀,从多个层次为学校教育目标定位提供了依据和方向:

第一,学校教育定位于育人这个教育的根本使命和内在价值。为己之学是一种成人成圣的心性之学,重视个体成人,强调教育的内在价值,而非外在的功名利禄。长久以来,我国学校教育往往重视教育的工具价值,将教育视为升学、应试和为未来生活做准备,忽视育人这一教育的内在价值和根本使命;第二,学校教育定位于学生主体发展和自我完善。为己之学强调教育的自我完善、自我发展、自我提升,重视学习者主体性的发挥。传统的学校教育往往为了高效率、大批量地培养人,忽视学生学习和发展的主体性,强调外在目的的引导、灌输和强制;第三,学校教育定位于学生个性全面发展。为己之学强调个人的独特价值和自我实现,重视一切教育目的的实现必须建立在"修身立己"之上,并基于自我实现基础上推而广之,让学生得以修身、齐家、治国、平天下。自我实现的关键在于个性的全面发展,学生要在完善自我的前提下贡献个人独特的价值。促进学生个性的全面发展是学校教育发展的要旨,其实质是使每一个学生的内在秉赋在一套核心价值观的指引下得到充分发展的过程蜕变为旨在赋予每个人最适合于社会竞争的外在特征的过程[1]。因而,精致教育从中国传统为己之学中萃取教育精华,紧紧围绕育人这个教育的根本使命,将学校教育定位于学生个性的全面发展。

(四)"核心素养"与"精彩少年":精致教育的学生发展目标定位

众所周知,发展学生核心素养是当前我国学校教育教学改革与探索的主题,其在宏观上是对"培养什么样的人"的回应。与此同时,在具体的教育教学改革上回答"怎么培养人"的问题同样具有重要的指导意义。就学校教育和学生发展的目标定位来看,学生发展的内涵十分丰富,针对不同家庭背景、不同地域和不同个性的学生,其核心素养的内容也有较大的差异。因而,学校教育在探索和构建发展学生核心素养的具体结构和框架时也要注重时效性。关注和发展学生核心素养,首先必须坚持以学生为中心,在我国教育和社会发展的历史背景和时代特征中确立发展学生核心素养的内容、结构和框架。尽管在不同的历史时期,人类认识学生发展有着不同的视角和路径,但是总的来说,发展学生素养必须坚持以人为本,把学生发展内涵建构为认知发展和情感发展、道德发展和公民性发展、个性发展和社会性发展、艺术发展和审美发展等等,涉及哲学、心理学、伦理学、政治学、社会学、美学等多个学科,并最终结合学校教育的具体特征和现实,探讨发展学生核心素养的内容、结构和框架[2]。精致教育在学生发展的目标定位上,坚持以人为本的基本理念,强调以学生为中心,重视发展学生的核心素养,本校基于我国学校教育目标定位的历史传统及其文化基础,结合我校的基本特征,提出了精彩少年的学生发展目标定位。

---

[1] 鲁洁.教育的原点:育人[J].华东师范大学学报(教育科学版),2008,26(4):15-22.
[2] 朱旭东.基于学生发展的核心素养界定[J].教育发展研究,2017,37(4):3.

"精",指孩子的精神与气质,奋发向上之精神,精益求精之态度;"彩",指学子的风范与成就,出彩灿烂的成功,五彩缤纷的人生!"精彩"定位于学生独特的个性差异,突显不同学生五彩缤纷的个性差异,还定位于学生自我完善、自我发展的"精益求精"的态度。其将学生个性与主体性统一起来,强调全面的、"具体个人"的发展。在另一个层面,"精彩"还包含最光明的品质、最出色的言行、最美丽的心灵、最独特的个性、最开放的胸怀、最包容的气度、最优秀的事功、最幸福的人生!学生在追求个性全面发展的过程中实现自我完善,成就精彩人生。最后,精彩少年结合发展了学生核心素养中的文化基础、自主发展、社会参与三个方面和人文底蕴、科学精神、学会学习、健康生活、责任担当、实践创新六大素养。重庆市教科院巴蜀实验学校结合自身的特点,提出了本校的学生发展核心素养和"精彩少年"的六个核心品质:立志、知礼、强身、善学、尚美、卓立。并系统构建了精彩少年的特质:精彩少年,是志存高远,追求卓越的孩子;精彩少年,是特立独行,个性张扬的孩子;精彩少年,是健康大气,自由绽放的孩子;精彩少年,是自新自强,精进不休的孩子;精彩少年,是开放自我,谦虚包容的孩子;精彩少年,是精诚为人,出彩做事的孩子;精彩少年,是倾情奉献,成功幸福的孩子!(见图1)

图1 精彩少年素养图

三、教师队伍建设的目标定位

百年大计,教育为本;教育大计,教师为本。学校教育的发展离不开教师队伍的建设,教师是学校发展的灵魂和动力。在学校教育改革和发展中,任何办学理念和学校精神的提出,都必须落实在教师的教学理念、教学行为和教学形象上,并直接和集中表现在学校教风上。精致教育在教师队伍建设上,坚持将"精益求精,致力极致"的学校精神与教师专业发展结合,突显了我校"教致广大,育尽精微"的办学理念。其着眼于培养严谨笃学、爱岗敬业的教师精神,不断提高教师教学能力和教学水平,夯实精致教育追求"见微知著,精于教化"的教风,努力打造师德高尚、业务精湛、充满活力的高素质的专业化教师队伍。

(一)专业化:学校教育教师队伍建设的时代特征

教师专业化是当前我国教育改革和发展的一个趋势。作为以育人为使命的教师,其不仅是一个职业——社会劳动分工的一个部门和领域,还是一个专业。专业在发展层次上高于职业。职业是参与社会分工,利用专门的知识和技能,为社会创造物质财富和精神财富,获取合理报酬,作为物质生活来源,并满足精神需求的工作。专业是在社会分工、职业分化过程中形成的一类特殊的职业,是指一群人通过特殊的教育或训练掌握了高深的知识技能提供专门的服务,并以此进行专门化的处理活动,从而解决人生和社会问题,促进社会进步的专门性职业。从教师专业来看,作为职业的教师和作为专业的教师之间根本的区别在教师专业具有高度的自主权。对于很多职业来说,几乎所有的岗位都存在一定的行业标准及其规范,从业的关键是遵循相应的职业行为规范并接受公众的监督。对于专业来讲,尤其是教师专业,尽管教师也有一定的专业标准及其行为规范,但是,教师专业要求从业者掌握大量深奥的知识,并且由于教师从业对象及其内容的特殊性,他人和外部的行为标准不能影响教师在个人专业知识和专业能力上做出的判断,公众一般不认为自己有资格对这些理论性知识及运用这些知识做评价。当然,教师专业自主要求教师在专业能力和业务水平具有较高的水平,这样才能够充分得到家长和他人对教师专业的高度信赖。因而,教师专业就要求高质量和精致的教师队伍,要求教师充分发挥个人在专业中的自主性,不断提高个人的专业能力和业务水平。

教师从职业化到专业化的发展经历了一个漫长的时期,直至今天,教师专业化依然是一个需要不断探索的问题。1966 年 10 月,联合国教科文组织在巴黎召开了一次以教师地位为讨论主题的各国政府间特别会议。会议通过了由会议主席约翰·托马和联合国教科文组织事务局局长鲁奈·莫签署的《关于教师地位的建议》。这一官方文件提出,要把教育视为专门的职业。1986 年,美国卡内基教育促进会和霍姆斯小组发表了《为国家作准备:21 世纪的教师》和《明日之教师》两份报告,报告中明确提出教学专业化这一概念,并将其视为提高教育质量,推动教育改革的必要途径,认为教师的责任在于造就训练有素的达到专业化标准的教师,以教师的专业化实现教学的专业化[1]。1996 年,联合国教科文组织在第 45 届国际教育大会上通过了九项建议,其中第七项是"专业化:作为改善教师地位和工作条件的策略"。至此,教师专业发展的概念在国际上逐渐替代了教师职业及其培训。在国内,我国教育界在上个世纪九十年代开始逐渐关注教师的专业化问题,如叶澜的《新世纪教师专业素质初探》对教师的专业化发展提出了系统的要求,如与时代精神相通的教育理念、多层复合结构的专业素质、胜任社会高要求的理解和交往能力、管理能力和教育研究能力。林崇德教授认为教师职业理想是其献身于教育工作的

---

[1] 陈时见.教师教育课程论:历史透视与国际比较[M].北京:人民教育出版社,2011:32-33.

根本动力,教师的知识水平是教师专业发展的前提条件,教师的教育观念是从事教育工作的心理背景,教师的教学监控能力是从事教育教学活动的核心要素,教师的教学行为是专业发展的外化形式。

教师专业化发展的提出和探索,是我国学校教育教师队伍建设进入一个新阶段的目标和标志,对当前我国学校教育改革和深化发展具有重要的现实意义和价值。实际上,早在20个世纪50年代,为保证基础教育的教师来源和教师队伍的稳定,我国基本形成了一项系统的教师队伍建设和教师专业发展的制度,从《教师法》《教师资格条例》,到教师培养、培训制度、进修制度,以及教师人事制度,都是在这样的背景下形成的,它们基本上是一个数量保障体系,反映了当时的现实要求。随着我国学校教育的不断发展,质量提升和内涵发展成为主要矛盾,在这样的时代背景下,如何实现教师队伍建设理念的历史转变,实现学校教育教学改革的转型发展,以及提高教师质量成为学校教育教学改革工作日益关注的一个重要任务。因而,教师专业化的概念和标准,成为当前我国学校教育教师队伍建设目标定位的一个重要依据和标准。

(二)教师专业化的内容

教师专业化是当前学校教育教师队伍建设的重要内容,不同的国家和社会在有关其的具体的建设内容方面有较大的差异。精致教育紧紧围绕"育人"这一学校教育的根本使命,牢牢把握教师课堂教学水平这一基本的育人渠道,探索和构建教师队伍建设目标定位和内容体系。其内容主要包括学科知识、教育意识、课程意识、学生意识、服务和发展意识等教学专业能力和意识,除此之外,教师的专业精神,也就是师德师风建设也是精致教育教师队伍建设和教师专业化发展的重要内容。

学科专业知识是教师专业发展的基本要素。就当前我国课堂教学现实来讲,教师的教学一定是基于一定学科和专业基础的,如语文、数学、英语、物理、化学、科学等等。尽管学科综合和课程融合是当前学校教育教学改革和发展的一个重要趋势,但是教学依然离不开学科这一基本的结构和框架。因而,对于教师专业化和教师队伍建设来说,学科专业知识是教师发展的重要内容。这里的"知识"是一个广义的概念,包括对是什么、为什么和怎样做的知晓,包含知识和能力的涵义[1]。正如知识的发展是一个持续不断更新的过程,教师学科专业知识的发展同样是一个持续不断的,围绕教师终身发展的一个过程。因而,学校教育在推进教师队伍建设时,不仅要将教师学科专业知识发展作为教师专业化的基本内容,同时也要高度关注教师学科专业持续发展这一重要维度。

教育意识。如果说学科知识是教师应掌握的具体的基本专业知识,是教师安身立命之本的话,那么将学科知识和人类科学文化传授给学生,将客观的科学知识转化为学生可以接受和理解的内容则需要教师具有相应的教育知识。就教育作为一种培养人的活动来说,教师与学生的学校教育生活除了具有人与人日常交往的一般共性以外,还有与其他事业不同的特殊性。我们说,教育是有计划、有目的、系统地影响人成长、培养人的

---

[1] 袁振国.教师专业化:教师队伍建设的新阶段[J].教育科学研究,2003(11):19-22.

事业。教育是迷恋他人成长的学问,教育的成败优劣对学生成长具有重要意义。教师在学校教育中是对学生最直接、最具体的影响者。教师在对个体的成长具有重要的正面意义的同时,也可能对其产生负面影响。因而,教师具备怎样的教育意识和教育理念,也是教师队伍建设和学校教育教师专业化的重要内容。

课程意识。课程是学校教育的核心,直接决定了学校教育教什么的基本内容。课程意识与上述学科专业知识的区别在于,教师不仅需要知道教什么——学科知识的内容,还要知道为什么教,也就是关于知识的知识:教师要能够根据社会发展需要、学科内容的要求和学生发展需要,具备筛选、组织和设计知识的能力。所有学科知识、教学大纲、教材等,只有经过教师的工作才能实现转化。从这个意义上说,教师就是一个动态发展的课程。

学生意识。学生是学校教育的出发点和落脚点,教师的一切工作都以有利于学生的发展为目的。游离或者背离学生发展需要,无视学生发展的基本规律和学生的个性,都与以学生发展为本的宗旨相违背。学生意识特别要求教师把每一个学生看成不同的主体,充分了解学生发展的基本规律,为学生的全面发展创造空间和舞台。

服务和发展意识。教育是一种服务行为,服务于学生的全面发展。服务意识强调教育是一种义务而不是一种权利,需要教师服务于学生的需要、满足学习者的要求,而非根据自己的需要或好恶要求学生甚至强迫学生。发展意识,对于教师来讲,教学相长,教师要与学生共生长,在学生发展的同时实现个人的不断学习、不断发展,这不仅是提高教师专业水平和学校教育质量的需要,同时也是创造师生共同生长和幸福的教育生活世界的需要。因为我们说,只有幸福的教师才可能有幸福的学生。

总之,专业的学科知识、教育意识、课程意识、学生意识、服务和发展意识,是教师顺利完成教学任务的必备知识和关键技能,但是教育作为一种培养人的活动,在专业精神和专业道德建设上对教师专业化有着更加严格和更高水平的要求。专业精神的强弱是体现教师专业成熟程度的社会心理和伦理标准,拥有强大的专业精神是将上述教师专业必备知识和关键技能心理内化,实现专业自觉和专业精神提升的重要要求,因而,师德师风建设也是学校教育教师专业化的一个重要内容。尤其是对于重庆市教科院巴蜀实验学校来说,打造精致的学校教育,不仅需要一批专业知识过硬的教师队伍,同样需要教师具备"精益求精"的教师专业精神和教师专业道德。

(三)精致教育的教师队伍建设目标定位

精致教育下的教师专业发展理念是在"精诚做人,精心做事"的学校精神指引下,形成的一种"精诚所至,金石为开"的教师专业发展理念。教师作为一个职业,具有精心做人,精诚做事,认真对待教育教学的每一个环节和每一个学生的个性要求。教师需要塑造高尚的职业道德和专业精神,珍惜、热爱教师的专业,爱岗敬业,无私奉献。教师也需要具有健全的人格和良好的人文素养,用高尚的人格魅力去影响教育学生,做到既教好书,又能教会学生如何做人,将"做人"和"做事"统一起来。教师不是"教书匠",而是专业的"人师",能够教会学生正确地认识自然和社会,正确地认识自我的能力,能够平等地对待每一个学生,尊重学生个性,建立和谐的师生关系。教师的专业发展是一个持续不断的过程,教师的专业成长是一生的事业,学会学习,在工作中学习,实现教师专业的终身发展和持续发展是教师专业化的独特魅力。做精致教育的教师要善于学习,勤于钻研,精通本学科专业知识,广泛涉猎多学科知识,并将其内化为个人的文化素质;要具备课程内容和资源、课程组织和类型、课程评价及课程目标方面的知识,并具备娴熟的运用现代信息技术的能力。教师还要具备一定的教育科研能力、知识优化和更新能力、创新思维与实践的能力,以及批判性反思与自我发展的能力,具有积极向上的心态,善于营造良好的工作氛围,能正确处理、协调各种关系。

总之,打造精致的教师队伍不是一个空洞的理念口号,而是在时代背景和教师专业发展革新的潮流中,将教师专业化落实在教育教学中,实现教师教学理念、教学行为和教学形象的统一。为此,本校努力打造"见微知著,精于教化"的教风。"见微知著",出自《韩非子》:"圣人见微以知萌,见端以知末。"其意指智慧之人,见到微小的细节,便能推知事物已有的变化;见到事物最初的萌发,就能知道未来必然的发展与结果。"见微知著"之"微",即孩子的每个动作,每分神态,每次作业,每处习惯——"见微",就是观察每个孩子,关注每个细节;"见微知著"之"著",即"微"中反映出的孩子的困惑、问题、心理——"知著",就是具有分析问题之能力,疏导心理之经验。"教化",出自《礼记》:"故礼之教化也微,其止邪也于未形。"所谓"教",即"上所施,下所效",上位者以言行举止为示范,下位者模仿效法;所谓"化",即"教行于上,化成于下",其描述下位者效仿上位者的德行,进而从粗鄙孤陋到知礼明德的过程与状态。重庆市教科院巴蜀实验学校要求教师在道德、行为和精神品质上成为学生的榜样。此外,其在教学专业和行为上,也要不断砥砺品质,努力做到"精于教",精心备课,精炼教学,精细修改——明晓难点,设计专题,引导思路,点拨关键,及时纠错,督促更正;"精于化",即以身作则,躬身示范,言传身教——品行端正,为人师表,实践道德,亲自示范,以言劝善,以身立德。"见微知著,精于教化",融合品德与智慧,期待教师有"见微知著"之智慧,有"精于教化"之精神——以大爱对待每个学生,见其"微",以大德示范学生,精于"化";以大智指点学生,知其"著"而引其路,以大慧帮助学生,知其难而"教"其行!重庆市教科院巴蜀实验学校以"见微知著,精于教化"的教风打造"精致"的教师队伍。

四、课程建设的目标定位

课程是学校教育为实现教育目标而选择的教育内容的总和,包括学校所教各门学科及其目的、内容、范围、分量与进程以及课外活动。课程建设是学校教育教学发展的重要内容,加强课程建设是有效落实教学计划,提高教学水平和人才培养质量的重要保证。学校课程建设是一个现实问题,其实质是对学校所提供的一切有助于学生发展的机会进行全面整合,以期在最大程度上满足学生发展需要,实现学校自身教育目的的一项系统工程[1]。当前,我国实行国家、地方、学校三级课程管理体制,在三级课程管理体制下,学校课程建设也就主要存在两种路径:一方面是对国家、地方课程进行校本化的改造过程;另一方面是开展校本课程开发,构建学校特色课程体系的过程。2001年国家颁布《基础教育课程改革纲要》,明确提出在课程管理体制方面建立国家课程、地方课程和校本课程三级课程管理体制,将课程建设和课程管理的权力逐级下放,并给予学校和教育主体一定的自主权,让其根据地方和学校的文化特色建设地方和校本课程体系。实际上,不管是国家、地方课程校本化还是开发校本课程,构建校本化的学校特色课程体系都对实现学校转型发展,提升学校教育教学质量,打造精致的学校教育有着重大的现实意义和实践价值。课程建设是学校教育发展的关键载体,课程建设实质上就是构建学校特色课程体系的过程,其本质上是教育的个性化和追求更加卓越的学校教育品质。教育的个性集中体现为学校文化风格,这种风格表现为教师和校长的教育思想、教学方法、课程设置、教育管理、校园文化的综合特色。其中,课程作为教育活动的基本载体,是学校教育发展的核心,也是学校通过特色发展满足学生个性发展、促进学校内涵发展以及提高教育质量的关键载体[2]。对于重庆市教科院巴蜀实验学校来说,我们在着力打造高素质专业化的教师队伍时,关键和核心的目标是激活教师在学校课程建设和课程实施中的自主性、自觉性,充分发挥教师的专业自主权利,紧紧围绕精彩少年的育人目标,从课程的规划设计到课程的厘定,再到课程实施,全方位打造重庆市教科院巴蜀实验学校的精彩课程。

(一)"精彩课程"的规划设计

精彩课程是根据我校精致教育而开发与实施的,集中体现了精致教育的教育形式及其精神文化内涵。精彩从字面意思上理解为出色,意指在某些方面出乎大众意料,超常表现。精彩课程以培育精彩少年为目标,从学生的需要出发,统整国家课程、地方课程以及校本课程,优化教学方法,尊重学生个性发展,注重学生个性发展,追求高效课堂的课程体系,努力打造重庆市教科院巴蜀实验学校人本性、统整性、全息性和开放性的特色课程体系。

人本性强调学校课程建设以学生为中心,关注学生个性。每个孩子都有潜在特长,教育的关键就是发现孩子的潜能。精彩课程坚持以孩子为本,注重激发孩子的潜能。精彩课程的体系有层次、分类型、分领域,以适应不同孩子的课程需要,让孩子能通过课程学习激发和开发潜能,并为每个孩子成为精彩少年奠基;统整性强调精彩课程是国家课程、地方课程和校本课程的有机统整,精彩课程不是游离于国家课程、地方课程之外的课程,而是以精彩为目标,将国家课程、地方课程、校本课程统合起来的课程体系,既包括忠实并创新地执行国家课程、地方课程,又包括调适学校自主课程;全息性重视课程育人的

[1] 吴苏腾.基于学校文化的学校课程建设研究——以重庆市A小学为例[D].重庆:西南大学,2014.
[2] 范涌峰,戴德桥.从校本课程到特色学校:可能与方法——基于一所农村小学的行动研究[J].教育科学研究,2019(5):66-71.

全面性,并强调"细节育人"的课程价值取向。精彩课程不仅限于教材、资料、活动等,所有进入课程系统的人、事、物、知识、信息等都是课程的重要组成部分。精彩课程充分考虑各个方面的因素及其对孩子健康成长的影响,并不断在实践中加以优化;开放性强调课程建设是一个开放的、自组织的持续发展过程。精彩课程不是一个封闭系统,恰恰相反,精彩课程以孩子为中心,向自然世界、生活世界、知识世界和孩子的内心世界展开,根据孩子成长的阶段特点、需要和时代发展的要求不断地选择、拓展、丰富和完善。

(二)"精彩课程"的规划目标

基于精彩少年的育人目标和我校打造精致教育的学校文化体系,本校在课程建设目标规划上从多个方面和层次构建精彩课程及其内容体系。具体来说,在总体的课程建设目标规划上:第一,努力探索与构建适合本校课程规划与发展的管理模式和教学模式,全面提高教育教学质量和水平;第二,探索课程管理运作规范,形成国家、地方、学校三级课程管理工作机制,提高学校开发课程资源的能力,构建符合我校培养目标的校本课程体系,打造具有区域辐射的精品课程;第三,打造教研组项目制度,促进教师专业发展,使学校成为教师终身学习的学习型组织,实现教师教学方式和学生学习方式的转变,建立新型师生关系,形成民主、开放、高效的校本教研新机制;第四,改革评价考核方式,形成学生学业成绩与成长记录相结合的综合评价制,探讨符合模块课程特点的多样化的评价方式。其在"精彩课程"的目标规划上则具体表现为:围绕我校培育精彩少年的总目标,结合我校寄宿制特点,除了扎实开展国家课程和地方课程的实施以外,把课程建设目标的视角放在"生活养育"上,具体培育目标可以概括为"四养四育",四养:养生命,养身体,养感情,养习惯;四育:养道德,养品格,养知识,养能力。据此,我校把课程内容的设置概括为"一个基础点,两个创新点"———一个基础点:结合新课程理念,革新教育教学方法,扎实有效地开展"基于学生学习力提升的课堂教学改革项目",将国家课程的落实作为课程构建的基础;两个创新点:一是专设"生活育人"课程,整合校内外资源,从安全、心理健康、礼仪、劳动、生活技能、生活防护等方面进行构架和实施,形成我校课程建设的亮点;二是开设"活动育人"课程,确定我校以书法、足球、花式跳绳为艺体特色的发展思路,并整合校内外师资,开设涉及语言、艺术、运动、思维、科学等五大领域的二十几项兴趣课程,并根据实际需要,常设六一展示活动、体育文化艺术周、书香阅读月等大型展示活动,以此满足师生的展示需要。

在具体的课程内容体系建设上,精彩课程分为基石课程、生活养育课程、兴趣特长课程、活动拓展课程四类。基石课程聚焦提高国家课程以及地方课程的适切性、教学方法的改革创新以及学科教材的二度开发等内容。依据学校"基于学生学习力提升的教学改革"总方案,各教研组根据学科特点、学生学情申报子项目,从教学方法革新、学习方法指导、教学内容优化、评价方式创新等不同维度研究并实施国家课程。生活养育课程共分为生活礼仪、生活习惯、生活技能、生活防护四大板块,生活礼仪板块从个人礼仪、家庭礼仪、社交礼仪三方面入手,让学生掌握基本的谈吐、举止、服饰、交往等礼仪,力求为孩子的文明生活、幸福成长奠定基础。我们从学习、生活、品德三个层面分别提出了学生应该养成的十个好习惯,并形成了一套完整评价方案;在生活技能方面,我们从学校、家庭、社会三方面进行构建,提出"学校生活,学会基本生活自理;家庭生活,学会基本家务自能;社会生活,学会基本角色自立"的三级目标,并进行了课程构建;在生活防护课程里,我们从意外伤害类、公共卫生类、社会安全类、成长心理类、自然灾害类、网络信息类等内容入手,进行了课程构建,形成校本教材《中小学安全应急手册》。兴趣特长课程包括语言、思维、艺术、运动、科技五大类的二十几项课程。本校在语言类课程里,开设经典诵读、书法、小作家、小主持人、演讲、趣味英语等选修课;思维类课程里,开设中国象棋、围棋、趣味数学等选修课;艺术类课程里,开设国画、剪纸、舞蹈、声乐、钢琴等选修课;运动类课程里,开设趣味田径、毽球、篮球、羽毛球、足球、跆拳道、武术、轮滑、花式跳绳等选修课;科技类课程里,开设信息小专家、机器人、航模、立体构建、趣味实验等选修课;活动拓展课程则依托"两节两游"实施,两节指每年春期实施的课程文化节以及秋期实施的体育艺术节,两游指每年的春季游学和秋季游学。每年由学校组织的各类评比活动,或者由各教研组组织实施的学科活动、竞赛等,都在相对固定的时间范围内常态化进行,这可以让学生在活动中体悟,在活动中成长。

(三)"精彩课程"的实施

课程实施是课程建设的重要环节,在不同的教育理念及其课程实施理念指导下,课程之于学校教育的意义则不尽相同。美国学者辛德尔、波林和扎姆沃特根据美国、加拿大等几个国家在课程实施过程中所采取的不同理念,提出了三种课程实施取向及其模式:忠实取向、相互调适取向和创生取向。秉持不同的课程实施取向,学校在学校教育和发展过程中对课程建设的目标定位也不尽相同。

忠实取向认为课程实施过程即是忠实地执行国家课程计划的过程。将学校课程建设视为实现国家课程计划的过程,衡量课程实施成功与否的基本标准是课程实施过程实现预定的课程计划的程度。实现程度高,则课程实施成功;实现程度低,则课程实施失败。相互适应取向认为课程实施过程是课程计划与班级或学校实践情境在课程目标、内容、方法、组织模式诸方面相互调整、改变与适应的过程。持相互调适取向的学校往往根据自身发展特点和学校特色,在国家课程标准范围内构建独特课程文化体系。创生取向认为课程实施是师生在具体情境中,联合缔造新的教育经验的过程。在创生过程中,预定的课程方案仅仅是师生进行或者实现"创生"的材料或背景,是一种课程资源,借助于这种资源,师生得以不断地变化和发展,课程本身也得以不断生成。

三种取向之间也并非绝对排斥与对立的,而是一种理解、进步、包容与超越。这个课程实施取向的过程,反映了课程从"技术理性"到"解放理性"的变化,也是对人的主体性的承认,是对人的个性的尊重、理解与承认。新课改以来,教育界对我国十几年的课程实施及其实践进行反思之后,逐渐认识到课程的实施,绝非被动的执行,而需要积极的参与。结合我校打造精彩课程的课程建设目标定位,精致教育课程实施模式确定为:相互适应的取向下的课程修改模式。在此种模式下,我们尊重并认真践行国家课程,同时尊重并承认课程实施中的各种主体,包括教师、学生及家长,尊重课程实施过程中出现的任何真实情境,允许教师在自己的专业学科范围内进行适当创生。因此,在精彩课程实施过程中,结合学校的实际情况,我校从五个方面配套精彩课程的实施:

第一,加强教师理论学习与实践研究,提升教师素养。本校利用南岸区教委及进修校平台,鼓励教师参与教师素养提升学习,每期开展教师沙龙或者教师论坛,分享教师教育教学经验,每年开展教师技能大赛,促进教师发展;第二,整合资源,构建帮扶体系。借助教科院平台,建立专家与我校中青年骨干教师结对的方式,加强师资建设以及课程开发,建立我校"青蓝工程"机制,以老带新,以优促优;第三,建立并完善常规考核方案。继续进行教学六认真检查活动,加大力度进行教学质量监测评估,优化评估方案,以提升学生学习力为主要评估内容,建立更加科学、更加体系的课堂评价标准、教案评价标准、作业批改评价标准;第四,落实学校项目制管理机制。以"基于学生学习力提升的课堂教学改革项目"为基础,各教研组围绕学生学习力提升进行项目申报,聘请专家指导,发放项目经费,让学校的课程建设百花齐放;第五,改善硬件设施,服务课程建设。加大投入,着力改善办学设施设备,除每个教室配套短焦投影设备外,根据各学科教学需求以及课程开发需求配套相应设备,如英语点读笔、体育防护用具等;拟建立心理咨询室、安全体验中心、烹饪中心等功能室;利用校园空置场地,开辟班级责任田,配套课程需求。

五、校园文化建设的目标定位

校园文化作为学校教育过程中的一个重要影响因素,伴随着教育教学的发展,逐渐成为一个重要的教育要素并被人们关注。1986年4月,上海交通大学的第十二届学生代表大会首次在国内明确提出"校园文化"概念,引发人们对校园文化的关注。1990年4月,全国首次校园文化研讨会在北京召开,校园文化逐渐成为一个研究的热点。实际上,对校园文化的关注是学校教育现代转型发展的一个重要体现。国务院2017年颁布《国家教育事业发展"十三五"规划》明确指出,协同营造良好育人生态,优化校园育人环境,加强校园文化建设,引导各级各类学校建设特色校园文化。对校园文化建设的关注和重视,不仅是我国学校教育深化发展和内涵提升上的一种"文化自信",更是实现从"有学上"转向"上好学"在具体的学校教育教学中改革的"文化自觉"。对校园文化建设的目标定位首先应该在社会文化的大背景和人类文化发展的基本规律中寻找"文化基因",然后从校园文化建设的具体内容中结合学校本身的特点探讨和确立校园文化建设目标定位。

(一)校园文化建设的内涵与意义

校园文化是指一所学校经过长期发展积淀而形成共识的一种价值体系,包括办学理念、学校文化、师生行为规范等,是一所学校办学精神与环境氛围的集中体现。实际上,对校园文化的关注是学校教育现代转型发展的一个重要体现。众所周知,人类教育经历了从非形式教育到形式化教育,从形式化教育到制度化教育,从制度化教育到现代教育的演变历程。教育作为一种专门的社会实践活动,从社会生产、生活中独立出来,并不断朝着制度化和现代化发展的同时,教育的固定场所和物质文化的空间载体——学校(校园)也在不断发展,并在教育形态的历史演变中逐渐成为影响教育的重要因素而被人们关注。从最早的"庠序之教"——我国古代学校的教育的雏形,到稷下学宫、宋明时期的书院,以及近代以来的学堂和现代学校,学校教育的空间、物质形态不断丰富,构成了影响现代教育教学的重要因素。可以说,打造精致的教育离不开精致的校园文化。

从广义上讲,校园文化是一种亚文化,不仅是社会文化发展在学校教育中的一个缩影和体现,同样也是学校教育在不断的实践中形成的一种学校教育发展理念、办学特色、师生精神、校风、教风等等。因而,从这个意义上讲,校园文化的建设和发展主要受两个因素的影响,一是社会文化,二是学校自身的教育教学的理念、精神和办学特色等。社会文化是社会、历史的产物,受社会经济、政治制度的制约,在社会生活和社会发展中居于主导地位,任何时代都如此,这是毫无疑问的[1]。此外,值得强调的是,校园文化作为人类社会生产、生活等实践的结果,本身属于人类文化的一种具体实践形态,校园文化的建设和发展也就自然而然遵循人类文化发展的基本的规律——文化的累积演进机制。所谓人类文化的累积演进机制,简单来说就是文化是人类在社会实践过程中不断生成的一种物质、精神和制度,人类的文化传统和人造物品随着时间的推移不断进行积累改进,即所谓的积累性文化进化,这在其他动物物种中是没有的……这种情况被称为"棘轮效应"。一些文化传统积累着改进,这些改进是不同的个体随着时间的推移做出的,因此它们越来越复杂,其中包含了越来越宽泛的适应性功能……在这样一个进程中,更重要的不是创新,而是忠实可靠的传播[2]。这就是说校园文化同样具有累积效应。在师生不断的教育生活实践中所产生的物质、制度和精神的东西不仅构成师生进一步实践的社会现实条件,同样构成了学校未来发展的条件和文化积淀,并随着时间的推移,不断更新和改进学校文化的物质形态、制度形式和精神面貌。从这个意义上讲,校园文化不是一个静态的文化理解过程,而是一个动态的文化生成过程。

校园文化是社会文化的重要组成部分。在这个意义上可以说,校园文化作为一种人类社会实践活动,可称之为校园里的社会文化。因此,校园文化建设与社会文化发展之间,既有部分与整体、局部与全局的关系,又有特殊与普遍、个性与共性的关系。因而,校园文化的第一要义是以社会文化为基础,以本校的教育生活、生产实践为核心,蕴涵着学校传统、办学理念、校风、教风、学风、学校管理制度、校园环境等丰富的内涵。其表现学校教育教学质量,从微观上反映我国社会发展的文化水平,同时也彰显着学校教育的现代化程度。其对内集中体现为某种校园物质、制度和精神面貌,对外则向社会树立特征明显的学校形象和办学特色,并发挥着对社会文化的促进作用。总之,校园文化包括学校的物质文化、学校的制度文化、师生的行为文化和精神文化。校园中的一切都在以不

---

[1] 史洁,冀伦文,朱先奇.校园文化的内涵及其结构[J].中国高教研究,2005(5):84-85.

[2] 迈克尔·托马塞洛.人类认知的文化起源[M].张敦敏,译.北京:中国社会科学出版社,2011:7.

同的方式影响着学生,塑造学生的行为和精神品格。

(二)校园文化建设的内容

校园文化建设实质上是凝聚和提炼学校文化的一个首要前提,一所学校所具有的独特精神气象,首先应该表现在校园文化建设中。它会产生一股强大的凝聚力和向心力,对于学校教育教学的发展和学生个性的成长有着促进作用。纵观国内众多中小学名校,不难发现,它们之所以称之为名校,并不单单是因为分数和成绩,还因为这个学校具有凝聚力、传承性的校园文化。它们的每一个细节都彰显着文化气息,楼梯、餐厅、报栏、教室门、路边、花坛、长廊等都体现着独具特色的审美视角和人文关怀,这些附着在有形物体上的无形文化,早已在每个人的心中产生一股强大持久的精神力量,推动着学校不断地发展前进。校园文化是校风、学风和办学特色的集中体现,具有重要的育人价值和功能。尽管关于校园文化建设的内容存在多种角度和不同层面的理解,但就学校教育教学的现实过程来看,校园文化建设在内容上可以从三个方面进行:物质文化建设、制度文化建设和精神文化建设。

物质文化建设是校园文化建设的基础,主要指校园空间建设,如校园内的建筑实体的构造和建设,包括各建筑实体之间的结构安排。其还包括各种教学资源和实践资料等。校园物质文化建设是学校教育特色和文化的直接体现。我们说,校园物质环境是师生、生生交往的基础,物质环境的优劣直接影响着学生的发展。在不少的校园文化建设中,人们往往将校园物质文化建设的目标聚焦于校园环境的基本建设,如校园的空间、建筑、道路、绿化等人文环境建设,而忽略了校园师生、生生的文化活动建设。如果说校园物质环境是校园文化的静态表现,那么校园文化活动则是校园文化的动态表现。所谓校园文化活动主要是指除去课堂教学活动以外发生的各种校园文化活动,如学生社团活动、课间操、文体活动、科技活动和社会公益活动等等。生动活泼、丰富多彩的校园文化活动与校园物质环境文化一样是学校教育呈现的一种重要文化现象,这些文化现象是人们可以直接感觉到的校园文化的客观存在——构成校园文化的表层,显示着校园文化的外貌,同时构成师生活动,尤其是学生发展的基本需要,具有直观、多变、生动等方面的特点。因而校园物质文化的建设不仅要以校容、校貌的美化为重点,包括学校建筑风格、绿化美化、自然风景和环境整洁水平、教育教学设备现代化等等,同样要更加关注校园文化活动的建设,努力打生动活泼、丰富多彩的校园文化活动。

校园制度文化建设是学校教育教学的重要文化保障,学校教育教学活动的正常开展离不开相应的规章制度。校园制度文化建设主要包括各种规章制度以及教育教学活动的模式、群体行为规范和习俗等内容的建设。学校制度文化建设直接地表现为学校管理过程中的一系列规章制度,如教研制度、学生行为守则、校规校纪等等。相对于学校精神文化建设和发展来说,制度文化建设是学校教育发展的初级阶段的产物,是为了达到相应的教育教学发展目标而采取的一种有意识的"规训"手段,其保障学校教育有序、有章和有效。其通过制度来强化,通过物质环境来内化,最终形成学校教育对学生发展的精神升华和内化。"不依规矩,无以成方圆"。学校应该依据一定的教育规律、教育方针、政策和法规等,紧紧围绕学生发展这一核心,建立和健全各种规章制度,从而为形成和构建师生文化自觉、精神自主的自我约束、自我管理和自我激励提供制度基础。因而,如果从动态的角度看校园制度文化建设,在学校教育发展前期,我们应该重点关注学校规章制度等管理文化的建设,如校规校纪、教风和学风、校岗位责任、教学管理与质量、教研制度、后勤财务、四防安全等学校管理方面的制度建设,后期在学校教育的内涵提升上,我们主要着眼于校园精神文化建设。

精神文化建设是校园文化建设的核心,主要包括校园文化观念、历史传统,以及被师生和全体教职员工认可和遵循的共同思想信念和价值观等。校园精神文化建设的内容主要涉及学校的文化传统、人际关系、心理氛围以及校园群体的世界观、价值观、道德观等方面的建设。校园精神文化建设是学校教育发展的一个高级阶段,集中反映了一个学校的办学特色、个性及精神面貌,深刻地体现了学校的办学宗旨、培养目标及其独特教育理念,是学校文化的最深层次的东西。高品位的校园文化毫无疑问是以高尚的价值信念为主导的。校园内良好的学风、教风和师生礼貌的行为、文雅的举止说到底都是精神文化修养和价值追求的具体体现,甚至在一定程度上可以说,随着学校教育的不断发展,校容校貌等物质文化上也会深刻地烙印着精神文化。校园文化归根结底是人的主体的文化,校园文化体现着师生在教育教学活动中所展现出来的精神内涵[1]。因而,在校园文化建设中,首先要保证精神文化建设的着手要实,立意要高,树立明确的价值导向。在另一个层面上说,校园精神文化建设并非一蹴而就的,其本身是师生在长期的教育生产实践活动中积淀而成的文化内涵、精神实质和价值认同。校园中的行为主体形成了共同的理想信念和价值观,就可以产生极大的精神动力,推动和激励师生为实现学校发展的目标而不断努力奋斗,形成全体师生同心协力、团结合作的巨大凝聚力,最终形成师生自我发展、自我约束、自我激励的精神文化自觉。因而,校园精神文化建设不仅要在目标定位上立意高远,树立正确的价值观念,在具体的学校教育教学生产实践活动中,也要有意识地及时总结和提炼学校精神文化。从这个意义上说,精致教育就是重庆市教科院巴蜀实验学校秉承教科院精益求精之科研精神,发扬巴蜀精英辈出之优秀传统,披荆斩棘,继往开来,从教育本质、自身特点、渊源传统等方面出发,在长期的教育教学生产实践中,经过不断探索,不断创新,建立的与众不同,清晰完善的学校精神文化理念系统。

(三)"精致教育"的校园文化建设目标定位

本校的精致教育在校园文化建设中首先从物质环境建设的细节入手,坚持文化育人的校园文化建设理念,努力打造独特的校园文化,彰显重庆市教科院巴蜀实验学校的独特精神气象及教育品质。重庆市教科院巴蜀实验学校的校园文化是一种氛围、一种精神,自觉或不自觉地对学生的人生观、价值观产生着潜移默化的影响,而这种影响通常是任何课程无法比拟的。精致教育努力打造健康、向上、丰富的校园文化,重视对学生的品性形成具有渗透性、持久性和选择性的校园文化建设,不断提高学生的人文道德素养,拓宽学生的视野,努力构建协同育人的校园文化环境。《荀子·劝学》有言:"蓬生麻中,不扶而直,白沙在涅,与之俱黑。"有位哲人也曾说过:"对学生真正有价值的东西,是他周围

---

[1] 李钟陵.论中小学校园文化建设[D].武汉:华中师范大学,2000.

的环境"。学校的校容校貌，不仅是一个学校整体精神的价值取向，同时也是具有强大引导功能的重要教育影响要素。校园文化作为一种环境教育力量，是师生日常活动的物质空间载体，对学生的健康成长有着巨大的影响。校园文化建设的终极目标就在于创建一种氛围，以陶冶学生的情操，构筑健康的人格，全面提高学生素质。此外，校园文化是一所学校综合实力的反映。校园文化的核心竞争力主要表现在文化的凝聚力和创造力，优秀的校园文化能赋予师生独立的人格、独立的精神，激励师生不断反思、不断超越。

打造精致教育不能没有精美校园。精美校园不仅是精致教育独特的育人环境，同时也是重庆市教科院巴蜀实验学校的独特精神气象的名片。因而，重庆市教科院巴蜀实验学校将校园文化建设目标定位于精美校园，努力在校园文化建设中体现精致化的管理理念，力求实现"文化校园"和校园"文化"的统一。通过精美校园实现精致教育的物质文化建设、精神文化建设和制度文化建设的有机统一，推动这三个方面的建设全面协调发展，不仅能够为学校发展形成独特的文化现象，也能够充分发挥校园文化的协同育人价值。精美的校园设施将为师生开展丰富多彩的寓教于文、寓教于乐的教育活动提供重要的阵地，使师生教有其所、学有其所、乐有其所，在求知、求美、求乐中受到潜移默化的启迪和教育。完善的设施、合理的布局、各具特色的建筑和场所，能够使师生心旷神怡、赏心悦目，陶冶校园师生情操，塑造师生美好心灵，激发师生的开拓进取精神，同时还能够有效约束师生的不良风气和行为，将促进师生身心健康发展。在校园文化建设中，精神文化是目的，物质文化是实现目的的途径和载体，是推进学校文化建设的必要前提；物质文化建设是校园文化建设的重要组成部分和重要的支撑。校园物质文化，属于校园文化的硬件，是看得见摸得着的东西。校园物质文化的每一个实体，以及各实体之间结构的关系，无不蕴含某种教育价值观，处处是学问，点点滴滴皆可教育。

具体来说，精美校园的校园文化建设目标定位在物质环境和精神文化气质上："精"，强调学校建筑之风格，工巧设计，精制雕琢，赏心悦目；"美"，指校园友爱之风气，心美人诚，言雅行善，其乐融融！精美校园作为我校校园文化建设的目标定位，不仅是对精致教育的精神文化的提炼，同时也是课堂教学改革的目标引领。我校以精为核心理念，以精美校园为校园文化建设目标，体现我校建筑之精致，人心之美好；表现氛围之宽松，思想之活跃；描绘生长之健康，成长之幸福；表现相处之和睦，交往之和美！本校着力从七个方面打造精美校园：

精美校园，是建筑精巧，环境美丽的校园；

精美校园，是师生活跃，人心善美的校园；

精美校园，是好学精思，思想碰撞的校园；

精美校园，是规则精当，自由宽松的校园；

精美校园，是待人精诚，和睦友好的校园；

精美校园，是精心哺育，幸福成长的校园！

精美校园，是管理精细、育人精心、服务精诚、校园精美的校园。

第四章　"精致教育"的内容体系

作为一个教育课题，精致教育的理论基础和发展历史具有重要的参考意义，上述关于其理论基础的梳理，帮助我们明确了精致教育这一宏大教育布局是有依据和来由的。为进一步从本质和内涵的角度分析其发展结构的合理性以及发展的可观性，本部分将会从逻辑基础、结构框架、内在体系、内容输出等几个部分来考量。

一、"精致教育"的逻辑基础

（一）表达一种明确的教育态度

与其说精致教育是一种新的教育理念，不如将其解读为一种新的教育态度。自精致教育这一概念生成，其便成为全国中小学校教育课程改革和实践报告中常见的"名词"，并在不同地区的不同学校被演绎为多种教育目标和形态。回顾以往，不论是国家、社会、媒体还是学校，从未停止过对于教育的思考和对新型教育模式的探索，其投入的是大量人力、物力、财力、精力，产出的是一轮又一轮打磨创新生成的教育模式，从这些教育活动改革中我们不难看出其中所传达出的教育态度。

以史为鉴，现代教育走过了近百年的历程，教育所能涉及的要素，例如场所、教材、教师、考评等等都发生了翻天覆地的变化，很难说这是历史变迁带来的教育变革，还是教育变革成就的历史变迁，总而言之，现代教育提出最有影响力的教育态度即是精致教育，这是现代教育对应试模式的现实思考，更是对应试教育历史威严的挑战。为了实现学生的综合素质发展，我们尝试了一系列的教育创新和改革，显然，精致教育正在为实现这一目标而不断努力。

精致意为"精巧、细致"，伴随着科技社会的发展以及个人社交平台的活跃，人们对于生活和工作的要求越来越高，精致的学习、工作和生活品质已成为很多人的追求目标，精致在某种程度上已经象征着人类的进步、文明的发展。不同的是，精致的态度放在教育中，其实是一种明确的倾向性，表达的是鲜明的立场和理想追求，是对教育细节的把控，是对教育节奏的放缓，更是对教育主体的人文关照，所以精致的教育态度不仅是完美的教育结果，更是对学校的管理态度、教师的教育态度、学生的学习态度的综合考量，是对目前固有的粗放式传统教育模式所发出的变革信号。精致教育重在打造精致，展现的是去除粗糙、低效、混乱、无序教学的劣势，成就学生精致成长的使命和决心。

（二）对传统教育的重心转移

《国家中长期教育改革和发展规划纲要（2010—2020年）》第一部分（总体战略）第一章明确指出："树立以提高质量为核心的教育发展观，注重教育内涵发展，鼓励学校办出特色、办出水平，出名师，育英才。建立以提高教育质量为导向的管理制度和工作机制，把教育资源配置和学校工作重点集中到强化教学环节、提高教育质量上来。"长期以来，基础教育资源人均分配不均，教育差异化严重阻碍和困扰着教育整体向前发展，其在不同的阶段表现出不同方面的不均衡，涉及基础教育设施建设、软件、内容、教学、文化建设等，这也就使得"教育公平"成为近四十年来的重大攻坚课题。

伴随着教育投入的增加以及国家教育发展的布局，这一难题得到了极大的改善，其惠及落后地区，为农村学生提供了更加完善的资助成长政策。进入 21 世纪，基础教育的问题基本上可以概括为"公平、质量、活力"三大问题，对于教育而言，这些问题并不是排序题，更不是选择题，而是需要同步解决的问题，因为学生基数的庞大使得这些问题在不同的地区存在着不同的表现形式，更增添了三大问题之间的矛盾性和冲突性，所以，量化的数据报告结果不足以支撑有效的教育决策，关注过程变得尤为重要。

精致教育可以说是兼顾公平与质量的教育。在政策视域下，公平处在"先行"的位置，而质量却具有"先在性"，对公平起着决定的作用，与中国教育从外延式向内涵式发展同构，中国教育公平与质量的政策重心从均等化范型向多样化范型转移，即以多样化为目标，以人为中心。[1] 作为一种特殊的社会活动，其效果的考量具有滞后性，而精致教育的重点则在于过程，在于对教育过程严谨性的考查和严格要求。当然，教育过程也直接影响着教育效果，二者并不冲突。精致教育所强调的是一种教育的绩效性，是指精致教育对教育过程的要求，强调在相同的施教条件、施教时间、施教对象的情况下，积极发挥教师的主观能动性，用心巧妙地让学生有更好的学习体验和成效，在强调优质的教育产出基础上，同样重视教育的过程绩效。[2]

（三）对教育个体功能的精细需求

教育功能是指教育活动和系统对个体发展和社会发展所产生的各种影响和作用，其既有正向的也有负向的，既有隐形的也有显性的，而从一般意义上来说，教育的功能无外乎是个体功能与社会功能的综合，表达的是一个个体社会化与社会个性化的过程。兰格威尔德认为"首要的教育问题应该是对于儿童来说，在这样的环境中他们的经历和体验是什么"，贝茨则要求"教育思考直接面向处在家庭、学校的特定情境中的儿童本身，直接面向儿童的生活方式和日常生活中与他人的关系。"[3] 从中也不难看出，教育的个体功能与社会功能之间并不是平行的关系，个体功能可以说是教育的本质。

以文化转型为时代背景，反观现有的学校教育，则可以发现，传统学校教育往往忽视个体生命的存在以及学生个性成长，而已有的学校教育改革实践，往往因为没有直击教育漏洞问题，而显得缺乏整体性和深层次的特征。个性与个性教育可以说是精致教育的核心内涵之一，教育离不开对学生个性的拷问，"关注个性"指关注每一个学生的个性发展，把学生的个性发展作为精致教育的首选，这是精致教育的目标。所以，从严格意义上来说，教育功能不能无限地被放大，这不仅不利于教育影响力的发挥，更会增加教育与时

---

［1］ 杨九诠."公平而有质量的教育"的双重结构及政策重心转移[J].教育研究,2018,39(11):42-49.
［2］ 刘晶晶.关于精致教育的再思考[J].学理论,2015(36):111-113.
［3］ 宁虹,钟亚妮.现象学教育学探析[J].教育研究.2002,23(8):32-37.

代发展间的矛盾冲突。简要表达教育功能要义,细化功能结构是精致教育内涵的重要逻辑点。

所以教育功能的细化,即是教育聚焦学生个性成长。个性通过教育形成,但不是任何教育都能促进良好个性的形成,个性教育通过各种教育、教学活动实施,但不是任何的教育、教学活动都能实施良好的个性教育。个性化教育源于以人为本的理念,它打破了用"一把尺子"来衡量所有学生的狭隘的教育观念,其用积极的眼光去发现每一个学生的不同优点,继而采取"因材施教"的策略,让每一个学生都受到关注,让每一个学生都找到自信,让每一个学生都获得发展,让每一个学生都在教育过程中感受到快乐。在众多学校的办学理念和办学特色中,均可以看见"个性、创先、人、爱"等要素,这不仅是实现精致教育的必由之路,更是培养学生成为真正的"人"的必由之路。

但是需要我们注意的是,个性教育不是传统教育的对立面,而是对传统教育的反思和改进。从人的生长规律出发、从个体需求出发、从个体适应社会能力出发,近百年来,我们做出了许多无畏的尝试,提炼和总结了一批又一批优质的育人经验和故事,所以我们在日常的教育活动中无时无刻不受到学生个性发展的影响。个性教育之于精致教育,是对教育功能的更加明晰、准确的说明,而非一场有关是非的悖论。

(四)对教育要素的重新整合

教育要素主要是指整个教育活动所能够运行的基础因素以及外在运行要素,在整个教育教学活动中,教育者、学习者、教育内容、教育媒介共同构成了现代教育的基本要素,同时也是我们所熟悉的教育环境,是相对独立的社会子系统。可以说长久以来,我们对于教育要素的解读过于常规,导致教育发展出现因循守旧的现象。呵护学生个性成长是教育的初心和使命,根据学生的个性进行教育,尊重学生的个性经验和个性发展水平及个体兴趣的差异,实施恰切的教育,是一种人性教育,是对教育规律的遵循,也是一种公平的教育,因为为每个学生提供适合的教育才是最公平的教育。

精致教育要做的是对教育要素的重新整合,是对教育对个体所能发挥的最大影响的探究,更是在有限的条件下尽量优化教育的要素结构。从一定程度上说,教育要素就是教育资源在各个结构上的分配程度,涉及我们在教育过程中所投入的人力、物力、财力,以及在教育过程中所形成的一系列教育目标、方式方法、教育内容排列等等。所以,精致教育不能离开教育要素,其建设过程也是建立在已有教育场域内的各种要素的综合和优化的过程。只有实现教育资源的优化配置,才能在最大程度上发挥教育资源的优势作用。

精致教育关注教育主体成长,关注教育过程质量,关注教育资源分配,为教育提供了更多的人文关怀,为学生提供了更为宽阔的成长空间和可选择性。其也是对学校管理、校园文化建设、教师队伍建设等各个方面的不断补充、调整和完善。当今世界正处于大发展、大变革、大调整的特殊时期,世界多极化、经济全球化深入发展。人类正处于新的科技革命前夕,新技术革命和产业革命初露端倪,许多领域的科学研究将出现重大突破,可望从根本上改变人类社会发展的面貌,催生以知识文明为特征的新型人类文明。此外,各国也都面临着日益加剧的资源、环境压力和种种社会矛盾。在这种时代背景下,人力资源尤其是人才资源成为各国迎接新的挑战、确保可持续发展的第一资源,教育的责任越来越重,培养创新人才成为其核心任务。

(五)对学校教育改革的必要选择

首先,精致教育是培养中国学生发展核心素养的需要。学生发展核心素养,主要指学生应具备的,能够适应终身发展和社会发展需要的必备品格和关键能力。中国学生发展核心素养以培养"全面发展的人"为核心,其分为文化基础、自主发展、社会参与3个方面,综合表现为人文底蕴、科学精神、学会学习、健康生活、责任担当、实践创新六大素养,具体细化为国家认同等18个基本要点。各素养之间相互联系、互相补充、相互促进,在不同情境中整体发挥作用。为方便实践应用,本课题组将六大素养进一步细化为18个基本要点,并对其主要表现进行了描述。研究学生发展核心素养是落实立德树人根本任务的一项重要举措,也是适应世界教育改革发展趋势、提升我国教育国际竞争力的迫切需要。

其次,打造精致教育是顺应课程改革的需要。课程改革是学习方式和教学方式的转变,改变课程过于注重知识传授的倾向,强调形成积极主动的学习态度,使获得知识与技能的过程成为学会学习和形成正确价值观的过程。其就是传统学习方式的"被动性、依赖性、统一性、虚拟性、认同性"向现代学习方式的"主动性、独立性、独特性、体验性与问题性"转变的过程。随着社会发展,家长对其子女教育的期望值越来越高、对优质教育的需求愈加迫切,校本课程的开发、课堂文化构建显得越来越重要。精致教育思想中关注个性、重视细节、着眼优质等核心理念,符合家长的需求和学生发展的需要,正是提高教育教学效率、全面提升学校办学品质的正确导向和有效途径。

最后,精致教育是学校可持续发展的需要,学校的优质发展是学校教育发展的内在需求,也是社会发展的重要组成部分,更是摆在我们面前的一个重要课题。作为一所学校,如果仅仅抓好了某一项工作或某一门学科,这只能说学校在某方面有特点或有优势,其不能等同于学校的优质发展。学校的优质是指学校除了教学的高质量外,还要有先进的办学理念、深厚的文化内涵、科学的课程体系等多方面的内容。因此,学校的优质发展应该是在全面发展基础上的更高层次的发展。随着教育多元化的发展,公办学校不再是学生接受教育的唯一、有效的途径,对于建立一个全民学习、终身学习的学习型社会来说,民办学校也是重要的组成部分。

二、"精致教育"的概念释义

（一）基本内涵

概念通常是对事物的抽象化，能够通过惯用的通识语言进行层次的分解和重点的把握，在对精致教育的逻辑基础进行分析后，我们对其教育整体布局和建构有了一个清晰的脉络，为进一步梳理精致教育的指导思想和原则，需对其概念进行释义，因此本部分将重点梳理其内涵、价值取向以及原则等关键性问题，为后续建设提供理论和方向支撑。

精致教育，是一种基于发展人的潜能和创造性的目的，以精致化为价值取向，确立精准的教育目标，精致的实施策略，精心的教育过程，特别注重细节和关注个性，从而促进学校、教师和学生可持续发展的教育。所以，如果要对精致二字进行剖析，可以将其表达为以下几个方面：第一，它是"小"教育——教育的关键在于小中见大，积小成大；第二，它是"细"教育——教育的目的在于"教致广大"，教育的方法在于"育尽精微"，细节决定成败；第三，它是"诚"教育——教育的精神在于"精诚所至"；教育的态度在于以心换心，真诚感人；第四，它是"巧"教育——教育之技巧在于"巧引善导"，教育之要求在于"心性灵巧"、"巧能生慧"；第五，它是"美"教育——教育之根本在于"至善至美"，教育之特色在于"各美其美"；第六，它是"新"教育——教育之动力在于"不断创新"，教育之希望在于"新人辈出"。

（二）价值取向

价值取向（Value Orientation）是价值哲学的重要范畴，它指的是一定主体基于自己的价值观，在面对或处理各种矛盾、冲突、关系时所持的基本价值立场、价值态度以及所表现出来的基本价值取向。价值取向具有实践品格，它的突出作用是决定、支配主体的价值选择，因而对主体自身、主体间关系、其他主体均有重大的影响，价值取向的合理化是进步人类的信念。教育价值取向，是指教育活动的决策者或从事教育活动的主体，依据自身需要对教育价值作出选择时所持的一种倾向。人们对教育活动的价值选择，历来有不同的见解和主张。不同的价值取向，对教育实践的发展有直接的影响，在一定时期内，它决定着教育发展的方向。所以，精致教育作为一种教育理念，我们需要进一步剖析其价值取向：

1.习惯养成教育

"习惯养成教育"就是培养学生良好的行为习惯、语言习惯和思维习惯的教育。其理论模型来源于"大成模型"，即是对往圣先贤人格发展的总结与提升，以人体结构为模型，将全息人格分为道、德、知行、时间、契约、行为、结果、情感、抉择九个部分,并以生命进化为前提,在外和内谐的格局内呈螺旋状平衡向道接近、成长的模型。中小学教育即良好习惯养成教育和初步的智力培养,这既是中小学生德、智、体、美、劳得以全面发展的具体体现,也是对中小学生进行"两全"教育的具体措施和手段。

养成教育的重要性还在于它关乎到每一个受教育者的一生,关乎到教育发展的全过程,关乎到国家的发展、民族的兴旺、人类的前途和命运。这绝不是危言耸听。今天的教育是明天的经济,今天的学生是明天的人才,这是众所周知的道理。所以,作为教育工作者必须致力于养成教育,让那些"未来的建设者、接班人"从小养成一种良好的习惯,能努力学习、刻苦钻研、遵守纪律、讲求诚信、团结协作、奋发向上,成为一代有所作为的人才,只有这样国家才有希望,民族才有希望,人类才有希望。

2.综合素养教育

精致教育,是以全面提高人的基本素质为根本目的,以尊重人的主体性和主动精神,以人为的性格为基础,注重开发人的智慧潜能,注重形成人的健全个性为根本特征的教育。精致教育,是社会发展的实际需要,其要达到让人正确面临和处理自身所处社会环境的一切事物和现象的目的。基础教育是一个接受全面教育的基础阶段,一般含小学、初中、高中阶段的教育,其指对年轻一代施以全面的精致教育,为他们未来做人和未来发展奠定基础的教育。我国基础教育有两种,一种属于义务教育,指小学、初中阶段的教育;另一种属于非义务教育,指高中阶段的教育,它是基础教育的最后阶段。

新世纪初,知识经济已见端倪,世界范围内的科技竞争、经济竞争,尤其是人才的竞争日趋激烈,国力的强弱越来越取决于劳动者素质的高低,取决于各类人才的质量和数量,教育在综合国力构成中处于基础地位,承担着培养高素质人才的重任。面对知识经济的挑战,我们清楚地认识到,现行教育在体制、结构、人才培养模式以及教学内容、教学方法上都与培养现代化建设需要的创新人才不太契合。教育的实际情况也不尽如人意,一些教师甚至校长仍然认为精致教育不好具体操作,难落实,于是工作仍停留在喊口号、走过场、摆形式上。受应试教育思想的禁锢,许多学校还存在着片面追求升学率,课业负担过重,只重视智育,而忽视其他方面教育的问题,这影响着少年儿童的全面发展。为此,加强对精致教育思想的认识,是摆在我们广大教育工作者面前的一项艰巨而紧迫的战略任务。

精致教育的全面实施,使基础教育返璞归真,重新成为真正意义上的基础教育。长期以来,基础教育在片面追求升学率的严重干扰下,已异化为应试教育。这种异化使基础教育的本质属性和基本特征逐步被扭曲,背离了教育教学的基本规律,在一定程度上破坏了教育、教学秩序和规范,导致了学生素质的片面发展或畸形发展。因此,基础教育由应试教育向精致教育的转移是历史赋予的重任。而其转移的过程,实质上也就是基础教育回归自身、重新定位、寻求自身本质属性和基本特征的过程。

3.创新教育

学校教育在学生创新能力培养中的作用是多重的,其为学生组织师资和教学资源,通过课程学习向学生传授基础知识,通过特别的教学设计培养学生的创新思维;学校还为学生创设了一个开放、包容的空间和氛围,通过设计容错机制减少学生探索和试错的心理成本,通过鼓励探究,激发学生的好奇心,从而养成学生的创新意识。学校教育是一个场,包含了辅助学生创新的教师,欣赏和协同创新的同伴,创新实验的设备和环境,以及激发学生创新思维的学风。学校是创新教育与社会创新发展的一个连接点,学校为更多可以运用于社会发展的创新成果提供了土壤,学校还为学生了解社会发展的真实需求提供了一个窗口。

精致教育需要国际视野,因为任何封闭的环境都很难实现创新,也难以造就创新性人才。在经济全球化时代背景下,尤其如此。创新首先需要接纳新鲜的事物、思想,还需要学习、借鉴。我们的很多发明创造都来自于其他文明、甚至是其他物种给我们的启发。所以国际化在创新教育之中不是目的,也不是方向,而是工具。国际化能够为创新教育提供一个多元理解的环境,一个接触不同文明、科技的路径。很多社会的发展都有相似性,这是不同文明、国家可以相互借鉴和学习的基础。只有通过国际视野更好地认识创新的环境,更好地找准自己的位置,才能更好地实现文化创新与科技创新。创新教育需要强调实践导向。创新最强调的一点就是回到真实的复杂情境之下。现实生活中遇到的问题往往需要融合多学科知识来解决,所以新的应用技术往往产生于前沿交叉学科。创新教育亦是如此,教育都应该鼓励学生回到真实世界对问题进行思考,并寻找解决问题的办法。

(三)教育原则

"原则"一般是指代表性及问题性的一个定点词,行事所依据的准则,是经过长期经验总结所得出的合理化的现象。教学原则是有效进行教学必须遵循的基本要求,教学原则对教学中的各项活动起着指导和制约的作用。教学原则的概念首先表明了教学原则的合目的性,教学活动永远是按照一定的教育教学目的进行的,教学原则要能够指导教学工作,必须与国家所规定的教育教学目的一致,必须是有利于这些目的实现的。同时,教学原则的概念还表明了教学原则的合规律性。所以,精致教育的原则主要表现在以下几个方面:

1.基础性

所谓"基础性"是相对于专业(职业)性、定向性而言的。精致教育向儿童、青少年提供的是"基本素质"而不是职业素质或专业素质,是让学生拥有"一般学识"而不是成为某一专门领域的"小专家"或某一劳动职业的"小行家"。坚持精致教育的基础性的主要意义在于:第一,一个人只有具备了良好的基本素质,才有可能实现向较高层次的素质或专业素质的"迁移"。基础教育以发展和完善人的基本素质为宗旨,因而不少人指出基础教育的本质就是素质教育。第二,人类蕴含着极大的发展自由度,这就是人的可塑性。自由度越高,可塑性越强;反之亦然。教育是塑造、培育人的事业,如果在基础教育中充斥了定向的、专门化的训练,而不是着眼于把普通的基础打扎实,那就等于抑长趋短,将非特化功能倒退为特化功能,缩小了发展的自由度、降低了人的可塑性。第三,从教育控制论的意义上讲,教育是一种人为的、优化的控制过程,以便受教育者能按照预定目标持续发展。

2.发展性

所谓"发展性"是指要着眼于培养学生自我学习、自我教育、自我发展的知识与能力，真正把学生的重心转移到启迪心智、孕育潜力、增强后劲上来。其强调培养能力、促进发展，是在正确处理知识和能力之间的关系这一前提下而言的。知识与能力虽不是完全等同的东西，但是，如果学到的知识是"活化"的知识，是能够投入运转的知识，是具有很强的生命力的知识，那么，这种知识就能顺利地转化为能力，成为人的智慧的一部分。

精致教育的"发展性"强调的是"学会如何学习、学会生存"，真正的教育是形成自我教育，而自我教育能力的直接动力是每个人的主观能动性。因此，精致教育倡导尊重、发挥和完善学生的主体性，它十分注意培养学生强烈的创造欲望、创造意识和创造能力。从本质上说，"发展性"符合"变化导向教育观（change—oriented pedagogy）"的趋势，即把适应变化、学会变化作为教育的重要目标，从接受教学（教师奉送答案）向"问题解决"（教师引发思考）转变。教师以鼓励者、促进者、沟通者、帮助者和咨询者的身份发挥作用。

3.创新性

创新教育就是以培养人们创新精神和创新能力为基本价值取向的教育。其核心是在普及九年义务教育的基础上，在全面实施素质教育的过程中，为迎接知识经济时代的挑战，着重研究与解决在基础教育领域如何培养中小学生的创新意识、创新精神和创新能力的问题。创新教育与创造教育有相同的一面，但也有很多的不同。创新教育是为了迎接即将到来的知识经济时代而提出来的。创新教育不仅是方法的改革或教育内容的增减，还是教育功能的重新定位，是带有全局性、结构性的教育革新和教育发展的价值追求，是新的时代背景下教育发展的方向，尽管我们研究的定位是培养中小学生的创新精神和创新能力，但实际上这将来带来的是教育全方位的创新。

所谓创新教育就是使整个教育过程被赋予人类创新活动的特征，并以此为教育基础，达到培养创新人才和实现人的全面发展的教育。所谓创新人才，应该包括创新精神和创新能力两个相关层面。其中，创新精神主要由创新意识、创新品质构成。创新能力则包括人的创新感知能力、创新思维能力、创新想象能力。从两者的关系看，创新精神是影响创新能力生成和发展的重要内在因素和主观条件，而创新能力的提高则是丰富创新精神的最有利的理性支持。

实施创新教育就是要从培养创新精神入手，以提高创新能力为核心，带动学生整体素质的自主构建和协调发展。创新精神和能力不是天生的，它虽然受遗传因素的影响，但主要在于后天的培养和教育。创新教育的过程，不是受教育者消极被动的被塑造的过程，而是充分发挥其主体性、主动性，使教学过程成为受教育者不断认识、追求探索和完善自身的过程，亦即培养受教育者独立学习、大胆探索、勇于创新的能力的过程。因此，学校在精致教育过程中要致力于培养学生的创新意识、创新能力及实践能力。

4.全面性

所谓"全面性"，是指精致教育要通过实现全面发展教育，促进学生个体的最优发展。

因为，精致教育应该是完善意义上的教育，它是指向全面基本素质的。精致教育的根本目标是促进学生全面发展，"全面发展"已经列入世界上许多国家（包括发达国家和发展中国家）的教育目标之中。我们的任务是要在社会主义的精致教育中探索全面发展的具体规定性。

首先，针对一个个体来说，全面发展是"一般发展"和"特殊发展"的统一；其次，针对班级、学校乃至整个社会群体而言，它是"共同发展"和"差别发展"的协调。全面发展既要讲共同性，又要讲个别性，它决不排斥有重点地发展个人的特殊方面，它允许在一个群体中的各个体有差别地得到发展，全面发展决不能被理解为均匀发展和划一发展。全面发展实际上就是"最优发展"。最优化不等于理想化，而是力求取得在具体条件的最大可能的最佳效果。只有这样，每个学生才能有信心根据他自己的特点找到发展的"突破口"或"生长点"，打破"千人一面"的格局。

三、"精致教育"的结构框架

精致教育的研究发展基本上以新课程改革的研究发展为基线，其在宏观层面，从单一的学校管理开始，发展到课堂教学的探索，并逐步延伸至基于学校实际的校本课程的开发，最后进行到学校文化的发展；在微观层面，其从课堂教学模式的改变开始，发展到教师教学方法的改变，再延伸至学校特色课程的开发和学生的成长。精致教育的内涵和外延在不断丰富和发展，只有进一步探究内涵式发展结构的本质，了解精致教育的内在结构框架，才能更好地有助于发展和探究精致教育。

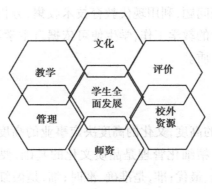

图 1 "精致教育"要素配置示意

如图 1 所示，精致教育以学生全面发展为核心，对教学、师资、管理、文化建设、资源建设等方面进行要素配比，并通过各个要素间的精致匹配，实现"蜂巢式"的无漏洞教育教学环境。

(一)教学

1.教学内容

课程是学校一切教育教学活动的综合,是学生全部的校园生活,课程融合了目前最大量的、全方位的、多类型的学科内容,由其组建成为的课程体系存在着极强的逻辑性。精致教育课程体系与传统课程相比,除了需要包括常规课程(也就是一些基础课程,例如语文、数学、品德、美术、音乐、科学、体育、信息等),还需要设计和投入一些有利于培养学生个性成长的课程,例如阅读、写作、艺术、戏剧、生活技能课程等等。

2.教学组织

从精致教育在全国中小学的教学实践上可以看出,细化教育教学品质,需要面对基数较大的大班的学生群体,此时的精致教育开展工作不易进行,所以小班制、导师制逐渐成为精致教育教学组织的首选。小班制下每个教学班级的学生人数在35人左右,但小班制绝不只是班级人数简单的减少,也不只是教育形式和教学模式的简单调整,还是学校文化的重建和对人性的尊重。其核心理念是"关注每一个",让每一个学生都进步,努力实现微笑每一个、健康每一个、智慧每一个、高尚每一个的愿景;其优势是师生间互动性更强、学生表现机会更多、老师有精力兼顾学生所长、因材施教,将每个学生的潜能培养到极限。

3.教学方式

精致教育的教学方式应该与传统教学有所区分,新型教学方式主要涉及探究式教学以及情境式教学,强调放手,为学生提供充足的思考、想象空间。例如,给予学生从阅读中获取信息并加以思考,找到解决问题的办法的空间;给足通过独立思考,力求解决教师所提问题的空间;给足围绕问题,利用现代教育技术收集、分析和处理信息的空间。做好课程前、课程中以及课程后的教学工作,学生便可依据自主学习的规划和实际,实现小组内合作,增强自己的综合素质。

(二)管理

思想的高度决定行动的高度,文化的高度决定事业的高度。精细化管理要成为一种文化,顶层设计非常重要。精细化管理是品质文化的基础,要从做到精、准、细、严入手。精,是做精、求精,追求最佳、最优;准,是准确、准时;细,是做细,具体而言是把工作做细,环节做细,流程管细;严,就是执行,主要体现为对管理制度和流程的执行与控制。通过规范执行,引领教师从树立正确的理念开始,渗透于教育的各环节中,进而实现从心态到态度的变化,从态度到行为的变化,从行为到习惯的变化,从习惯到文化的变化。科学的制度是理顺各种关系,激发内部活力,提高工作效率,强化任务落实的重要保障。管理者应该从制度建设入手,实现"横到边、纵到底"的无缝对接,将精致教育的理念、目标等转化为具体可行的操作行为,并进一步将其细化为操作性强的措施和方法。

(三)师资

教师承担着传播知识、传播思想、传播真理的历史使命,肩负着塑造灵魂、塑造生命、塑造新人的时代重任,是教育发展的第一资源,是国家富强、民族振兴、人民幸福的重要基石。在人类为社会发展、文明传承、技术进步、素质提升、道德完善而组织、进行的现代教育事业中,教师是一切教育活动的主体与主导者,是一切教育行为的实践与变革者。在层次众多、类型多样、学科众多的现代教育体系中,无论是推进因材施教还是要做到有教无类,无论是追求人格陶冶还是要重视知识完备,无论是促进学生全面发展还是要面向全体学生教学,无不需要教师具有完整的知识结构、高超的教学能力、高尚的师德修养、不懈的专业追求、无私的奉献精神。教师只有具备上述能力和精神,才能真正实现教书育人的根本目的。

所以,发展精致教育,就必须培养与提高教师素质,要办一流的教育,就必须造就一流的教师队伍。教师把教育作为事业与专业来看待与追求,并在长期的教育实践中把教书育人作为自己最快乐、最有价值的事业来承担,自然就会穷尽毕生之精力去钻研如何努力才能在教研教改、专业领域、培育英才等方面取得成效,做出成绩。进入新时代,教师的角色更显多元,其任务更加繁杂,其核心使命当数立德树人。

(四)评价

1.课程评价

当前,我国教学评价存在诸多误区,如评价对象的窄化(只评学生的学业成绩),目标唯量化(以量化的形式给学生定位),手段单一化(以考试或练习、作业代替其他形式的评价),主体局限化(只有教育行政部门及教师是评价主体)等等。这些都是不利于学生的充分发展的,对学生充分发展更为有利的评价策略是发展性、过程性、多元性、主体性的统一。为多角度、全方位挖掘每一个学生身上的闪光点,尊重学生的个性差异,学校应当建立多元激励的评价机制,突出评价的过程性,帮助学生认识自我,建立自信,充分发挥评价的教育功能,促进学生在原有水平上不断发展,而不是像传统评价那样给学生定位,以及过多地筛选、选拔,对学生造成伤害。

2.教师评价

管理与评价可以体现指导性、研究性、督查性、发展性,教师职业评价、推优评比机制在一定程度上能够给予教师愉快的工作心境,然而其也会带来一定程度上的压力。为激发教师队伍整体的积极性,应该改变传统的教师考核方式,结合定量与定性、过程与结果、开放式与封闭式方式等,使考核方式涉及常规教学考核等级、学生考试成绩、管理工作等级、教师推选、领导推选等多项内容。教师的职业具有敏感性,考核是教师群体中较为敏感的话题,教师考核方式需要量化整体,同时注重个体发展。

3.学生评价

以往对于学生的评价过分地强调了"甄别与选拔"功能,忽视了对学生的改进与激励功能。其过分注重结果而忽视过程,不利于帮助学生自我认识和健康成长。精致教育以呵护学生个性发展,给予其更多发展空间为目标,注重学生对学习知识与技能实践的结果的收集和学习,以及其对情感、态度、价值观等内容构成的自我成长的认识,精致教育增强了学生评价的趣味性、参与性。以对学生学习活动进行全过程评价为主的发展性评价体系,使对学生的评价与考试工作和贯彻新课程理念相对接。精致教育下的学生评价还需要增加学生个体发展评估的针对性,增强档案信息化管理,在评价建议中应当从多个侧面评价学生的探究能力。在实际的教学活动中,实验探究活动主要的开展形式有探究实验课和课外研究性学习两种。无论是教材设计的实验探究还是课外研究性学习活动中进行的实验探究,其主旨都是培养学生的综合实践能力。

(五) 资源

1.家校资源

对于学生的长期发展而言,家庭教育的重要性同学校教育的重要性是相等程度的。苏霍姆林斯基说过:"教育效果取决于学校和家庭教育影响的一致性,如果没有这种一致性,那么学校的教育和教学过程就会像纸做的房子一样倒塌下来[1]。"未来学生培养的核心是完全发展的人,主要包括文化基础、自主发展、社会参与三方面内容,三方面是相辅相成的。

打造家校共同体,其核心就是要在教育孩子的一些重大问题上达成共识,这需要以学校为牵头人,联动家长和社区资源,为所有学生创设美好的环境、资源和实践机会。家庭能提供学生实践的机会,这个实践包括艺术、体育、科创、公益等各种活动,让学生在实践中学,并在收获中体会奉献,增强社会责任感。家庭能提供很多职业体验场所,让学生有机会感受和思考与自己兴趣相关的学习,激发他们主动学习的动力,同时让他们也能体会父母工作的感受,增加良好亲子关系。

2.技术资源

教育信息化是指在教育与教学领域的各个方面,在先进的教育思想指导下,积极应用信息技术,深入开发、广泛利用信息资源,培养适应信息社会要求的创新人才,加速实现教育现代化的系统工程。其技术特点是数字化、网络化、智能化和多媒体化,基本特征是开放、共享、交互、协作。学校可以以教育信息化促进教育现代化,用信息技术改变传统模式。教育信息化的发展,带来了教育形式和学习方式的重大变革,促进了教育的改革。教育的信息化发展在一定程度上对传统的教育思想、观念、模式、内容和方法产生了巨大冲击,教育信息化对于转变教育思想和观念,深化教育改革,提高教育质量和效益,以及培养创新人才具有深远意义,是实现教育跨越式发展的必然选择。

教育信息化也是精致教育与时代结合所必须进行的重要教育内容,教育信息化是一个循序渐进,不断发展的过程。教育信息化建设的规划和组织离不开现代教育思想和现

---

[1] 张衍芳.创新家长课程 丰富家校资源[J].课程教育研究,2017(32):25-26.

代教育理论的指导,现代信息技术在教育系统各个领域的应用必然以"教育资源"的建设为基础,其"应用"过程本身并不是现代信息技术与教育二者的简单"相加",而是"现代信息技术与教育的整合"。教育得以进入"2.0时代"和"3.0时代",可以说网络技术的发展在其中起到了关键性的作用。

3.社会资源

成功的教育是学校、家庭、社会和学生之间的教育整合并共同作用的结果,其中彼此之间的信息的及时传递、沟通、交流是产生合力的重要前提。彼此如果能密切配合、协调一致,就可以优化教育资源和环境、协同教育行为,为学生的成长构建良好的教育生态圈,从而大大强化和提升学校教育的效果,反之则将破坏、制约和削弱学校教育的作用。因此学校应该主动把校门打开,把时代活水引入校园,引入课堂,充分挖掘、利用社区内的教育资源,优化社区的育人环境,让学生走向社会、了解社会、感悟社会、研究社会并展开积极的对话,接受社会的锻炼和洗礼。

同时,我们可以通过学校、家委会、家长和学生影响社会及社区,唱响社区教育的主旋律,形成"社区生活教育化",为学校的持续发展和教育质量的提高创造优良的环境和坚实的基础。教育是社区的一种重要职能。社区教育是实现公民终身教育的一个重要环节,社区教育与学校教育应紧密联系、互相配合、共享资源。学校教育要依托社区,社区教育也要依靠学校,社区与学校应该共同形成一种教育合力。面对这种教育合力的形成需要整合学校教育资源和社区教育资源,对其进行合理配置、科学组合、充分利用,最后形成一个发挥整体功能优势的有机集合体。

(六)文化

1.环境文化

物化环境对于学校文化的形成和师生成长很重要。物化环境中有稳定、安全、温暖、自尊的积极感受,实现人与物的和谐,可以使物化环境彰显深厚的学校文化内涵。本校坚持育人效益、生态效益、办学效益相统一的原则,将园林式学校的创建工作与建设文明校园结合,绿化与美化并重,保护与发展并举。本校结合实际情况进行合理布局,突出重点,例如建设具有浓厚主题文化氛围的楼层功能室,如"艺术长廊""天艺工作室""博雅斋""七巧坊""心语小屋""沙龙"…功能室的雅致,楼梯间别具匠心的文化展板,校园里富有童趣的提示语,让人感受到浓厚的教育气息和浓郁的艺术氛围。根据校园建设规划设计,绿化和美化校园环境,可以促进学生文明礼仪行为习惯的养成,也可以使得学校形成特有的养成教育。

2.课程文化

课程文化包括课程物质文化、课程制度文化和课程精神文化,其中前两方面是课程文化的外层,精神文化方面是课程文化的内核。[1] 课程文化的价值取向主要体现在民

---

[1] 刘启迪.课程文化:涵义、价值取向与建设策略[J].课程·教材·教法,2005,25(10):21-27.

族性和时代性,课程文化应正确对待知识、技能和智慧,立志塑造人完善、自由的心灵,全面实现课程文化的育人价值。课程文化对于课堂教学具有直接的指导和引领意义,课程文化自觉是学校对课程发展方向的理性认识和把握,其可以让主体形成一种文化信念和准则,并自觉意识到这种信念和准则,主动将之付诸到教学实践之中。课堂文化自觉在文化上表现为一种自觉践行和主动追求的理性态度,具有一定的价值特性。

3.行为文化

学校行为文化是观念文化的外化,关于学校行为文化的概念,一直未有明确清晰的定义,到目前为止,具有代表性的概念将其解释为学校主体所表现出来的文化形态,其涉及师生的生活方式、学习方式、班风、校风等氛围营造,此外,其也表现为多种形式的文化、体育、娱乐活动等。所以,学校的教职员工和学生的群体行为决定学校的行为文化的水平,也体现着学校的精神风貌和学校的文明程度。校园活动是校园行为文化的重要组成部分,校园行为文化是随着校园活动的开展而逐渐沉淀的,学校的各项硬件设施为校园活动的开展提供了场所和设备,在校园活动中形成的文化给学校硬件增加了深层的文化内涵。

4.精神文化

学校精神文化是学校观念文化的内核,主要包括学校历史传统和被全校师生所认同的共同文化观念、价值观念、生活观念等意识形态,是关于学校本质、个性、精神面貌的集中反映,具有强大的群体促进效应。其对学校群体内的所有成员产生着认知力、导向力、凝聚力以及整合力、推动力、约束力,是学校文化的内在力量体现。学校精神是在长期的教育教学和管理实践中逐渐积累下来的,作为一种非实体性的精神文化,学校精神是通过学校成员共同的实践活动并经由历史的积淀、选择、凝聚发展而成的。对学生高度的期望感、牢固的师生亲密关系感以及教职员工之间的同心协力共同构成了学校精神丰富的内涵和外延。

四、"精致教育"的内在体系

(一)精进管理

学校管理是指一种以组织学校教育工作为主要对象的社会活动,学校管理者通过一定的机构和制度采用不定期的手段和措施,带领和引导师生员工,充分利用校内外的资源和条件,整体优化学校教育工作,有效实现学校工作目标的组织活动。精致化管理与粗放式管理在各个方面的对比,涉及学校管理的民主性特征,即让学校所有部门都成为精致教育的一部分。[1] 不论是从教育教学的角度,还是从学校整体发展的角度来说,必要的学校管理是人员配置、物资配备、权利、制度等各个方面有序运行的关键和基础。就目前传统的学校管理来说,常规的内容主要涉及教学的管理、学生的管理、经费、财产、设备、校舍等总务管理等,长期以来,其形成了一整套有章可循的制度行为规范,作用于学校的日常工作运行。

道德的学校管理离不开关怀的指导。首先,这要求学校管理将以人为本作为根本性原则,让"仁"的生命在场,同时让"仁"的意义彰显其中。其次,学校管理空间应充满自由而宽松的氛围,积极保障师生的自由权利,让主体之间能处于平等的地位,并且鼓励个体的自律行为。最后,这要求管理主体在以信任、共情、理性批判为条件的对话中建构一种关怀型的"管理—被管理"关系。[2] 所以,遵循着精致教育的理念,学校在学校管理方面应该做到精进自身,完善制度,提高决策的执行力度。只有学校在管理态度上做到"精致",才能让管理工作真正落到实处,落到教师和学生发展的宏远目标之上。精进学校管理,需要从顶层设计的视角重新定义学校发展定位以及未来发展规划,因为选择精致发展的路径,就需要做出同样的决心。

(二)精细课程

精致教学理论是一种综合性教学理论,它试图将当前所有有用的学习和教学理论结合起来,而不管该种理论来自于行为主义、认知主义还是人本主义。精致教学核心是"选择"与"排序",本研究着眼于 2016 年提出的中国学生发展核心素养,结合日益精进的课堂改革,致力于将课前的备课工作做得更细,并力求简单而不简陋,更准确地去伪存真。课堂是学校践行精致教育最重要的地方,也最需要一种力量的指引,让师生成为学习的共同体,从而一起学习并实现共同发展。随着社会发展,家长对其子女教育的期望值越来越高、对优质教育的需求愈加迫切,校本课程的开发、课堂文化构建显得越来越重要。精致教育思想中的关注个性、重视细节、着眼优质等核心理念,符合家长的需求和学生发展的需要,其正是提高教育教学效率、全面提升学校办学品质的正确导向和有效途径。

精致教育也是实现学生素养养成的关键。学生发展核心素养,主要指学生应具备的,能够适应终身发展和社会发展需要的必备品格和关键能力。研究学生发展核心素养是落实立德树人根本任务的一项重要举措,也是适应世界教育改革发展趋势、提升我国教育国际竞争力的迫切需要。与卓越教育不同的是,精致教育的关键在于将现有的教育进行精细化的处理,尤其是课程方面,更加需要学校根据自身的实际情况进行综合考量。佩蒂(M。Patty)(1978)就指出,学校隐蔽课程来自于学校自身独有的文化,对学生的行为和成长行为具有深刻的影响,与此有关的探讨也有一定的道理。[3] 精致课程已经在不少中小学课堂中得以实践和发展,例如太仓市特级教师王晓春将精致教育充分应用于中学语文课堂,在新课程理念指导下,其成为落实学生阅读教育的主要教学创新。

[1] 孙桂清.构建精致化管理模式下的和谐校园[J].江西教育,2010(3):10.
[2] 王苇琪.关怀:学校管理的道德立足点[J].中小学德育,2019(12):11-14.
[3] 唐晓杰.西方"隐蔽课程"研究的探析[J].华东师范大学学报(教育科学版).1988(2):43-55.

"精致"在于追求课堂教学的高效率,是每一个教师不断追求的目标,它是教学过程的最优化结果,教学效果的最大化结果,是师生共同合作配合的结晶。[1] 深圳市宝安区新安湖小学承接"十一五"国家教师科研基金课题,提出了精致教育的内涵不在于求异,而在于追求更高教育中的更高精致原则。该学校从课题研究中取得了学生、教学、课堂、管理和硬件设施的全方位发展。区域教育课程改革以精致教育改革为研究主线,回应群众对教育优质、均衡发展的迫切需求,探索实施了精致课程教学实验。

(三)精练目标

　　精致教育发展观念本身代表着最优的资源分配和产出,所以对于教育的精致规划就显得异常重要,其需要精致的教学和管理策略来实现。教学目标是关于教学将使学生发生何种变化的明确表述,指在教学活动中所期待得到的学生的学习结果。所以在教学过程中,教学目标起着十分重要的作用,在通常的情况下,教学活动以教学目标为导向,且始终围绕实现教学目标而进行,其可以说是对整个教育教学活动的统筹安排,包括教学目标、课程目标、对教学节奏的把控等等。

　　精致教育的教学目标集中体现了新课程的基本理念,集中体现了精致教育在学科课程中培养的基本途径,集中体现了学生全面和谐发展,个性发展和终身发展的客观要求。其主要内容是知识与技能目标、过程与方法目标、情感态度价值观目标,并涉及人类生存所不可或缺的核心知识和学科基本知识,例如获取、收集、处理、运用信息的能力,创新精神和实践能力以及终身学习的愿望和能力。更重要的是其还包括了有关乐观的生活态度、求实的科学态度、宽容的人生态度等心理素质和价值观的培养目标,其中的价值观不仅强调个人的价值,更强调个人价值和社会价值的统一。

　　教育进入新的发展时期,改革创新、内涵发展已成为我市教育更加明确的发展指向,教育精致化也已成为学校教育内涵发展的基本方向,精细化管理更成为了依法治校的必由之路。育人必须精耕细作,学生必须精雕细镂,教育必须精益求精。好的教育,必然是精致的、精美的、精妙的、精彩的教育。所以,精致教育不是要推翻现有的教学目标结构,而是要对其纬度进行细致考量,并将目标定位主动与学生自我发展相匹配,获得一个较为理想的目标层级设计。精准定位课堂教学目标是指教学活动达到预期的结果,是教育目的、教学目标和课程目标的具体化,也是教师完成教学任务所要达到的要求和标准。

　　首先,"精准的教育目标"要求学校按照学生的接受程度和发展方向进行准确定位,即依据学生的"最近发展区"进行定位,最近发展区理论认为学生的发展有两种水平——一种是学生的现有知识技能水平,另一种是学生通过学习可能达到的发展水平,两者之间的差异就是最近发展区,即教学需要达成的目标。其次,其要求增强教学目标的开放性,教学目标的设计包含资源、学生、教师、过程等元素,开放的资源不再拘泥于教材,微信平台推送、论坛留言、百度等网络资源可以成为更多人的首选,选择的多样性将带来极大的吸引力。

---

[1]　施春红.精致课堂让课堂更精彩[J].新课程学习·下.2010(10):116.

（四）精良队伍

教师之间的关系是促进学校发展的关键，也是教师职业幸福感的重要来源，教师团队管理，形成了一种相互信任、互相帮助的情感与共同承担，相互支持的义务和责任，能够加强教师之间的关系，增强教师的齐心力和向上力。精致教育思想只有落实到每个岗位、每位教师，才能取得实效。精致教育需要从整体上提升教师师资素养，即通过整体系统、连贯一致的活动设计，帮助老师实现教研能力的提升，提高教师管理情绪、建立秩序的能力和意识，激活教师的职业幸福感，从根源上降低教师团队的人员流失率。师资队伍的整体水平直接影响到精致教育的实际推进程度，所以学校应该从理念和实践两个角度出发，探究精良的师资队伍建设的问题。

"精良师资队伍"的第一个特点是专业化，教师专业化是指教师在整个职业生涯中，通过专门训练和终身学习，逐步习得教育专业的知识与技能并在教育专业实践中不断提高自身的从教素质，从而成为教育专业工作者的专业成长过程。它包含两层含义：既指教师个体通过职前培养，从一名新手逐渐成长为具备专业知识、专业技能和专业态度的成熟教师及其可持续的专业发展过程，也指教师职业整体从非专业职业、准专业职业向专业性质职业进步的过程。在教师发展与实践教师的发展中，无论是其职前培养时期，还是其在职培训时期，都应当在教育实践中进行，与学校日常生活联系在一起，与身边的教学和生动活泼的学生的变化联系在一起。"精良师资队伍"的第二个特点是高素质，教师发展是提高教育质量最重要的因素，不断学习、不断充实新思想、新知识，发展新能力，不仅是提高教育质量的需要，也是教师自我提高、获得自身幸福的需要。有幸福的教师才有幸福的学生。教师应该首先成为终身学习者，教师群体应该首先成为学习型组织。其第三个特点是创新型，教师发展与研究态度与能力是一个人创造力的集中显现，是一个人主体性的能动体现，是人的发展的基本手段。随着时代的发展，教师职能的深刻变化，没有反思的教学，缺少研究的教育已经不能满足未来的要求了。同样，离开实践的研究也无法回应时代的挑战。

（五）精致文化

文化的本质是人的处世方式和态度，其核心是人的价值观。因此，人的管理的核心就是文化管理，从根本上讲就是价值观的建设。学校文化建设，其实质是学校共同价值观建设。学校文化建设的过程，是发现价值观冲突，并解决价值观冲突的过程。[1] 学校文化引领学校教育的发展，没有文化的教育不是真教育，没有灵魂的教育是残缺的教育。与学校有形的"硬件"相比，文化作为学校无形的"软件"，才是学校最重要的财富，更是学校发展的动力之源。正如某人曾经说过的话："一所学校的发展，除了需要有满足所有教育要求的'硬件'以外，还需要有文化的渗透和支持。它就像建筑物一样，当建筑物建立起来以后，尽管我们看不到那发挥支撑作用的柱子、横梁与钢筋，但是如果缺少了它

---

[1] 毕亚俊.构建人文、精致、幸福的校园文化[J].小学教学研究,2012(8):15-17.

们,建筑物就会随之而倒塌。"

校园文化是促进学校和谐发展的重要力量,加强校园文化建设是建设和谐校园的首要任务。我们提出精致教育,旨在努力提供一种充分的为学生发展服务的高品质教育,其内涵是对教育卓越品质的追求,是关注差异、关注过程、关注细节、关注个体生命成长的需要和尊重生命的一种原则与态度。精致教育需要精致文化作为形象支撑,即需要和谐的、健康向上的、协同进步的校园文化。

班级文化是校园文化重要的组成部分,有形式上的创新性和内涵上的发展性的双重特点,对班级管理和学生发展具有不可替代的重要作用。近年来,随着新课改的实施和发展,教育教学实践活动具有了新的发展方向和模式,主要表现在学生个性发展以及学生管理等方面。长期以来备受忽视的班级建设逐渐成为学生管理工作的重点问题之一,但仍旧不能否认它在班级成长中的重要作用。班级文化是班级内部形成的独特价值观,是班集体共同思想、作风、行为准则的总和,它是班级的灵魂所在,是班级自下而上与发展的动力和成功的关键。[1]

(六)精致品牌

教育是培养人和塑造人的事业,是指向人的智慧和心灵的事业。无论是现代化还是国际化,21世纪的教育都需要"品牌",都需要走"品牌"发展之路,精致教育作为一种未来优质教育发展模式,更加需要注重学校品牌的培育。学校品牌是一所学校在长期教育实践过程中逐步形成并为公众认可、具有特定文化底蕴和识别符号的一种无形资产。从内涵上看,品牌是学校内在的品质,表现为学校人文精神、行为方式和价值取向等积淀而成的一种独特的文化;从形式上看,品牌是学校建立社会信誉的过程。从社会的角度看,品牌主要表现为人们对学校的认同度、美誉度和忠诚度;从学校本身看,品牌则是为社会和培养对象提供的并为其所接受的教育服务的独特性、优质性和高层次性,是一所学校的形象标签。

总之,品牌是学校文化的载体,是学校内在品质的外在表现,是学校教育理念、办学特色、教育质量和发展水平的体现。学校形象与品牌建设的目的在于通过形象优化与传播实现学校的跨越式发展。从总体上讲,在新世纪里我国教育正面临一个充满竞争、需求多样化的教育发展环境。学校能否主动适应环境的变化,抢占教育发展的先机,对自身发展将有着十分重要的战略意义。学校品牌建设直接影响到学校声誉和社会认可度,随着精致教育理念在部分学校的实验与开展,我们能够发现学校品牌建设需要尽早提到日程中来。

在推进学校精致发展的过程中,需要进一步细化学校管理平台,形成灵活高效的协商管理模式,形成运行良好的沟通机制。品牌教育的创建是一个长期的过程,需要进行精心的教育策划。这些策划主要包括:目标的设定——根据学校的基础、层次,社会对人才素质的要求等因素,来确定品牌教育的建设目标(包括近期和远期目标);特色的确

[1] 邹军.班级文化建设对优秀班集体形成的作用[J].新课程研究(中旬刊),2012(12):162-165.

立——"学校有特色,教师有专长,学生有特长",已成为中小学追求的理想办学境界;理念的确定——品牌教育的核心是具有先进的教育理念,学校要在现代教育理念的指导下,确立全新的教育观、育人观,培养学生学会学习、学会做事、学会生存和创业、学会合作与共处。

五、"精致教育"的内容输出

精致教育有着明确的组织架构和体系运行机制,为进一步落实这一教育理念和教育思路,需明确在以上基础上所生成的内容输出,这样才能够真正对学校发展进行有效的指导。

(一)办学理念

精致教育的办学理念可以总结为"教致广大,育尽精微",其出自《礼记·中庸》。其本意指使自我的知识既进入宽广博大的境界,又深入到精微细妙之处,大到宇宙万物,小到细枝末节,都可以成为学习的对象。精致教育以"精"为核心理念,以"精致教育"为办学特色,萃取"精致教育"之独具特色的目标、方式与宗旨,结合教育的本质、作用与规律,创造性地对儒家名言"致广大而尽精微"进行教育学解释,并以其为学校办学理念。

"教致广大",有三个方面的含义:一是追求知识视野的广大,二是追求道德境界的广大,三是追求文明传播的广大。"育尽精微",也有三个方面的含义:一是掌握精微细致之知识理论,二是对未知之不断深入探究,三是注重自己的一言一行的影响。其核心问题就是"培养什么样的人? 为什么要培养这样的人? 怎么培养这样的人?"

"教致广大,育尽精微",是对教育作用的凸显——"教致广大",谓最为广泛地传播文明;"育尽精微",谓最执着地探索未知。传播文明,探索未知,培养人才,正是教育之作用。"教致广大,育尽精微",是对教育本质的追求——"教致广大",眼见卓越,大气豁达,明人生道理,有人生智慧,人如此自然身心愉悦,快乐幸福;"育尽精微",穷尽知识,精通学业,追求卓越,事业有成,人如此自然实现价值,获得成功。这凸显了教育让人成功、幸福之本质。

"教致广大,育尽精微",是对教育目标的明确——"教致广大",表现光明正大的道德境界,有此境界的人心胸宽广,言行正大,品质磊落;"育尽精微",表现精益求精的精神态度,有此精神态度的人不懈钻研,穷理尽性,致力完美。为人有"教致广大"之境界,做事有"育尽精微"之精神,这正是学校育人之目标。

"教致广大,育尽精微",是对教育方式的阐述——"教致广大",强调博览群书,见多识广,点滴积累,增加阅历;"育尽精微",强调思虑精细,穷尽物理,深入思考,探索创新。接触生活,多见多思;积累点滴,厚积薄发;激发兴趣,自主学习;合作交流,钻研创新,这就是学校教育之方式。

(二)校训

精致教育校训可以概括为"精诚做人,精心做事"。"精诚",出自"精诚所至,金石为开"之古语,其谓只要心有梦想,极尽真诚,融入其中,全神贯注,就一定会获得成功。本校化之为校训,强调做人之精诚。

"精诚",即至真至善至美,竭诚竭力,尽善尽美。"精诚做人",要求师生对己至真至善,得真心,为善行;"精诚做人",要求师生待人忠诚厚道,诚实可信;"精诚做人",要求师生做人热忱勇毅,心有阳光,无畏艰难!

"精心",一指专注细致之心,二指反复思虑之心,三指精益求精之心,本校融合三者,化之为校训,强调做事之精心。

"精心",即琢磨斟酌,全神贯注,精益求精。"精心做事",要求师生遇事琢磨斟酌,多思考,善分析;"精心做事",要求师生做事全神贯注,能够专注,做事周密;"精心做事",要求师生做事精益求精,求完美,力精进!

"精诚做人",从对己待人出发,强调品德修养,人生态度——心怀精诚,有幸福之人生;"精心做事",关注做事方法,办事思维,行事态度——为事精心,有成功之事业!

(三)教风

精致教育教风可以总结为"见微知著,精于教化"。"见微知著",出自《韩非子》,其意指智慧之人,见到微小的细节,便能推知事物已有的变化;见到事物最初的萌发,就能知道未来必然的发展与结果。"见微知著"之"微",即孩子的每个动作,每分神态,每次作业,每处习惯——"见微",就是观察每个孩子,关注每个细节;"见微知著"之"著",即"微"中反映出的孩子的困惑、问题、心理——"知著",就是具有分析问题之能力,疏导心理之经验。"教化",出自《礼记》。所谓"教",即"上所施,下所效",上位者以言行举止为示范,下位者模仿效法;所谓"化",即"教行于上,化成于下",其描述下位者效仿上位者的德行,进而从粗鄙孤陋到知礼明德的过程与状态。

"精于教",就是精心备课,精炼教学,精细修改——明晓难点,设计专题,引导思路,点拨关键,及时纠错,督促更正;"精于化",就是以身作则,躬身示范,言传身教——品行端正,为人师表,实践道德,亲自示范,以言劝善,以身立德。"见微知著,精于教化",融合品德与智慧,期待教师有"见微知著"之智慧,有"精于教化"之精神——以大爱对待每个学生,见其"微",以大德示范学生,精于"化";以大智指点学生,知其"著"而引其路,以大慧帮助学生,知其难而"教"其行!

(四)学风

"精致教育"学风总结为"见贤思齐,精于问学"。"见贤思齐",出自《论语》,其意指见到德才兼备的贤人就向其学习,治学修身,使自己与他一样。

故而"见贤思齐",正是对"学"最好的阐释。"见贤思齐"之学风,倡导孩子有学习先贤之意识,发现他人优点之眼睛,判断好坏之本领;期望孩子有崇德尚智之理想,有奋发上进之状态,有成为贤人,超越榜样之能力——从效法榜样,到成为榜样;从学习先进,到成为模范。"精于问学",出自《礼记》,其意指专注学习,善于学习,敏而好问等。

"见贤思齐,精于问学"强调"问""学"对学习的重要性,衍生"问""学"的四个层次,期待孩子能学会问——我们期待孩子困而学之,以学解困;期待孩子笃志乐学,以学为乐;期待孩子学而不厌,孜孜不倦;期待孩子学以致用,知行合一。我们希望孩子乐思好问,充满好奇;我们希望孩子寻根问底,乐于钻研;我们希望孩子交相问难,交流共享;我们希望孩子,反躬自问,见贤思齐!

(五)校风

"精致教育"的校风可以总结为"见素抱朴,精于知行"。"见素抱朴",出自《老子》,对人和事物而言其意指现其本真,守其纯朴,不为外物所扰。学校以"精"为核心理念,"精"即一事一物之中最本真、最精华之处,故我们提取"见素抱朴"中的本真与纯朴,将其当作对师生德性之期待——"见素",期待孩子秉持真心,力做真实自我;坚守初心,实现最初梦想。"抱朴",期待孩子天真朴素,以纯朴之心立己;言行朴实,以良善之行待人。

"精于知行",出自《传习录》,其意指精学于知,精彩于行,即知即行,知行合一。教育之关键,即在于知识学习与言行实践两相合一,知行结合,学以致用。故本校从"知行"关系出发,关注知识与实践,把其当作对师生学习、实践之希望——好学求知,躬身实践,化所学所知,为其言其行;化践行所得,为经验才智,融会知行,贯通智慧!

(六)办学目标

"精致教育"的办学目标可以总结为"精美校园"。学校以"精"为核心理念,自然就会以"精美校园"为办学目标。"精美校园",描绘建筑之精致,人心之美好;表现氛围之宽松,思想之活跃;描绘生长之健康,成长之幸福;表现相处之和睦,交往之和美!其主要包括以下几个方面的内容:第一是建筑精巧,环境美丽的校园;第二是师生活跃,人心善美的校园;第三是好学精思,思想碰撞的校园;第四是规则精当,自由宽松的校园;第五是待人精诚,和睦友好的校园;第五是精心哺育,幸福成长的校园!总之,"精美校园"就是管理精细、育人精心、服务精诚、校园精美的校园。

(七)学校精神

"精致教育"的学校精神可总结为"精益求精,致力极致"。"精益求精",出自朱熹对《论语·学而》的注释。"精",是完美之意;"益"是更加的意思;"求"是追求。"精益求精"的意思是事物已经非常出色了,却还要追求更加完美。"致力",即竭尽心力,全心全力,专注一事;"极致",即最高水平,最佳境界。"致力极致",就是尽心尽力,追求卓越。"精益求精,致力极致",是一种梦想激扬的精神状态——精彩人生与极致境界,都是个人梦想的终点,所以我们倡导精益求精,提倡致力极致,就是期望师生激扬梦想,扬帆起航。

"精益求精,致力极致",是一种积极向上的蓬勃气质——心怀梦想,所以朝气蓬勃;不畏艰险,所以积极向上,我们倡导精益求精,提倡致力极致,就是期待师生有上进之心,有精进之力。"精益求精,致力极致",是一种坚持不懈的意志品质——精益求精的过程,是个人意志最好的体现,所以我们要精益求精,致力极致,就需要锲而不舍、负重远行之意志。"精益求精,致力极致",是一种致力完美的思想境界——求精是因为渴求完美,致力极致是因为追求卓越,我们倡导精益求精,提倡致力极致,就是期待师生有追求卓越,超越自我之精神!

(八)管理理念

"精致教育"的管理理念可以总结为"深谋远虑,善尽精微"。"深谋远虑",其"深谋",即思索之深,谋划之精,设计之细;其"远虑",即视域广阔,考虑长远,照顾周密。我们取"深谋"的规划设计之意,强调建立制度对管理的重要作用,立校之法,循校之法,依法办事;我们取"远虑"的视野广远之意,凸显高瞻远瞩对领导层的重要意义,要求其拓宽眼界,提升境界,有大局观,有事业心。

"善尽精微",其"善尽",一是极尽善意,二是极其所长;其"精微",即关注细微之处,重视精细之处。我们取"善"的同情之心,良善之意,强调善心善意无处不在,无微不至,重视设身处地,将心比心,倡导人性化的柔性管理;我们取"善"的人之优点,才之擅长的含义,凸显擅于处理细节,提倡细节化、制度化的刚性管理。"深谋远虑,善尽精微"之管理理念,以"深谋远虑"强调管理层的先进作用,凸出学校制度建设;以"善尽精微"强调人性化的柔性管理,凸出细节化、制度化的刚性管理。

(九)教学理念

"精致教育"的教学理念可总结为"析精剖微,画龙点睛"。"析精剖微",承自"育尽精微",意指剖析精微深奥之道理。"画龙点睛",源自成语典故,意指点明要旨。学校化"析精剖微"之本义,赋予其教育内涵——其"析精",指精细分析,精心构思,精巧设计;其"剖微",指从细处入手,从微处引入,以小见大,取近知远,由浅入深,举一反三。学校借"画龙点睛"之本义,赋予其教育意义——其"画龙",指让孩子亲自动手,尝试"画龙",参与学习,合作学习;其"点睛",指紧扣重点,突破难点,及时点拨。"析精剖微,画龙点睛",一方面要求教师备课精益求精,设计以小见大,教授由浅入深,点拨及时恰当;另一方面强调学生要合作学习,自主学习,教师要重视传授方法,授之以渔!

(十)德育理念

"精致教育"的德育理念可以总结为"知礼明德,励精笃行"。"知礼",出自《论语》,儒家视其为养心立身之本;"明德",出自《大学》,儒家视其为传德弘道之责。"知礼明德",其"明德",意指立德心,养德性,成德体,传德化——学校借其意,凸出立德养性这一德育主题,强调内在道德心性的养成。其"知礼",意指知礼制,晓礼术,懂礼仪,有礼貌——学校借其意,凸出知礼行礼这一德育主题,强调外在礼仪言行的实现。"励精",化自"励精图治",其指振奋精神,奋发图强;"笃行",出自《礼记》,其指躬身实践,踏实专一。学校将"励精"表现出的积极振奋、奋发进取之精神,作为学生状态之表述——期待品德教育教会学生积极面对人生,乐观面对困境;学校将"笃行"表达出的实践意志、专注态度,作为学生行动之描述——期待品德教育教会学生脚踏实地,果敢实践,坚持不懈,追求卓越。

第五章 "精致教育"的条件保障

精致教育理念形成以及发展的过程,也是重庆市教科院巴蜀实验学校办学特色凝练和升华的过程。这种办学理念的践行与落实得益于学校努力营造的各种内外部条件的支撑。学校从制度建设、经费投入、队伍打造、科研提升等多个方面入手,促使精致教育办学理念落到实处,并营造出一个精益求精的校园文化氛围,引领学校发展走向更高的台阶。

一、"精致教育"的影响因素

(一)教育观念

一般来说,教育理念是指关于教育方法的观念,是教育主体在教学实践及教育思维活动中形成的对"教育应然"的理性认识和主观要求,包括教育宗旨、教育使命、教育目的、教育理想、教育目标、教育要求、教育原则等内容。教育观念是人们对教育问题的认识和看法,大到对教育的目的、功能、作用的认识和看法,小到对某一教育现象、过程方法的认识和看法。在教育观上,我们既要善于继承,又要不断地更新,树立先进的现代教育观念符合现代社会政治经济、科技文化等变化发展的需求,其是对提高全民族科学文化素质和培养时代人才起到促进作用的教育认识和看法。旧的教育观已不适应当前教育改革与发展,教育观发挥着巨大的作用,其能决定教育的成败。先进的教育活动、行为是由科学的教育观作先导的,因此它能成功,而陈旧、落后的教育观念会导致消极、失败的教育行为的产生。

陈旧、落后的教育观念在很大程度上严重地阻碍着教育的发展。例如,"以教师为中心,以课堂为中心,以教材为中心,重理论、轻实践"等观念,忽视了"教育必须与生产劳动相结合"这一准则。也就是说,这样的教育是脱离实际的教育,这样的教育就好比是一台机器,学生就好比是生产出来的产品,而且是只会记知识而不会应用知识和创新的"活产品",其毫无个性发展,就更不用说创新了。在过去许多年里,学校教育的中心任务是传授知识,对于受教育者而言,他们的任务是接受、存储前人的知识。在这种教育观的指导下,学校教育必然会出现以教师和教材为中心,学生死记硬背知识的现象,如果教育、课程、知识远离学生的实际生活,学生还会产生厌学的情绪。在实践中,传统的应试教育使学生的学习负担和精神负担不断加重,学生为考试而学,教师为考试而教,分数高于一切,分数证明一切。在这样的情况下,培养出来的学生只是一台会记背知识的收录机,他们不善于应用知识和在实践中创新。

一方面转变教育观念的需求来源于时代和形势发展的需求。教育事业在科学技术突飞猛进,国际风云变幻,国力竞争日趋激烈的今天,与国家安危,民族兴衰息息相关。国家落后就要挨打,这是我国在清末和民国时得到的沉痛教训,而国家的兴衰系于教育,教育发展的关键又在于教育观念的转变。另一方面,转变教育观念的需求的产生是由教育观念相对滞后的总体现状所决定的。面对新的形势,教育观念、教育内容、教学方法相对滞后,会影响学生的全面发展,不能适应提高国民素质的要求。有很大一部分教师教育观念陈旧,教法落后,教学过程墨守成规,刻板守旧。

此外,教育观念转变的紧迫感也来自于社会和家长的强烈要求。社会上多数家长对孩子接受更高、更好教育的愿望越来越强烈,越来越迫切。比如:有的家长省吃俭用,让孩子去参加音乐、画画、书法培训班……让其进行智力开发和接受艺术熏陶。同时,随着时代的发展,家长的观念也发生了较大的变化。他们不但关心孩子们的学习,也同样关心孩子思想品行的养成教育。家长的期望越高,意味着教师肩上的担子越重。现代教育要改革和发展,更新教育观念并使其符合时代的要求显得尤为重要。

(二)学校制度

学校制度是指能够适应向知识社会转轨及知识社会形成以后的社会发展需要,以完善的学校法人制度和新型的政校关系为基础,以教育观为指导,学校依法民主、自主管理,能够促进学生、教职工、学校、学校所在社区的协调和可持续发展的一套完整的制度体系。构建一整套学校制度——学校能依法自主办学,实行民主参与、科学管理、社会监督的重要制度,可以激发学校的办学活力,促进学校内部及学校与社会和谐发展,有着重大意义。督导部门发挥监督和指导两大职能,对于推动学校制度的建设,提高学校教育教学质量和办学水平,满足本地区社会大众对优质教育的需求,以及实现本地区教育化对这方面问题的研究来说,既有理论价值,也有现实需要。

实现制度的指导功能,需要把"软性制度"注入到"硬性制度"里面,使硬性的制度具有"思想的光芒"。对学校而言,所谓"软性制度",就是指那些具有前瞻性、引领性的教育教学思想和理念。把探究教学、合作教学、反思性教学、案例教学、研究性学习等先进的教育教学思想、理念乃至简要的操作方式方法等作为制度的一部分,可以改变过去那种一提到制度,就是"不许这样,不许那样""只能这样,只能那样"的陈旧做法,从而使制度具有"理性的价值"。

从管理的本质意义上讲,管理就是服务,学校的制度管理尤其如此。学校作为教育场所,各种制度更应该体现"人本性""人文性"和"亲和性"。这就要求学校管理者必须树立"管理就是服务"的管理理念,使"服务管理"理念在每个管理人员的管理意识里得到强化,进而得到认同,最后内化到具体的管理实践中去。作为学校管理人员,必须时刻避免冷漠的态度和盛气凌人的作风。同时,在制定制度时,要有一种服务心态,多使用那些富有人文性的语言,避免产生冰冷、生硬的感觉,使制度散发出人性的光辉。更重要的是,在具体的管理实践过程中,管理者要时刻树立起一种服务的意识和服务的习惯。如果学校管理者没有把为教师服务当作一种职业习惯,没有把服务管理当作一种职业生活方式,是很难把学校管理工作做好的。如果说,"制度的规范"和"规范的制度"是学校制度的立足点,那么"指导"则是其关键点。制度的核心价值在于指导,没有指导价值的制度不具备可持续发展的效能。这就要求,学校制度的制定要有前瞻性,要具有指导价值,能够有效提高教师的专业化素养。唯有如此,制度才能够发挥最大的效益。学校制度最忌讳束缚和压抑教师的主动性和积极性。没有教师内在的积极性和主动性,教师就会缺乏主动的创造空间。只有当学校制度最大限度地发挥教师的主观能动性的时候,才能够达到制度制定的预定目的。

学校自主发展中的学校发展阶段理论为学校的办学水平评估提供了新的价值坐标和基础思想,因而,可以依据"学校自主发展"中的"学校发展阶段"理论创建和发展一种新型的学校评价模式。新型的学校评价模式,坚持用不同"尺子"考评学校的办学质量和发展水平。所谓"多把尺子"是由学校自身的发展状态所规定的,而不是从学校外部赋予其统一标准,教育督导部门对学校的评价将更注重学校自身发展的纵向比较,而不侧重对学校进行横向的群体比较。这样可以以学校发展为本,鼓励学校追求自己的发展目标,形成自己的教育风格、教育特色和学校文化,从不同角度、不同层次提高教育质量。当教育行政把"多把尺子"的评价方法用活的时候,教育督导也将对原来的"一把尺子"的评价表进行改革,将其变成学校必须遵循的基础性、法规性指标,使它既简练,又具有方向性、导向性。

树立学校管理目标的人本和校本观念,可以实现学生主体的个性化发展。当教育的本质被确认为人的主体发展时,学校职能必须要发生改变,应从筛的轨道选转移到发展的轨道,把学校办成让每个学生都获得成功的学校。由此,必须重新构建学校的课程体系,教育体系和评价体系,让每个学生能够选择一份富有个性的课程,为每个学生创造一个充分发展的时空,使每个学生能够获得一个自我价值的实现。我们应充分认识到:课堂教学的实质是环境的创造,情境的创设和氛围的创立,课堂存在形式应变被动为主动、互动,课堂教学的基本要求应变传统的听、读、背、练为现代的参与、互动、探究和体验。

校长要牢固地树立校本观念。我们可以将校本观念理解为:为了学校,以改进学校实践,解决学校面临的问题为指向;在学校,由校长、教师、学生自己探讨解决学校问题的方案并在学校加以有效实施;基于学校的需求,从学校实际出发,挖掘学校潜力,利用学校资源,释放学校活力,求得学校发展。对于校本观念的实践来说,校本课程是核心。校本课程是学校根据自己的教育理念,在对学生发展需求进行系统评估的基础上,充分利用社会、自然、信息化和校内课程资源,通过自行研讨,设计或与专业人员及其他个人或团体的合作编制出的多样性的,可供学生选择的课程。

(三)课程评价

课程评价是指根据一定的标准和课程系统信息,以科学的方法检查课程的目标、编订和实施是否实现了教育目的,以及其实现的程度如何,以判定课程设计的效果,并据此作出改进课程的决策。课程评价是一个价值判断的过程。价值判断要求在事实描述的基础上,体现评价者的价值观念和主观愿望。不同的评价主体因其自身的需要和观念的不同,对同一事物或活动会产生不同的判断。课程评价的方式是多样的。它既可以是定量的方法也可以是定性的方法,教育测试或测量只是其中的一种方法,并不代表课程评价的全部。课程评价的对象包括课程的计划、实施、结果等多种课程要素。也就是说,课程评价对象的范围很广,它既包括课程计划本身,也包括参与课程实施的教师、学生、学校,还包括课程活动的结果,即学生和教师的发展。以下主要介绍目标取向的课程评价以及形成性评价。

目标取向的课程评价的主要代表人物是被称为"现代评价理论之父"的泰勒及其学生布卢姆等人,他们认为课程评价是将课程计划和预定课程目标相对照的过程。其中,预定目标是评价的唯一标准,它追求评价的科学性与客观性,因而,这种取向的评价的基本方法论就是量化研究方法,并常常将预定目标以行为目标的形式来陈述。过程取向的课程评价。这种评价试图将教师和学生在课程开发、实施以及教学过程中的全部情况都纳入到评价的范围之内,强调评价者与具体情境的交互作用,主张不论是否与预定目标相符,与教育价值相关的结果都应当受到评价。主体取向的课程评价。这种观点认为课程评价是评价者与被评价者、教师与学生共同建构意义的过程。

形成性评价是指为改进现行课程计划所从事的评价活动。它是一种过程评价,其目的是要提供依据以便确定如何修订课程计划,而不是评定课程计划的优良程度。也就是说,它要求在课程设计的各个阶段不断地收集信息,以便在实施前对其加以修正。总结性评价也称终结性评价,是在课程计划实施之后关于其效果的评价。它是一种事后评价,目的是要获得对所编制出来的课程质量的一个"整体"的看法。它通常是在课程计划设计完成后,并在一定范围内实施后进行的。它的焦点放在整个课程计划的有效性上,以便就这项课程计划是否有效作出结论。无论是形成性评价还是总结性评价,都不是指某些特定的评价方法,而是指它们在课程编制过程中的作用。一般来说,形成性评价关注的是课程问题的起因,总结性评价关注的是课程问题的程度;形成性评价的结果主要为课程编制改进课程所用,总结性评价的结果主要为课程决策者提供指定政策的依据;形成性评价关注课程计划的改进,总结性评价关注的是课程计划的整体效果。最后,尽管总结性评价通常是在课程计划结束之后进行的,但它也可以在课程编制过程的各个阶段结束时进行。

当前我国基础教育评价中存在的主要问题表现为:第一,评价内容仍然过多倚重学科知识,特别是课本上的知识,而忽视了对实践能力、创新精神、心理素质以及情绪、态度和习惯等综合素质的考查;第二,评价标准仍然过多强调共性和一般趋势,忽略了个体差异和个性化发展的价值;第三,评价方法仍以传统的纸笔考试为主,仍过多地倚重量化的结果,而很少采用体现新评价思想的评价手段与方法;第四,被评价者仍多处于消极的被评价地位,基本上没有形成教师、家长、学生、管理者等多主体共同参与、交互作用的评价模式;第五,评价重心仍过于关注结果,忽视被评价者在各个时期的进步状况和努力程度,没有形成真正意义上的形成性评价,不能很好地发挥评价促进发展的功能。这些问题与当前教育评价发展的特点不相符,也是对我国此次基础教育课程改革的极大阻碍。因此,我们有必要开展新课程指导下的教育评价改革,为推动本次基础教育课程改革提供坚实的基础和保障。

在指导思想上要突出评价的发展性功能和激励性功能,重视对学生学习潜能的评价,立足于促进学生的学习和充分发展的目的,为"适合学生的教育"创造有利的支撑环境。为此,我们可以这样做,在评价的主体上:调动学生主动参与评价的积极性,改变评价主体的单一性,实现评价主体的多元化;建立由学生、家长、社会、学校和教师等共同参与的评价机制。在评价的方法上:首先,将评价方法由终结性评价发展为形成性评价,实行多次评价和随时性评价、"档案袋"式评价等方式,突出过程性;其次,将评价方法由定量评价发展到定量和定性相结合的评价,不仅关注学生的分数,而且关注学生学习的动机、行为习惯、意志品质等;再次,将评价方法由相对评价发展到个人内差异评价,最后,将评价方法由绝对性评价发展到差异性评价。绝对评价是对学生是否达到了目标的要求或"达标"的程度所作出的评价,也被称为"标准参照评价"。这种评价过于重视统一性,忽视了评价的差异性和层次性。我们提倡对不同的学生采用不同的评价标准和方法,以促进所有学生都在"最近发展区"上获得充分的发展。

二、"精致教育"的现实依据

(一)学校发展实际

巴蜀实验学校,坐落于重庆南山山麓。此地风景优美,空气宜人,得南山清秀之气;又前临学府大道,毗邻高等学府,有读书朗朗之声——其由重庆市教科院、巴蜀中学、巴蜀小学联合创办,秉承教科院精益求精之科研精神,发扬巴蜀精英辈出之优秀传统,披荆斩棘,继往开来,以最精之教育,最好之教育为己任,服务家长,教育学生。

学校是全日制的学校,负责孩子人格塑造与能力培养。教育的本质是让每个孩子成功幸福——它需要"精心",去设计最适合孩子的教育;它需要"精诚",用诚挚的善意与爱心去感化和指导孩子;它需要"精细",每个细微之处,每个点滴之末,都需教师关注,辅助,引导。因此,我们从教育的特点出发,以"精"作为核心理念,以"精致教育"为办学特色。

本校是寄宿制学校,80%以上的孩子在校住读,学生家庭经济条件普遍较好,其中单亲家庭、离异家庭较多,虽然家长中不乏社会成功人士,但是由于工作忙或者缺少教育的时间和方法,他们对学校教育存在依赖性,且抱有高期望值。孩子在学校的时间比在家里多,孩子与老师同学相处的时间比父母亲人多,在某种意义上,学校就是学生的家,教师身具教师与家长双重身份,不仅负责孩子人格塑造和知识能力培养,还需关心孩子的衣食住行等。因此,培育学生的责任更多地落在学校及老师的身上。帮助家长培育孩子,打造精致教育关系到学校的生存和发展。

本校校名是"重庆市教科院巴蜀实验学校",其中的"实验"二字,从科学中来——我们将科学精神与学校文化联系,抓住"精"这个核心关键,将精微细致、执著追求、实践创新等科学精神,创造性地概括为"精细""精诚""精心",以"精"来凸显"实验"之特色,以

"精益求精，致力极致"为学校精神。本校是教科院领办学校。重庆市教科院对教育科研精益求精之追求，对教育事业竭尽精诚之态度，感动了本校师生，感化了本校风气——故我们萃取其精神态度，以"精诚做人，精心做事"为校训。本校与巴蜀中学、巴蜀小学联合办学。"巴蜀"是重庆教育的旗帜，其对培育精英的执著，其对人生成功的期待，一直是我们学习的地方——故我们继承其成就精英的目标，凸出其精英的"精彩"，将其作为学校的育人目标。

（二）课程发展实际

第一，越来越重视价值观教育以及学生精神、态度、道德方面的教育。

第二，强调要以基础学力为中心，提高课程标准。中小学教育是为人一生的发展打基础的阶段，在如今这样的学习型、信息化社会中，"读写算"、信息素养等已经是现代人不可或缺的发展要素，这就要求我们不断去提高学生的基础学力。只有提高学生的基础学力，他们才能更好地开展终身学习。美国曾经过分强调活动，忽视了基础知识的学习。在遇到一系列教育瓶颈后，其逐渐开始吸取以往课程改革的经验，不断取消那些肤浅、混乱的"自助餐式"的课程，恢复严格的学术课程，强调儿童阅读能力、计算能力的提高。

第三，加强信息素养教育，促进课程的现代化。随着信息化社会的到来，浩瀚的信息海洋，给人们带来了有关信息获取的巨大的挑战，也对我们的教育提出了新的要求。一方面学校要提高其课程的现代化和科学化水平，另一方面，其要培养学生的基本信息能力。

第四，尊重学生的经验，实施个性化的课程。相对而言，传统教育更加强调课程的工具性价值，使得课程设置的统一性有余而灵活性不足。20 世纪 90 年代以后，各国的课程改革更加强调尊重学生的个性及其已有经验，从而更好地促进学生的发展。

就我国而言，想实现中华民族伟大复兴的中国梦，就必须不断改革我们的课程。首先，必须紧跟潮流，改革我国教育中传统的以教师为中心的做法，更加关注学生的主体地位，转向以学生为本的发展方向，把课堂更多地还给学生。只有这样，才能更好地调动学生学习的积极性与主动性，改变传统教育中"满堂灌""填鸭式"的教育行为。

其次，在继承我国传统教育中对学科基本知识和基本技能的重视的同时，要加强学生的道德建设与人文建设。我们的课程目标不应该仅仅是促进学生成才，其更应该是促进学生成为一个"人"。只有德才兼备的人才是我们教育真正追求的目标，也是我们课程追求的目标。

最后，课程要向更加综合化的方向发展。这就要求我们适当打破学科壁垒，促进相关课程、融合课程、广域课程的发展，这样的课程培养出来的学生才更具有综合性思维，这样的学生才能够更为全面地分析问题、解决问题。设计课程时要注意使课程内容更加生活化、社会化、实用化。学非所用是阻碍学生学习兴趣提高的一大重要因素，只有让学生深刻地发现学校学习的知识遍布于生活各处，让学生真正做到学以致用，才能更好地激发学生的学习兴趣。学校只有实现课程个性化与多样化的发展，加强课程的选择性与多样性，才能更好地满足学生个性化的需求，促进学生更好的发展。

三、"精致教育"的条件保障

（一）转变自身发展方式

1.树立"精致教育"理念

共同的价值观及教育信念是学校发展凝聚力的来源，是一种无形的精神财富，贯穿于学校教学、管理等方方面面。在当前现实的教育活动中，教育一直在追求统一性和标准化。这种教育的规范化和标准化把统一设计好的"标准人"的形象及其社会职能当作教育的培养目标，学生的发展是按照社会要求预先设计好、计划好和预定好的。精致教育，作为现阶段推进教育的一种有效模式，它关注人的学科素养、思维品质和个性品质的培养，有效揭示了教育的根本属性，它在开发学生潜能并促进学生个性发展方面显示出教育的本质力量。

2.找准学校目标定位

教育要想实现由标准化向精致化的转型，就需要变成既有幸福温度又有思想活力、既有特色引领又符合时代主流的教育。高效课堂需要回答三个问题，即"为什么教""教什么"与"怎么教"。回答"为什么教"的过程就是明确教学目标的过程，这是实现高效课堂的基础环节。[1] 但是在现实的课堂教学中，很多教师忽视了对"为什么教"的思考，而将"怎么教"放在首位，一味追求教学方法的选择、教学技术的运用、教学情境的设置等，可谓是本末倒置。

学校目标定位最为关键和基础的是学校发展目标，其直接影响到学校未来发展规划。精致教育关注个性，精益求精，强调教育目标的个性化和精准化，努力为每个学生的健康成长量身定制适合发展的目标；强调教育教学过程要面向全体学生而不是部分学生，更不是个别学生，满足每个学生生命成长和多方面发展的需要；关注并尊重学生间客观存在的个性差异，积极为学生的个性化全面、和谐发展创设多种条件和机会，充分挖掘学生多方面的潜能，使不同层次的学生在原有基础上都能获得最大限度的发展。其次，教学目标设计也是学校目标定位的重要内容，课堂教学是教师与学生之间共同进行的双边活动，教与学之间有着密切联系，其既有矛盾的一面，又有统一的一面。不断更新教学方法，优化教学过程，使教与学的双边活动协调进行，对营造课堂教学的和谐氛围至关重要。同时，课堂教学又是学生在教师指导下的认知过程，建立和谐的师生关系，保持师生之间信息交流渠道的畅通，是优化教学目标的重要保证。

---

[1] 陈晓凤.明确教学目标 优化教学进程[J].中学政治教学参考,2018(5):29-30.

3.创新学校管理

实现学校管理的创新首先要健全学校管理相关制度——明确各部门职能、各岗位职责,使学校各项工作有章可循,有据可依,并依据各部门职责,对学校领导干部工作分工进行细化,明确教育、教学、教师管理三条主线。其次,提高学校规范的执行力度,执行管理问责制,切实转变行政管理方式,做到有考核,就有问责。并做到查找问题、积极解决问题,及时更正体制机制中不适应学校发展的部分,通过适时调整、责任到人,全面提升规范管理的权威性,从而将责、权、利相联系,真正实现提升学校管理水平的目的。学校领导的语言、行为以及对待工作的态度和做法就是最好的示范,学校领导要做好示范引领,从而带动全体师生全力以赴地投入学校教育中,及时解决教育教学过程中出现的问题。创新学校管理方式,需要应用先进的工具和方法。在知识经济时代,新的理论方法和技术不断涌现,但其在学校管理工作中的运用却不充分,凭经验办事及工作方法和技术落后的现象依然存在。学校行政管理工作涉及面广,工作量大,面对复杂多样的人和事,管理过程中所采用的方法和手段如何,直接关系到行政管理效率的高低。

目前学校管理中出现了许多新问题,如学校规模大导致传统各部门管理工作跨度大,精细化程度不够;教育教学工作统筹力度不够,教师在教育教学工作中的参与感和自我发展意识不强,主动性不够;学校管理层级较多使得管理低效甚至无效等等。在信息化时代,规范化管理的实施,要求学校依托现代管理和信息技术手段,运用程序化、标准化和数据化方法,对管理过程进行计划、组织、协调、控制和监督,使组织管理的各单元精确、高效、协同和持续地运行,切实提升学校现代教育技术运用水平和整体管理水平。同时,综合运用计算机、校园网、条码识读、数字照相等现代信息技术,进行数据的录入、处理、管理、查询和公示,将管理思想、管理制度、管理规范固化为数字化的管理程序,改变传统的粗放型管理模式,实现管理的现代化、制度化、规范化、信息化、科学化。学校还可以通过构建全面目标计划、质量管理、全员业绩考核等体系,完善职责类、规范类、鼓励类、制度建设类等方面的制度,确立全面性、可监控、可操作、有反馈的规范化管理体系。

(二)完善教学硬件建设

良好的硬件条件是学校开展信息化工作的基础,其指开展教育工作所必需的物质资料。它主要包括:教育工作所需要的空间、环境,以及相关的教育教学设备,即教育基建、学校设备和社会教育设施。其涉及的指标通常包括学校面积大小、教室数量、操场面积,活动中心面积,以及技术机械、简单的医疗设备、体育设备等是否齐全。硬件设施与学校的教学规模有着极为密切的联系,是支持教育事业稳固和可持续发展的重要基础。为此,学校应为加大学校基础设施建设,提升硬件设施水平,为学校信息化建设提供充足的资源储备。可以说硬件设施建设是精致教育做到"精准"二字的重要前提,更是衡量学校整体发展的重要指标。

(三)推动教师专业成长

教育的核心发展力是教师,教师的成功才是教育管理者的成功,每一位教师都应该为成为更好的自己而不断努力奋斗。教师能否时时处处感到幸福不仅影响着其人生,更影响着学生,因为只有拥有幸福感的教师,才能把幸福的感觉带给学生,才能让学生成为幸福的人。

1.进行专业化知识的培训

教育是一种实践性很强的智慧活动,其基础就是经验,不同的教师在职业的不同阶段中有着迥异的体验,所以针对不同教师群体(新手教师、成熟教师、专家型教师等)应该进行必要的职业培训和专业引领。依据个人实际情况,使每一位老师找到自己的职业规划,从"被动"走向主动,为教师专业成长提供优质的资源,例如课题申报等,在一定的目标指引下,使得人人参与、个个发展,实现自我的超越。同时提高教师培训整体水平,丰富教师培训的内容,更新教师的教学理念和创新意识,加强教科研团队的素养,从团队的力量出发,鼓励和帮助每一位教师找准自己的定位,为学校"精致教育"的发展贡献自己的能力。

2.注重团队建设

教师工作看似是个体行为,但其本质应该是团队的行为。为了给学生提供优质的学习环境,实现真正意义上的整体育人,需要一支具有共同的理念和愿景,能友好合作、优势互补、实现双赢的优质团队支撑。所以,为创造一个互相交流、学习、合作、探究的平台,一系列多种形式、多种层次、多种主题的团队建设活动是不可或缺的,教师的专业价值能够在活动中得到体验和升华。例如在读书会上,围绕着教育著作片段或者读本,教师可以结合自身的教学实际,提供自身的解读和建议,这种活动还可以在阅读中不断加强教师的教育信念,同时挖掘其自我教育潜能,加强教师同行间的有效交流。

3.抓好师德师风建设

育有德之人,要靠有德之师。为增强教师们的责任感和使命感,学校可以从四个方面加强师德师风建设:第一,强化"师品"是前提。加强师德师风的建设,营造良好氛围,鼓励教师们相互交流,共同进步。同时,每学年都要表彰一批"师德标兵"和"师德先进个人",用榜样的力量引领教师加强自身素质。第二,提高"师智"是基础。学校可以引导老师多读书多学习,提升自身才学,用丰富的学识来教育学生。第三,提升"师能"是关键。学校可以通过丰富多彩的校本教研活动,将常规管理和特色研讨融合起来,促进教师快乐成长。第四,规范师表是核心。学校要求教师把言传和身教结合起来,能够做到仪表端庄、举止文雅、热爱学生、以身作则,以自己的言行和人格魅力来影响学生。

4.营造尊师重教的氛围

善之本在教,教之本在师。中国的知识分子都有一种"士为知己死"的强烈情怀,教师作为具有较高文化层次的群体,是知识分子中杰出的代表,有着更强烈的被理解和尊重的需要。[1] 在工作中,我们应当充分尊重每一名教师,学会倾听、理解、尊重和信任,了解教师的需求,主动帮助其解决困难,充分调动广大教师工作的积极性。我们还可以

---

[1] 戴久来,于利合.以精致教育理念为指导以教师队伍建设为核心[J].基础教育参考,2015(14):30-31.

充分利用学校教职工服务机构,例如职工之家等,让教师感受到家的温暖。

(四)打造特色校园文化

1.根植于地方文化

文化是学校建设的旗帜,也是学校发展的灵魂,学校文化应该根植于地方文化之中,并通过自身的力量促进地方文化的进步和发展,所以学校文化应该充分挖掘地方本土的文化资源,包括地方历史、文化名人、风景名胜、经济文化等,这能够在一定程度帮助学生了解历史、了解家乡、热爱家乡、建设家乡。学校精神是校园文化的核心与灵魂,我们在强化物质文化、制度文化建设的同时,应该始终把精神文化作为学校建设发展的重要内容,并引领师生、学校和谐发展。

2.与学科教育相融合

校园环境和文化对学生的发展是潜移默化的,它能够在无形中产生重要影响,其力量是十分强大的。校园文化主要涉及物质文化、人文环境、制度文化等,同时"精致教育"的内涵式发展重在细节,为更好地整合教育资源,实现最优目标,学校应当丰富校园文化的内涵,在学科教学、德育建设等多个方面渗透校园文化主旨的内容,增强师生对于学校的认同感和归属感。为此,学校可以这样做:首先,重视学校绿化,使校园始终整洁美观、清新自然;其次,设计学校专属形象标识,注重学校历史和人文特色的保存,营造积极向上、求真求学的校风,并利用学校文化墙、展览板等多个场地宣传学校文化,陶冶学生性情。例如,将各层走廊瓷砖墙作为学生读书、写作、绘画、英语交流的展示阵地等。

3.改善德育工作模式

德育工作是学校管理的常规工作,内容涉及多个方面,形式也更加多样,为加强校园文化建设的实效性,学校应当将德育工作放在校园文化中开展。传统的学校德育活动有:"周一举行的升国旗仪式""黑板报"宣传思想品德规范、开展关于交通安全、食品安全等主题的活动、校外综合实践等。学校德育课程一体化建设是一个复杂的系统工程。它需要我们秉持"大德育"观念,从顶层设计的视角,探寻一体化的课程设计总体思路与各领域、各学段课程相互关联式的运作特点;从"目标"入手,把握德育课程目标一体化的总体要求,整体设计德育课程目标体系;超越学校内、学科间课程资源一体化的局限,构建以"学校—社区"为轴心的德育课程体系;聚焦评价这一关键环节,厘清一体化德育课程的学习评价思路,以评价促使德育课程真正实现一体化。由此,我们才能找到学校课程一体化的设计与运作机制,整体构建学校德育课程体系,实现学校德育课程与学生生活、家庭生活、社会生活的融通。

(五)整合校内外资源

1.家校合作

教育需要社会的支撑,需要全体家长的参与,教育应当是学校教育、家庭教育、社会教育的"三位一体"有机结合体。学生所接触的人很有限,除同学、老师外就是父母。所以,家庭就是学校的重要合作伙伴,家长就是教师的得力助手。学校应本着尊重、平等、合作的原则,在教育中争取家长的理解、支持和主动参与。学校应积极主动地搞好家校共建,帮助家长提高教育子女的能力,促进孩子的健康成长,以便获得更好的教育效果,实现学校教育与家庭教育的同步协调发展,实现家校共育的真正双赢。教育需要社会的支撑,需要全体家长的参与。当学校教育、家庭教育、社会教育"三位一体"地有机结合起来,才能更好地促进青少年健康成长。学校家长委员会的产生顺应了时代发展的潮流,符合社会发展的需要。时至今日,学校家长委员会成为学校、家庭、社会有机结合的纽带和桥梁,在实践中显示出强大的生命力。"精致教育"的发展需要各方力量的保障,所以需要学校与家长之间保持积极有效的沟通,共同营建和谐快乐的校园氛围,组建"爱心护卫队",呵护学生的健康成长。

2.信息化资源

互联网突破了内容、时间、空间、交流方式及途径上的限制,连通并缩小了不同国家、地域、民族、学校之间、学科之间、班级之间、学生与学生之间的阻隔与差距,实现了无疆界、全天候的交流,并能实现双方或者多方之间互通有无、资源共享,形成了一种全新的人类学习、生活及思维方式。技术教育资源情境多样、智能性强、趣味性好、内容充实、容量巨大、覆盖面广、及时性和互动性好、个性化程度高,架起了社会、学校、家庭和学生之间的沟通桥梁,加强了相互之间的联系、整合与渗透,能实现最快速、最及时、最自由的信息沟通。

在"互联网+"时代,并非一定要否定、摒弃传统,但人才培养不能和时代错位,否则就会让人才"生不逢时,学而无用"。今天的孩子早就是真正意义上的纯种的"数字土著"了,"数字化"就是他们从小注定的生存方式,这些新生的"数字土人",在思维模式、学习方式、兴趣习惯等方面,与多年前的学生有了很大的差异。信息技术与教育教学过程的深度融合是未来教育信息化的必然趋势,人机互联、人机互动、统计数据自动生成并展示、学读写一体化——这是"思维发展型课程"实验呈现出的特点。互联网平台通过记录在线阅读、点评、修改、排名等内容,跳出固定思维,重构学习方式,从更多维度审视学情,调整教学设计。

3.完善评价机制

课堂教学要从关注教师教学任务的完成度转向关注学生学习的达成度,关注学生知识、能力和品格的实际变化。低效的课堂教学往往将焦点放在教师教学计划的完成情况上,而不重视学生通过教学后是否获得了切实的发展。再者,课堂教学要将每堂课的教学目标,根据学生(学科)核心素养发展的轨迹,逐步分解、细化成为具体、可操作的教学目标,并注重教学过程性目标的达成,促进学生学习的稳步进阶,最终实现本堂课的教学目标,同时还要鼓励学生主动参与学习反馈。优质高效的课堂教学在教学效率方面,应该做到在投入有限的时间和精力后,使学生在三维目标、核心素养上的受益实现最大化。

（六）完善课程建设

教育之所以重要就在于它能为人一生的学习习惯和发展方向奠定基础,教育立足于学生的终身发展和社会发展的需要,所以培养学生良好的素养是教育的核心,学生素养的提升需要慢慢地在长期的教育中养成。

第一,"精致"课程的基础是整合优化学科课程,凸显学科育人特色,扩大学科视野,增进不同学科间的有效融合,营造"大课堂"氛围。在学科教学场景中,教师需要创设问题质疑的情境,为学生展现思维生动的情境,搭建探究情美的情境,从而培养学生的批判思维能力,提升学生的表达能力,提高学生的学习兴趣,激发学生探究知识的兴趣。在学科教学中,教师要保持持之以恒的养成教育,规范学生的学习习惯和行为,提升学生综合素养,使学生保持持久的好奇心和兴趣,形成一定的世界观、价值观、人生观。

活动和比赛,既是学生学习力的检验方式,也是学生学习力的展示平台。例如,本校教研组开展过丰富多彩的学科活动,如语文组的"悦读之星"评比、辩论赛、汉字听写比赛、作文竞赛等,数学组的趣味数学游园活动、七巧板拼装、速叠杯比赛、数独比赛、魔方比赛等,英语组的英文电影配音大赛、英语书法竞赛等。

第二,"精致教育"的关键是打造"精致特色课程","精致"课程建设主要是指制订课程规划,强化课程管理,完善课程评价,推进课程实施,重点加强学校特色课程的有效开发与实施。而特色课程需要依据学校和学生发展的实际特点来开设,是一种促进学生特长发展的丰富的特长课程,如体育特长课程:校园足球队、篮球队、乒乓球队;音乐特长课程:管乐队、合唱团、小吉他社;美术特长课程:民族画社、书法高阶社团、3D 打印制作社团、动漫社等。特色不是异于平常,而是为学生发展注入个性,保障学生发展的整体质量。

第三,"精致教育"还需要适切于学校发展的"校本课程"。好的课程必然是培养目标和育人体系独具特色的课程,而且是与学校发展相适应的课程。校本课程的生命力就在于它能够有效解决学校教育、教学、管理中的实际问题,其是从实际出发,从多个角度出发,进行的特殊课程。

第四,学校所能提供的课程,必须通过课程整合符合学校的一体化建设,实行扁平化重构,因为课程落实到学生身上时并无层级之分。课程整合是一种教育的"存量改革",能够给国家课程"落地化"的理解,可以改变学校形态及育人模式。整合调整后的课程的结构框架,超越了课程原有边界,实现了课程内在价值的贯通,让一门门课程的单色"深井"连成多彩"汪洋"。课程建设需要一定的组织战略,主要涉及队伍固本、课程育人、文化塑魂等方面,这是经过价值选择、按照价值排序、坚持价值优先的原则确定的。

第五,整合优质课程资源。本校从学生的需要出发,进行了课程体系化、纵深化探索,构建了适合我校校情、学情的精彩课程体系,生活养育课程就是其中最重要的校本课程。生活养育课程从与个体生活、学校生活、家庭生活与社会生活等生活世界的接触中获得丰富的实践经验,形成并逐步提升对他人、社会与自我的内在联系的整体认识,培养学生具有安全、健康、文明的生活方式,尊重生命、热爱生活的态度,自立、自强、乐观的精神,达成学生"养身心、养情感、养习惯"的"三养"目标与"育品格、育能力、育情趣"的"三育"目标。

(七)丰富活动实践

陶行知先生提出"生活即教育",主张"教、学、做合一"并论述了活动在学校教育中的重要性。学生教育活动和社会实践活动是学校育人的重要载体,我们坚持活动育人,有目的、有计划地进行一系列丰富多彩的教育活动,寓教育于活动之中,让学生在活动中锻炼性格、磨炼意志、陶冶情操、完善人格、提高觉悟。从学校的角度来说,开展活动能及时了解学生,有针对性地对学生进行教育;更好地提高学生的思想素质;更好地端正学生做事的态度;锻炼学生的意志力;培养学生豁达的胸襟;更好地培养学生团队精神。

活动课程重视学生的需要与兴趣,尊重学生的主体性,有利于学生学习的主动性、积极性的发挥;强调教材的心理教育,有利于学生在与文化、科学知识的交互作用的过程中,获得人格的不断发展;强调实践活动,重视学生通过亲身体验获得直接经验,这有利于培养学生解决实际问题的能力;重视课程的综合性,主张以社会生活问题来统合各种知识,这有利于学生获得对世界的完整认识。活动课程应该以实用为目标,结合时间、场所的变化,同时依据学校自身发展定位及教育特色,设计丰富的活动内容,例如"文明课间活动""校园才艺活动""爱心捐赠""友谊体育比赛""图书交易""红色实践"等。通过集体性活动,激活学生群体感和荣誉感,促进学生行为习惯、优良品质的形成。将活动与情感、情境融为一体,提升教育资源的利用效率。

为此,本校开展了包括艺术、体育等在内的活动课程建设。例如,本校艺术组为贯彻学校"精致教育"理念,丰富学生的课余文化生活,展示我校学生的风采,全面提高学生的综合素质,进一步营造校园文化艺术氛围,提升学生的艺术品位,推动校园文化建设再上新台阶,举办了"校园艺术大赛活动"。本校通过艺术活动来营造良好的校园文化艺术氛围,展示我校学生的表现能力、审美能力和创造能力,丰富学生的课余文化生活,给学生提供一个展示自我的平台。

另外,本校举办的"墨香巴实师生书法大赛活动",弘扬了中华传统文化,使学生感受到了中国书法魅力,进一步推进了我校书法的各项工作,提高了师生的书法兴趣、书写能力,进而展示了他们在书法方面的才华。本校小学语文教学组把"会听""会表达""会读""会积累"作为小学语文学科核心素养培养目标,大力推进本校学子读书活动的开展,本校小学语文教学组分年级系统地安排了课前经典诵读和课外必读书目。为提高学子阅读兴趣,养成良好的阅读习惯,让阅读蔚然成风,营造书香校园,本校拟在全校范围内进行"悦读之星"的评选活动。

同时,本校将继续贯彻落实党的十九大和习近平总书记重要讲话精神,践行社会主义核心价值观,丰富校园文化建设,充分展示我校学生的青春热情及奋发有为的青春信念,张扬学生个性,营造积极向上、和谐健康的校园文化氛围,并实现以艺促智,以艺载德,以艺激情,本校将继续开展具有时代特征、校园特色、学生特点的体育文化活动。本校还将充分挖掘学校的现有环境资源,积极营造校园体育文化艺术节的氛围,充分发挥教师和学生特长,提倡以个人的才能为校园体育文化艺术节增添光彩。

四、关于"精致教育"办学的经典案例

(一)四川省中江县继光实验学校

1.办学基本条件

中江县继光实验学校创建于 2004 年,是经县人民政府批准、县教育局直属的一所九年一贯制民办公助体制学校。学校位于风景秀丽的凯江河畔,占地 100 亩,环境清雅,设施一流,充满书香气息和人文氛围。办学以来,素质教育扎扎实实,教学质量遥遥领先,培养了一大批后备人才,为这些赢在起跑线上的优秀学子到高一级学校深造奠定了厚实的根基,很好地满足了广大家长让子女接受优质教育的强烈需求。

该校现有 66 个教学班,在校师生 3300 余人。教师中有省市县优秀教师、学科带头人、骨干教师、教坛新秀、优秀班主任、师德标兵等 93 人。正是这支博学善思、勤勤恳恳、乐于进取、爱生如子的优秀教师队伍发扬了"不怕困难,敢于胜利"的继光精神,才铸就了这所英雄故土的品牌学校,并使其能够在高平台上持续地迅猛发展。

该校以"小班化精致教学、半军事化教育、英语特长、科艺创新、寄宿制温馨家园"为鲜明的办学特色,连续 9 年获得中江县综合目标考核一等奖,荣获全国、省市 70 多项荣誉,成为德阳市基础教育的一面旗帜。中江县继光实验学校成功的办学模式和经验,对中江县乃至德阳市起到了示范作用。近几年,先后有多家媒体和多位领导到学校采访报道、考察调研。

2.精致教育办学历程

四川省中江县继光实验学校在近 15 年的办学历程中不断发展壮大,取得了一定成就。如今,在学校发展面临新的转折之际,继光实验学校积极探索实践县域学校"精致教育"特色发展之路,以"中江典范、德阳领先、四川一流"为办学方向,力求实现从做大做强到做精做优的转变,全面推进以"管理精细、师资精良、教学精心、活动精彩、环境精美、出口精品"为核心的"精致教育",从而达到"发展每一个、成就每一个"的目的,让每个"继光学子"都精彩绽放。

该校实施精致教育的措施主要有以下几点:第一,为体现出精细化管理,该校提倡"将支部建在连上"。要求每个中层干部都要深入到一个年级或一个教研组中,协助开展具体的教育教学工作,以促进学校管理团队由善于管理跨越到精于管理。第二,在师资建设上,该校通过"名师引进、培优青年、磨尖骨干"以点带面地促进师资系统发展,以便快速提升教师专业素养。第三,该校在精致教育理念的引导下,注重教育过程,争取在教育的每一个阶段、每一个领域、每一个环节都体现出细微精致。其具体实施路径为:深入了解学情→个人备课→兼收并蓄的学科组集体备课→吸收集体智慧后个人再次备课→上课→课后反思并反馈到学科组→批改作业后反思并反馈到学科组。第四,增强活动开展的频率和丰富活动的类型,保证"月月有活动",例如三月大型春游活动、四月科学艺术节、五月大型入队仪式、六月合唱节、九月军事教育活动、十月科技实践活动、十一月趣味体育节等等;其次保证"班班有主题"和"人人有特长",该校经常开展的社团活动有八十余项,如3D打印、"航模海模"、足球、武术、国画、民族舞等社团活动。第五,良好的设施是培育学生成长的条件,优美的环境是陶冶学生情操的园地。该校用精美的环境育人,以建设"一流的硬件、精美的环境、书香校园、学习乐园"为目标,将环境育人和文化熏陶融为一体,着力打造绿色校园和书香校园。第六,培育优秀学生,该校学生的学业水平一直在县域内处于领先地位;初中部学生的学业水平在市域内也一直居于首位。该校学生不仅在学识、素养方面出类拔萃,其在艺术修养、创新能力方面也得到了长足发展。

(二)北京市第五中学

1.办学基本条件

北京市第五中学(以下简称"北京五中")位于北京市东城区,始建于1928年5月,为北京市重点中学,北京市示范性普通高中,2015年后加入北京五中教育集团。截至2014年,该校教学主楼有30个标准教室和7个专用教室,全部安装了日立CP—HS1060投影机、视优DP-950ST视频实物展示平台。主楼大厅顶层有直径8米的天文观象台,里面安装了国内最先进的天文望远镜。

该校建有综合楼一栋,楼宇内有物理、化学、生物实验室共9个,生物标本室1个,计算机房2个,配备了586台计算机,全校建立了有88个信息插座的校园网络。综合楼第4层有1000多平方米的图书馆和254个宽敞的学生阅览大厅,图书馆藏书10万多册,阅览室订阅的报纸杂志多达几百种,书刊借阅实现了计算机管理。综合楼第5层新建有450个座位的礼堂,乒乓球馆和形体教室。该校还建有心理辅导中心、音乐教室、美术教室、健身房、通用技术教室、物化生实验室、多媒体教室、语音教室、科技教室等专业学习场所。

该校教师队伍业务精湛,现有专任教师115人,其中高级教师有85人,占专任教师数量的74%,特级教师及市区级骨干教师占比近40%。该校连续多年被评为北京市的教育科研先进单位。该校近五年的教育科研获奖情况为:国际奖1项、全国奖40余项、市级奖100余项。同时该校也是首批"北京青少年科技创新学院翱翔计划"的化学与生命科学领域培养基地校、人文与社会科学领域课程基地校,为北京市培养了100多名"翱翔学员"。北京五中以建设学习型教职工队伍为目标,形成了学风、业务精湛、师德高尚,老中青结合的教职工队伍,该校教师树立了全新的教育价值观、全新的质量观,以学生为主体的学生观,以及开拓创新的教学观。

2.精致教育办学历程

该校的办学理念是弘扬"精气神"文化,追求精致教育,成就每个学生。"精气神"是北京五中的精神写照,是北京五中的价值追求,是北京五中的文化符号。办学是一个不断反思,不断认识教育本质的过程,"精致教育"是该校多年来通过在教育教学中的不断探索,结合初中特点和学校实际情况两个方面总结、提炼出来的教育教学理念。

首先,依据学生的发展实际,12~15岁这三年的变化是其人生中最巨大的变化,这种变化体现在其身体、心智和心灵的急速发展上,初中阶段也是学生确立世界观、人生观、价值观的重要时期。在这身心发展的高峰期和危险期,初中生不仅会表现出叛逆的个性以及极强的可塑性,还常常会处于自卑或自信的情绪中,学生的表现容易出现明显的分化,良性或恶性的发展趋势都会在初中呈现。因此,教育既要全面规划,又应该因人而异;既要巩固学生在儿童时期养成的优秀品质,又要培养学生积极向上的人格品质。初中教育要做实、做细、做精致,这样才能为每一个学生未来的发展奠定坚实的基础。但是,在我国目前的基础教育体系里,初中可以说是最为薄弱的环节,社会各界多关注小学和高中教育,却不注重初中教育。其原因主要有三点,一是社会对初中承担的教育任务认识不清;二是教育方式的"应试"特点突出,一切为了中考服务;三是初中教育的粗放性强,缺少对学生个体发展的考虑,只重视升学的百分比。

"精致教育"从对教育的认识出发,确定教育目标,减少了盲目性,又从整体构建初中教育体系入手,转变了单纯以应试为目的的初中教育,促进了学生的全面发展。同时,这一教育模式重视将教育落实到位,做细到人,用精致代替了粗放,有着更强的针对性。北京五中地处闹市,校舍狭小,受到教学场地、资金设备、师资力量等多方面的制约,很难采取"做大做强"的发展思路,所以该校确定了"精致教育"的发展思路。该校只有将工作做精细,才能突破这些制约,从而达到理想的教育效果。在提出精致教育理念的同时,该校通过对教育经验的总结和归纳,提出"精致教育"的三个着力点,即整体构思、落实到位、做细到人,并将"精致教育"的思想转化为教育实践。

(1)对"精致教育"本质的追求

为了在教育实践中实现"精致教育"的理念,多年来,该校始终坚持推进体现"全面性、基础性、发展性"的素质教育,通过德商、课程、活动三个相辅相成的体系构建了"精致教育",致力于培养具有"正气、朝气、志气、大气、灵气、书卷气"的优秀少年。

教育的"全面性",一是指教育要体现公平性,即面向全体学生,努力成就每一个孩子;二是指教育要保证学生德、智、体、美全面发展。该校尽全力为学生搭设各种平台,不仅在课程方面设有一系列综合实践课以及选修课,还重视艺术文化教育,在活动中培养孩子们诚实热情、务实向上的精神,提升孩子们的各种能力,并努力将学生培养成为有修养的人,使学生在身体、品德以及学识方面能够得到发展。

教育的"基础性"是指夯实学生良好品德习惯、知识能力和体质体能的基础。该校强调基础,是因为基础具有适应性和长效性的性质,是学生将来适应社会各种需求所必备的能力。比如,该校一直都非常重视体育在奠定学生成才方面的基础作用,十分重视学生的体育锻炼。

教育的"发展性"指学校教育的最终目的是教会每一个孩子学会生活,学会学习,学会为未来创造幸福,创造有意义的人生。基于这种认识,该校的干部教师以极强的使命感和责任心倾心育人,站在学生终身发展的高度,关注学生在初中学习生活中接受教育及成长的全过程,创设多种平台,让孩子们在初中阶段的学习和生活中体验成功的喜悦,从而培养孩子们的自信。

(2)对"精致课程"的雕刻

选择课程在一定意义上意味着选择未来。作为一所优秀的初中,北京五中分校在推进符合初中教育特点,体现全面性、基础性、发展性素质教育的进程中,从目标、内容、教学方式和学习方式上全方位推进学校课程建设。该校围绕学校的培养目标,集十几年办学经验积淀,以国家课程和68门校本课程为主干,构建起了学校课程体系的整体框架,力求为学生全面发展、长远发展奠定坚实基础的同时,开发学生的智力潜质,培养学生的综合素质、科学素质和创造力。其倡导根据不同学科的情况创造适合学校的课程建设,在继承我国多年来形成的优秀课程文化的基础上,有意识地将鲜活的、更具生命力的元素融入到课程当中,不断改革和弥补原有课程中欠缺的内容。

能实现上述内容的方式主要有:方式之一是国家课程校本化开发。国家课程是基于课程标准和全国学生普遍情况设定的课程。课程改革在国家课程的基础上,为了更加适应地方和学校教育情况,允许地方和学校开发符合当地和学校特点的课程。此外,国家课程中的部分课程也需要在学校层面深入开发。该校将国家课程校本化的开发作为课程改革的重心之一,积极挖掘、拓展国家课程资源,构建符合本校学生特点并具有五中分校特色的国家课程体系。在课程内容上,该校缩减有关学生已知和常识性的知识的教学内容,以及在本地区无法开展的实践内容,增加影响学生成长、发挥学生潜质、体现学科前沿特点、体现人文与科学相互融合的特征的课程内容,使学科知识得到校本化拓展。国家课程校本化开发的关键在于培养教师的课程意识。教师的课程意识是教师在履行教育教学职责过程中,对国家课程有目的、有意义的反应和有方向、有层次的追求和探索。这种意识使教师立足课程,将教材作为达到课程目标使用的教学材料,而不是课程的全部,也使得他们不会将课程实施狭义地理解为"教书"。教师应依据初中生的身心特点和心理需求创设丰富的教育教学情境,引起学生的兴趣,挖掘学生的创造力。

方式之二是开发特色校本课程。校本课程是基于学校培养目标,由学校自主开发的特色课程,校本课程由具体的育人目标、学习内容及学习活动组成,具有多层组织结构和育人性能,是学校实施素质教育的重要组成部分。校本课程的重点不在于数量的多少、主题是否新奇,其关键是加强学校认为重要的,但在国家课程中缺失或强调不够的元素。

方式之三是以学生为本选择课程。该校所有课程的开发都源于对学生成长的设计。该校在提供给学生普适性课程外,还为有特殊需求的学生提供了校本选修课程。现该校已开设生存技能与生活技巧、学习状态和学习能力训练、自主创意探索、兴趣特长、竞赛等5大类56门选修课。

方式之四是把特色活动融入课程体系。精致的课程不是躺在教材中的文字,也不是课堂上的讲授,而应是师生共同参与的教育活动。北京五中分校始终将丰富多彩的活动作为育人的载体,使孩子们的个性在活动中得以充分地发展。该校在课程体系的基础上,构建起以科技、体育、艺术为核心的多维活动体系。

（3）"精致教育"关键在德育

北京五中分校的定位是要培养优秀的学生,优秀学生在成长过程中哪些素质是不可或缺的呢? 该校认为,其不是能力和知识方面的东西,而是品格、习惯、健康和积极向上的心态。所以该校一直致力于培养具有"正气、志气、朝气、大气、灵气、书卷气"的优秀少年,努力实践"锻造品格、启智、陶冶情操、强健体魄"的办学思想。在构建整体教学框架的过程中,该校用"精致教育"的理念构建了由养成教育、德志教育、情感教育组成的注重实效的初中德育体系。针对刚刚入校的学生,北京五中分校有一整套的入学教育,有严格、明确、容易记住的要求,以及落实到位的措施。

/实践篇/

第一章 师生竞技方案

※ 教师比赛方案

"精彩课堂"学科主题研修竞赛活动方案

为进一步推进课堂教学改革,促进教师专业成长,提升教师专业水平,提高课堂教学质量,加强教研组、教师间的交流学习,不断提高团队研修整体水平,本校研究后决定举行第一届"精彩课堂"学科主题研修竞赛活动,现将活动的有关事宜通知如下:

一、组织机构

组　长:副校长

副组长:教务处主任

组　员:教务处副主任、各教研组长、备课组长

二、参加对象

各教研组研修团队。

三、主题研修内容与时间

1.上课参赛内容。(略)

2.参赛时间。(略)

四、竞赛活动规定

1.展示形式:3~6人组建研修团队,其中一人上课,一人以"微讲座"的形式分享经验成果,其余老师参与评课。上课时长为40分钟,之后的团队议课与"微讲座"的时长共计30分钟。

2.课堂要以生为本,突出学科核心素养的培养。教学设计应体现基于核心素养的单元整体建构教学理念,突出主问题、情境创设、学习活动、项目设计等内容。

3.上课班级由赛课教师自己选择,该班应在教师所选择的教学内容涵盖范围之内,并且教师不能在年级中选择部分学生进行组合。

4.所有教师要积极参加观摩学习,每人应至少观摩3个团队展示。

5.参赛教师应上交电子参赛教案(赛前一周交至教务处),现场展示前自行打印教案(一式五份)交评委。参加竞赛活动的团队应上交"三研二上一讲座"团队研修资料,并按学校要求完善格式。(赛前一周交至教务处)

五、主题研修竞赛活动评委小组

分设初中、小学两个评委组,每个评委组有五位评委,其中一位为教务处主任。

六、奖项设置

本次比赛分初中、小学两个组,各设有一等奖、二等奖、三等奖三类奖项。根据竞赛

成绩,参赛老师将获评不同的奖项,成绩为 90 分以上的老师将获评一等奖;成绩为 85～89 分的老师将获评二等奖;成绩为 80～84 分的老师将获评三等奖。

其他未尽事宜,另行通知。

"精彩课堂"学科主题研修竞赛评分标准

一、教学理念

1.鲜明的育人导向:从能力到素养,基于文化根基与思维形成的有效成长。

2.完整的学科立场:从形式到内容,基于学科特征的有效理解。

3.人本的学习方式:从"教过"到"学会",基于策略形成的有效实践活动。

二、评分标准

项目	评价指标	指标内涵	分值	得分
教师导学	目标定位准确: 1.以学生积极心理品质培养为路径,指向学科素养形成,能够符合课标,落实教材,遵照学情。 2.明确具体,可检测。	教学策略得当,提升理解能力。 关注年段目标,尽量凸显"一课一得"。	5	
	内容选择恰当: 1.符合学科特征。 2.准确把握教材,创造性地使用教材。 3.符合儿童的认知水平。	关注单元重点与课时内容特点,体现整合思想。	5	
	活动设计合理: 1.学习活动方式符合学习内容特征。 2.活动板块结构清晰、层次清楚。 3.切合学情。	学生在学习实践中学得方法,提升学习能力。 体现学习过程,引导学生自主、合作、探究学习。	10	
	学习辅助有效: 1.有效发起学习活动。 2.关注学情、尊重差异、注重生成。 3.有指向学习目标的真实学习反馈。	问题有价值,活动要求明确具体。 能指导学生在认知、体验、探究等不同层次的学习活动中积累学习经验,建构学习策略。	5	

项目	评价指标	指标内涵	分值	得分
学生学习	参与学习活动积极: 1.能动地参与学习的学生比例大。 2.学习过程中专注投入。 3.学习氛围好。	学习有热情,能有效自主学习,愿意与同学互助学习,乐于参与交流分享。	10	
	内部思维过程能动: 1.内化理解、主动建构。 2.积极思考、主动质疑。	对问题有自己的见解。 积极思考,主动质疑,发现规律,学会积累。	10	
	教学目标达成度高: 1.认真参与课堂小结,主动完善知识结构。 2.能完成当堂检测,及时矫正认知错误。	在学习体验中,每个学生学习有新的进步。	5	
议课	1.单元教学目标及内容的分析陈述清楚。 2.教学设计中对学科核心素养及单元整合点的注重度高。 3.关注教学策略的有效性。 4.关注学生活动的有效性。	目标明确。 目标恰当。切合学科核心素养及单元主题。 教学策略有效达成目标,并促进学生核心素养发展。 以学为主,学生活动充分,体现"五动"特色,有效达成教学目标。	20	
讲座	1.主题明确,紧扣核心素养与单元整合。 2.从研修活动中提炼而来。 3.成果有效、可推广。	有主题,并贯穿研修全过程。 主题体现单元整合及学科核心素养理念。 成果提炼得真实、科学、有推广性。	20	
资料	1."三研二上一讲座"资料完整。 2.格式规范。 3.按时上传。 4.与现场展示一致。	文本编辑格式规范,语言表述清楚,逻辑严密。 按时上传。 完整详实。 资料与现场汇报一致。	10	

"教师技能大赛"活动方案

一、活动目的

1.践行我校精致教育,加强教师队伍建设。

2.培养教师严谨笃学,爱岗敬业的精神,提高教师教学能力和教学水平。

3.更新教师观念,促进教学创新。

二、领导小组(略)

三、工作小组

组长:教务处主任。

组员:幼儿园园长、教务处副主任、教研组长、备课组长、教务处干事。

四、比赛项目

本次大赛分为四个项目,分别为"现场授课比赛""三笔字比赛""微课制作比赛""论文比赛"。

五、参赛对象

1.本期新进教师和教龄在3年以下(包括3年)的教师参加现场授课比赛。

2.除参加现场授课的教师以外,各教研组各按三分之一的比例选派教师分别参加三笔字比赛、微课制作比赛、论文比赛。具体参赛名单附后。

3.幼儿园教师只参加微课制作和论文比赛。

六、比赛时间(略)

七、参赛要求

1.赛课主题:"精彩课堂,精准提问",参赛教师可根据赛课主题自选班级与授课内容,并在授课将授课教材及教案各准备5份交至科研处。

2.三笔字比赛按指定内容进行限时现场书写。教师自备钢笔,其余物资由学校提供。

3."微课"是指以视频为主要载体,针对某个学科知识点(重点、难点、疑点、考点等)或教学环节(含活动、任务等)而设计的教学活动。参赛教师自选所任教的一个学段的课程,精心备课,充分、合理运用各种现代教育技术手段及设备,设计课程,录制一个时长为5~8分钟的微课视频,并提交配套的微课教案。本次参赛者需提交微课视频和微课教案两个文件,微课视频文件格式为mp4,文件分辨率不得低于720×576,大小应控制在每分钟10M以内。图片格式为JPG,文件格式为DOC,相关课件为PPT或打包压缩文件。完成后请将作品以自己的姓名命名并发送到指定邮箱。

4.论文比赛以我校精致教育为主题,参赛教师须结合所教学科内容,在规定时间内完成一篇1500~3000字论文。论文电子文件的格式如下,字体:宋体四号(标题除外);段落:单倍行距。参赛教师切忌在网上抄袭他人论文,一经发现学校将取消其参赛资格。完成后请将作品的文件以姓名和论文标题命名,并将其发送到指定邮箱。

具体比赛评分标准附后。

八、奖项设置

1.每项比赛各设一等奖2名,二等奖5名,三等奖若干。

2.学校将给获奖教师发放获奖证书,给予其继续教育学分证明,并将获奖情况纳入期末考核。

附件：

1.各项目参赛教师名单(略)

2.各项比赛评分标准(略)

现场授课评分标准表

授课人：_____　　学科：_____　　课题：_____

项目	分值	评分要点	得分
预习 意识	5分	1.学生是否提前预习,教师是否检查预习情况或回顾已学知识; 2.学生课前准备是否充分、到位。	
目标 意识	20分	1.教学目标是否全面、具体、明确,是否符合课程标准、教材和学生实际; 2.教师的重点和难点的提出与处理是否得当; 3.教师的教学目标的达成意识如何。	
学生 意识	30分	1.教学思路清晰度、课堂结构严谨度、教学密度与合理度如何; 2.教师是否能面向全体、体现差异、因材施教、全面提高学生素质; 3.传授知识的量和训练能力的度是否适中,是否能突出重点; 4.教师是否给学生创造了机会,让他们主动参与,主动发展; 5.教学是否体现知识形成的过程,即结论是否由学生自悟与发现。	
训练 意识	20分	1.教师是否做到了精讲精练,并以思维训练为重点; 2.教学方法是否符合教材、灵活多样; 3.教学信息是否有多项交流,其反馈是否及时,问题的矫正是否奏效; 4.教师的提问是否准确有效。	
情感 意识	5分	1.课堂气氛是否融洽和谐,是否体现了教学民主,师生平等; 2.教师是否注重学生兴趣、习惯、信心等非智力因素的培养。	
效率 意识	15分	1.教学目标达成情况、教学效果如何; 2.学生能否掌握学习方法,其学习生动性如何,知识掌握情况如何; 3.教学的信息量是否适度,给学生的学习负担是否合理,教学是否做到了短时高效。	
技能 意识	5分	1.教师是否使用普通话,语言是否规范简洁,生动形象; 2.教师的教态是否亲切、自然、端庄、大方; 3.教师的板书是否工整、美观、言简意赅,层次清楚; 4.教师调控课堂的能力如何; 5.教学工具使用是否合适、有效。	
听评人		总分	

"三笔字"比赛规则

一、粉笔字

1.书写内容

校训。

2.书写要求

参赛教师在限定时间内,现场完成。书写字体必须为正楷,参赛教师应做到笔画清楚,字形规范,行款格式正确,卷面整洁,注重实用性与艺术性的结合与统一。

3.评分标准(10分制)

参赛教师做到书写规范,笔画清楚到位,无错别字、繁体字,标点无错误可得3分;做到间架结构合理,笔画流畅,分布匀称可得3分;做到章法自然,整体感观舒适,字形大小适中可得2分;做到整洁、美观,无涂改可得1分;做到书写内容完整,并在规定时间内完成可得1分。

二、毛笔字

1.书写内容

社会主义核心价值观24个字:富强、民主、文明、和谐,自由、平等、公正、法治,爱国、敬业、诚信、友善。

2.书写要求

参赛教师应各自在课余时间完成作品(学校书法室对教师开放,方便教师完成作品),比赛用纸统一,墨和笔的准备工作由学校统一负责,书写字体及作品书写形式(竖式或横式)不限,作品必须完整(包括正文、落款、款识章等内容)。参赛教师应于规定时间内完成,具体时间另行通知。

3.评分标准(10分制)

参赛教师做到点画准确,用笔精熟可得2分;做到线条劲健,行笔流畅可得1分;做到疏密有致,节奏感强可得1分;做到字结构正确,字、行距恰当可得1分;做到布局合理,款识规范,章法自然可得2分;做到形神兼备,风格一致可得2分;做到书写内容完整、正确,无错别字可得1分。

三、钢笔字

1.书写内容(三选一)

习近平总书记在全国教育大会上的重要讲话:

(1)教师是人类灵魂的工程师,是人类文明的传承者,承载着传播知识、传播思想、传播真理,塑造灵魂、塑造生命、塑造新人的时代重任。

(2)人民教师无上光荣,每个教师都要珍惜这份光荣,爱惜这份职业,严格要求自己,不断完善自己。做老师就要执着于教书育人,有热爱教育的定力、淡泊名利的坚守。

(3)办好教育事业,家庭、学校、政府、社会都有责任。家庭是人生的第一所学校,家长是孩子的第一任老师,要给孩子讲好"人生第一课",帮助扣好人生第一粒扣子。

2.书写要求

参赛教师应各自在课余时间完成。书写用纸由学校统一发放，教师须用规定纸完成作品，书写字体以正楷字为主。作品内不得有错别字，或添字、漏字等情况。作品上应注明参赛教师的姓名。教师应于规定时间内交作品，具体时间另行通知。

3.评分标准（10分制）

参赛教师做到笔画正确，点、横、竖、撇、捺等基本笔画合乎要求可得3分；做到单字结构准确，字、行距得当可得2分；做到用笔精熟，上下左右呼应，起承转合自然可得2分；做到版面整洁，布局合理可得2分；做到书写内容完整、正确，无错别字可得1分。

以上比赛的时间将另行通知。

微课制作比赛规则

1.参赛课题由教师从本学期所任教的年级学科中自选设计，参赛作品以视频形式呈现，作品应当内容丰富，涉及新课改、教课知识点、校园生活等多个方面，并重点突出对我校精致教育的思考。

2.微视频时长应控制在5～10分钟，要有明确的教学目标，只需讲述一个教学知识点或解决一个问题，供学生自主学习使用。

3.微视频制作不得从他处抄袭、转载，本次比赛不接受课堂教学录像或剪辑片段一类的作品参评，否则将取消相关参赛教师的参赛资格。

4.微视频制作需抓住学生注意力的最佳黄金时段，简明扼要地概述知识点。本次比赛鼓励教师进行教育理念创新，教学模式创新，运用技术创新。参赛教师应使用规范学术用语，表述条理清晰。作品的视频画面应当布局合理，成像清晰，无质量缺陷。

5.微视频制作主题要突出，展示形式要恰当，信息技术运用要适度，并且应当利于不同基础学生的自主学习。

"微课大赛"评审标准

一级指标	二级指标	指标说明
选题设计（10分）	选题简明（5分）	参赛教师应当主要针对知识点、例题、习题、实验活动等环节进行讲授、演算、分析、推理、答疑。教学要尽量"小（微）而精"，建议围绕某个具体的点，而不是抽象、宽泛的面。
	设计合理（5分）	参赛教师应围绕教学或学习中的常见、典型、有代表性的问题或内容进行针对性设计，要能够有效解决教与学过程中的重点、难点、疑点、考点等问题。
教学内容（20分）	内容正确（10分）	教学内容应当严谨，不出现任何科学性错误。
	逻辑清晰（10分）	教学内容的组织与编排，要符合学生的认知逻辑规律，教学过程应当做到主线清晰、重点突出、逻辑性强、简单易懂。

续表

一级指标	二级指标	指标说明
作品规范 （15分）	结构完整（5分）	作品应当具有一定的独立性和完整性，且必须包含微课视频，以及在微课录制过程中使用到的辅助扩展资料（可选）：微教案、微习题、微课件、微反思等，以便于其他用户借鉴与使用。
	技术规范（5分）	微课视频时长一般情况下需控制在10分钟内，且应做到视频画质清晰、图像稳定、声音清楚（无杂音）、声音与画面同步； 　　微教案要围绕所选主题进行设计，要突出重点，注重实效； 　　微习题设计要有针对性与层次性，设计合理的主观、客观习题；微课件设计要形象直观、层次分明；简单明了，教学辅助效果好；参赛教师应在微课拍摄制作完毕后进行观摩和分析，力求做出客观真实、有理有据、富有启发性的"微反思"。
	语言规范（5分）	语言标准，声音洪亮、有节奏感，语言富有感染力。
教学效果 （40分）	形式新颖（10分）	教师的构思新颖，教学方法富有创意，不拘泥于传统的课堂教学模式，教学类型包括但不限于教授类、解题类、答疑类、实验类、活动类等。 　　录制方法与工具可以自由组合，如用手写板、电子白板、黑板、白纸、ppt、Pad、录屏软件、手机、DV摄像机、数码相机等制作。
	趣味性强（10分）	教学过程深入浅出，形象生动，精彩有趣，启发、引导性强，有利于提升学生学习积极主动性。
	目标达成（20分）	完成设定的教学目标，有效解决实际教学问题，促进学生思维的提升、能力的提高。

论文评分标准表

分值	类别	等级	标准	得分
50分	理论性和实践性	A	论文观点鲜明且真确，符合教育方针，符合现代教育思想；论文的具有针对性，能揭示教育教学某一个侧面的本质的规律；论文能从理论事实等方面论证自己的观点，尊重客观事实，真实、可信；参赛教师在探索教育规律方面有独到见解，论文材料来自教学实际；论文的数据准确，丰富详实，真实可信，论文属于教学论文。	43~50分
		B	论文的观点正确，论文能揭示教育教学某一个侧面的本质的规律，且具有针对性，能从理论事实等方面论证自己的观点，能对一些教育教学现象进行分析和总结，属于经验总结性文章。	38~43分
		C	论文的观点正确，论文能谈一些教育教学中的体会，能举一些教育教学中的事例，反映一般教学规律，属于一般性体会文章。	30~38分
		D	论文的观点有偏颇或有待商榷，论文没有成熟的体系，理论及论据支持，且泛泛其谈，联系实际不多，或举例不当，存在错误。	25~30分

分值	类别	等级	标准	得分
25 分	指导意义	A	论文有较强的实践基础,能指导教育教学改革,有借鉴作用;对学校、教师、学生的发展,教学质量的提高,办学效益的提高具有明显成效;对教育行政部门的决策,或教育教学中某一问题的解决,具有较高的应用价值和一定的推广价值。	22~25 分
		B	论文对教育教学工作有一定的指导意义,能证明其观点,论文提出的做法在教育教学中改革中有积极作用,对学校、教师、学生的发展,对教育教学质量的提高,办学效益提高有较好成效。	19~22 分
		C	论文有一定的借鉴作用。	15~19 分
		D	论文的指导作用一般。	0~15 分
25 分	结构与表达	A	论文论证严密,思路清晰,逻辑性强,表达流畅,语言精辟,行文简洁,结构严谨,格式规范,有一定文采。	22~25 分
		B	论文思路清晰,语言较通顺,分析较清楚。	19~22 分
		C	论文语言基本通顺,能基本表达自己的观点。	15~19 分
		D	论文结构松散,语病较多,辞不达意。	0~15 分

中、小学生活指导教师基本功大赛

一、活动宗旨

1.贯彻我校"帮助家长培育孩子"的理念,落实"生活指导教师发展走专业化道路"的思想。

2.培养和提升学校专业素质人才,展示生活指导教师的专业技能。

二、组织机构(略)

三、参赛对象

中、小学部全体生活指导教师。

四、比赛内容、用时及分值

1.情景答辩,时长为 5 分钟。(30 分)

2.内务技能展示,时长为 8 分钟。(30 分)

3.教育案例故事撰写。(30 分)

4.日常管理。(10 分)

五、比赛时间、地点

1.情景答辩比赛时间与地点。(略)

2.内务技能展示比赛时间与地点。(略)

六、主持人（略）

七、摄像及记分员（略）

八、评委组成员（略）

九、评分细则

现场比赛分为两项:情境答辩和内务技能展示,其总分为60分。评委打分后去掉一个最高分和一个最低分,汇总后取平均分,分数精确到小数点后两位,若出现同分,则精确到后三位,依此类推。

（一）情景答辩（30分）

1.时长为3分钟,参赛教师普通话标准,能结合理论与实际对教育案例准确地分析。（10分）

2.参赛教师思路清晰,表达清楚,紧扣主题。（10分）

3.参赛教师解决问题的方法具有一定高度和创新。（10分）

（二）内务技能展示（30分）

1.用时（8分钟内）情况。（5分）

2.被子叠放。（5分）

3.床单平整。（5分）

4.衣服叠置。（5分）

5.整体感观。（10分）

（三）常规管理（10分）

结合《中小学生活指导教师一日常规》制度,按当月考核项目比赛教师进行评分。

（四）教育案例故事（30分）

1.理论联系实际,逻辑严谨。（10分）

2.问题突出,有故事情节。（10分）

3.思维开阔,观点新颖,富有创新。（10分）

十、奖项设置

本次比赛具体奖项设置如下,一等奖:两名;二等奖:三名;三等奖:四名。学校将为获奖老师颁发荣誉证书,并将比赛成绩按《生活指导教师考核办法》相关规定纳入期末考核中。

附一:情景答辩题（30分）

1.中午午休时,有位同学来到你的身边对你说:"老师,我睡不着,以前我从来都没有睡过,也没有午休的习惯,老师我可以帮你管纪律吗?"请问这时的你该怎么办?

2.周末返校后,有名学生躺在寝室的床上伤心地抽泣,你发现后问其原因,学生答道:"父母吵架,闹着要离婚。"这时你该如何开导她?

3.刚开学时你班上有同学思家、恋家的现象特别严重,导致其听课不专心,课后回宿舍情绪低落,对此你该怎么办?

4.你班上有同学故意把校服弄脏、弄湿而借机不穿校服,请问你会如何处理?

5.在某一次下晚自习回宿舍时,不是你班上的学生在路上边走边大声地唱歌,你出言制止后,他们不听并对你说:"我们就是要唱,关你什么事? 不想理你!"这时的你该怎么办?

6.某天,你所管理的班级在到食堂就餐的过程中,出现路队秩序混乱的现象,你该如何处理?

7.有一天,你遇到有一个同学在食堂吃饭时,趁老师和值日生不注意把餐盘里的食物倒在了垃圾桶里,你该如何处理?

8.假如你发现班上某一个同学经常在整理内务时表现得拖沓,而且其整理内务的质量又很差,你该怎么处理?

9.午睡时,你发现有同学在被子里看书,你该如何处理?

10.如果某位学生连续不吃几顿饭,经过你的开导后,他坚持说吃不下,不想吃,此时你该怎么办?

11.在皮肤病多发的春、秋季,如果你所管理的某个寝室同时有几个同学的皮肤出现问题,作为生活老师,你该怎么办?

12.你在管理学生的过程中,有学生骂你脏话时,或者动手推你,你该怎么办?

13.如果某个男生从你身边走过,你突然闻到了烟味,你这时该怎么处理?

14.上自习课时,你发现课堂纪律很差,你该如何处理? 并说出这样处理的理由?

15.在学校三令五申禁止学生带手机到校园的情况下,你所管理的班级中仍然有几个平时就特别倔强、不太守纪的学生携带了手机,你发现后该如何处理?

16.班上有个学生总是喜欢不经过别人允许就私自动用同学的东西,而同学们却敢怒不敢言,你知道这件事后该如何处理呢?

17.周末值班时,你发现某同学未经任何正规渠道而私自外出,而且他回来时还表现得若无其事的,你此时该如何处理此事?

18.如果你在教育、管理学生时,学生和你争锋相对,你本想得到家长的理解,家长却只听信学生的一面之词,你该怎么办?

19.你作为一名新进的生活指导教师,以前也从未接触过这个职业,面对陌生的环境、同事、学生,你该如何尽快地融入这个大家庭呢? 请详细说明。

20.当你准备回到自己的宿舍,在经过其他楼层时,发现几个你不认识的学生气势汹汹地突然冲下楼,你此时该如何处理?

附二:"情景答辩"评分表(30分)

项目	评分细则	分值	得分	总分
结合理论与实际对教育案例准确地分析(10分)	能结合相关理论知识	4		
	重点突出	3		
	解决方式有可操作性	3		
思路清晰,表达清楚,回答内容紧扣主题(10分)	思路清晰	4		
	内容紧扣主题	3		
	表达清楚	3		
解决问题的方法具有一定高度和创新(10分)	处理方式具有应变性	5		
	解决问题的方法具有延伸作用	5		

附三:内务技能展示评分表(30分)

项目	评分细则	分值	得分	总分
用时情况 (5分)	8分钟内完成	5		
	8~10分钟完成	3		
	10~12分钟完成	1		
被子叠放 (5分)	将被子叠成军被形状	2		
	表面平整,线条一致	2		
	高低协调,外表美观	1		
床单平整 (5分)	铺床单的位置合理	2		
	平整度	3		
衣服叠置 (5分)	叠上装	1		
	叠下装	1		
	美观整齐	3		
整体感观 (10分)	物品放置合理	5		
	床单被子、衣服大小协调	5		

※学生评比方案

"精彩少年""精彩儿童"评选的实施方案

一、领导小组

组　　长:校长

副组长:副校长

成　　员:党总支副书记、副校长、团委书记、学生处主任、教务处主任

二、领导小组下设办公室,其具体负责评选的实施

主　　任:团委书记

成　　员:行政代表、年级组长代表、教师代表、学生干部代表

三、评选范围

1~4年级在校生,均可参加"精彩儿童"的评选。

5~9年级在校生,均可参加"精彩少年"的评选。

四、评选条件

1.品行优秀,无违纪犯规行为,能够得到师生的认可、赞许。

2.乐观向上、积极进取。

3.勤奋好学,学习成绩优秀。

4.热爱生活,爱好广泛,积极参与集体活动。

5.勤于工作,乐于奉献。

6.三年内当选过"精彩儿童""精彩少年"的同学不得重复申报。

五、评选办法、时间和地点安排

1.班级初选

各年级以班级为单位,通过班级民主投票、年级组长审核等形式开展初选,每班可推荐1名同学参加本次评选,推荐的学生需有在学校任职的经历,如担任校园卫士、志愿者、国旗班成员、礼仪队队员等。参选者需填写《精彩少年申报表》,并于规定时间内交至团委办公室,逾期未上报者,视为弃权。(各班级利用班队课时间进行班级评选,必须上交3人以上的竞选发言稿,以及3张以上精品竞选照片,并将其传至×××××××××@qq.com。未在班队课时间进行民主选举的班级,一经查实在期末考核中扣1分)

2.先进事迹展示

初选入围的同学必须准备一张个人介绍的手抄报。手抄报的内容为:本人5~6寸生

活照1张,基本情况介绍,并在成绩、特长、荣誉、获奖等内容中至少选择两项进行重点介绍。手抄报的版面要求活泼、大方、整洁且富有创意,选手统一用黑色的水笔誊写,手抄报纸张规格为四开(此手抄报为民主投票的参照标准,手抄报纸张由校团委统一提供)。手抄报应于规定时间内交至团委办公室,逾期未交将扣0.1分/天并计入该参选人的总评分,学校将于(时间)展出候选人推荐小报。

3.投票

全校各班选出的10位代表集中对"精彩少年"候选人进行投票。他们将根据入围同学在台上进行的2分钟以内的自我介绍、才艺展示以及手抄报公示的情况,进行现场民主投票。每位代表需在选票上选出10位候选人,多选或少选的投票视为无效票。

4.教师评价

5名科任老师(随机)对入围候选人进行直观评价。

5.团委评价

团委将根据选手在校内外的志愿服务情况进行考核评价,最高计10分,5~9年级的参选选手若未参加"志愿者"活动将被一票否决。

6.行政审核

行政部门将对选拔出来的"精彩儿童""精彩少年"进行最终审核,并确定"十佳"人选。

六、评分办法

总分为100分。在各个环节的评分中,去掉一个最高分和一个最低分后,其中平均分的总和为参选人员的最后得分。

1.手抄报计30分。(校团委组织各班代表和部分学生会干部进行综合打分)

2.投票计40分。根据得到的票数,对参赛选手进行排名,第1名可得40分,第2名可得38分,第3名可得36分,第4名可得34分,以此类推。

3.志愿服务计10分(校团委出具该选手具体志愿者分数)。

4.教师评价计20分。

备注:本次比赛没有额外加分项目,才艺特别突出者可加2分。

七、名额分配

各年级按总分从高到低排序,每年级总分第一名为候选人,剩余名额在其余参赛者中产生,按照从高分至低分的顺序依次入选,直至名额全满。

八、表彰与奖励

1.将在本学年度上学期"六一"综合展示活动中,对胜出的候选人进行表彰,授予其"精彩少年"的荣誉称号,并颁发荣誉证书及奖杯。

2.获得"精彩少年"称号的学生所在的班级的期末考核加3分。

九、各个环节的具体负责人员安排

1.班级初选:由各班主任老师负责。

2.先进事迹展示:展板由学生会、大队委的宣传部、文体部负责。

3.投票:班级投票由班主任负责统计,全校性投票由校团委负责统计。

4.教师评分:由学生会学习部和大队委组织部负责。

十、其他

1.请评委老师和有关学生干部准时到达指定地点担任评委工作,在工作过程中做到严明、公平、公正、实事求是、不偏袒。

2.成立"精彩儿童""精彩少年"评选活动专题报道组,学校广播站将对活动进行及时跟踪报道。

小学生生活养育课程建设之手工技能大赛

一、活动宗旨

1.贯彻我校"精致教育"的理念,落实"生活即德育"的思想;

2.提升学生综合素质,展示生活养育课程建设初步成果,锻炼、发展学生动手能力。

二、参赛对象

小学部全体学生。

三、比赛时间、地点

1.初赛时间。(略)

2.决赛时间。(略)

四、摄像及记分员

五、评委组成员

副校长;各部门行政人员。

六、评分细则

初赛时,生活教师现场进行比赛,每班评出前三名,前三名将进入决赛。

评分标准(10分):

1.现场操作,作品有作品名称、作者姓名。(2分)

2.作品形象逼真,线条流畅。(2分)

3.作品色彩明艳、饱满,主题突出。(2分)

4.空间想象力强,细致准确。(2分)

5.作品画面精美,搭配合理。(2分)

评委打分后,将去掉一个最高分和一个最低分,对其汇总后取平均分,并把分数精确到小数点后两位,若出现同分,则精确到后三位,依此类推。

七、奖项设置

分年级评分。按总分从高到低依次排列,一等奖:一名;二等奖:二名;三等奖:三名;其余为优胜奖。赛方将为获奖学生颁发荣誉证书。

"精致班级"之"花香班级"评比实施方案

一、活动目的

1.进一步将绿色校园文化落实到班级,更好地贯彻本校"精致教育"的理念。

2.让绿色走进教室,让花香溢满校园,让书香萦绕在每个孩子的身边。

二、活动主题

花香惹人醉,书香促人进;绿意遍地是,诗意满校园。

三、活动要求

1.各班的窗台附近为班级绿色文化区域,要求各班种植、摆放各类适于班级环境生长的植物,并且要求为每株植物制作介绍卡片,介绍内容包括:植物名称、植物特点、负责人(个人或小组),这样不仅能达到绿化、美化教室的目的,而且能够丰富学生的课余生活。

2.各班图书角摆放数量不少于班级人数的课外书籍,课外书的种类要尽量丰富,并摆放应该整洁、有序。

3.班级绿色菜园需要种植应季蔬菜或花卉,每周派专人负责菜园杂草的清理与蔬菜(花卉)的维护,并各班要将负责人员名单登记造册,以便校方随时抽查情况。

4.班级绿色文化责任地需要每天有专人负责清洁维护,每周有专人负责植物养护。

四、活动监督

每月学生处、校团委将组织全校各班大众评审(每班随机抽选一名同学),并进行全校评比,每月都将在各年级中各评选出一个"花香班级",评优班级的班主任在当月的班主任得分中将有相应的加分。

五、评分标准(100分制)

班级绿色文化区域得分　　40分(植物生长良好、有植物介绍牌)

图书角得分　　40分(图书数量大于班级人数,摆放整齐有序)

公共绿化责任地　　10分(植物生长良好、无杂草、无白色垃圾)

绿色菜园　　10分(有应季蔬菜、花卉的种植)

注:针对没有划分绿色菜园的班级,赛方将其公共绿化责任地分值调整为20分。

六、活动实施

每个月底进行一次评选,学生处、校团委将对每次评比进行拍照留存,学期末将在全校展示各班月评比时的具体图片,让各位师生共同欣赏与学习。

"少先队中队仪式规范"评比活动方案

一、活动目的

1.践行少先队改革制度,更好地规范少先队仪式的各项规程;

2.进一步加强少先队组织建设,丰富少先队员的队生活,增强少先队员的光荣感;

3.为日后开展更加规范的中队课做准备。

二、比赛中队

1~7 年级。

三、比赛日期（略）

四、比赛地点（略）

五、评比顺序（略）

由低年级到高年级依次进行。

六、仪式标准

1.整理队伍

◆入场时,中队旗走在队伍最前列,中队长紧跟其后,小队长排在小队队列的第一位。

◆入场后,中队长下口令:"全体立正（双腿并拢、双脚成"八"字形,挺胸收腹、目光平视,人要站直）,各小队整队,报告人数"。

◆在中队活动正式开始前,辅导员站立于中队长的左后方。

◆各小队同时整队。小队长统一数两拍后向后转向队员,发出口令:第×小队,向前看! 报数! 稍息,立正!（其他小队只喊:稍息）小队长按次序跑步（双手握拳,拳心向内,置于腰际,跑步时自然摆臂,收步时右脚并左脚,再放手成立正姿势）到中队长面前,敬礼,（中队长还礼）报告:报告中队长,第×队原有少先队员×人,实到×人,报告完毕!（报告人与受报告人距离约一米。）

◆中队长回答:接受你的报告!（中队长先敬礼,然后小队长再还礼）小队长回原位,发出"稍息"的口令,归队。下一个小队的小队长紧跟着向本小队发出"立正"口令后向中队长报告。

◆各小队报告完毕后,由中队长向辅导员报告。报告前,中队长应向全中队发出"立正"口令,然后跑步到辅导员面前敬礼（辅导员还礼）报告:"报告辅导员,本中队原有少先队员×人,实到×人,请您参加我们的活动,并给予指导,报告完毕!"

◆辅导员回答:"接受你的报告,很高兴参加你们的队会,并预祝队会圆满成功。"（辅导员先敬礼,中队长再还礼）。

2.出旗

◆旗手握旗时,应左手在上,右手置于腰际,执旗于身体右侧。

◆出旗时,全体队员要立正、敬礼,（还没授巾的新队员行注目礼）目送队旗行进,出旗方向是逆时针绕场,至右边或队伍前面的正中（或中队长和辅导员的后面停下）,护旗手要行队礼行进,注意左手摆动。

◆出旗时,小队旗手可将握旗的右手向前伸直,旗杆与地面成45°角,旗杆着地并保持不动。

3.唱队歌

◆举行中队仪式时,一般都进行现场伴奏或播放伴奏磁带,并且要有指挥（指挥手站在队伍中间前三米处),指挥动作要规范,节拍要明朗清晰,队员要跟着指挥节拍唱好队歌,唱出音乐内涵。

4.队长讲话,宣布活动内容

5.活动过程

6.辅导员讲话

7.呼号

◆领呼人、全体队员要面向队旗,右拳举耳边,拳心左下前,大臂要平肩,小臂要里弯。呼号回答完毕后要自觉整齐地放下,成立正姿势站立。

领呼:准备着,为共产主义事业而奋斗! 队员回答:时刻准备着!

8.退旗:动作要求与出旗时相同,队旗从出旗路线返回

9.仪式结束(由主持人宣布)

七、评分标准(100分制,详见评比表)

1.队员精神面貌好,着装整洁,标志佩带整齐。

2.口令下达准确,声音响亮、振作、有力。

3.动作整齐,规范。(包括仪式顺序,踏步规范,汇报时规范等)

4.队礼规范、标准。

5.队歌唱得准确,声音洪亮;指挥有力,有节奏,拍点准确。

6.呼号准确,动作规范、统一。

7.出、退旗方向正确,旗手和副旗手动作规范、整齐。

8.服装统一,可以是校服或班服。

八、评比方法

规则:各年级在半期以前进行选拔赛,推选出年级的优秀班级代表本年级参加校级比赛。

参与方式:采用年级集体集中比赛的方式。

场地:(略)

校级展示:年级组向少先队大队办公室上报活动中最具有示范性的一个班级,并让其在第十五周时进行标准队课仪式展示活动。

奖项设置:年级:每个年级一等奖1个,二等奖2个,其余为三等奖。

校级:校级一等奖2个,二等奖5个。

校级评分:由大队部组织辅导员及行政组人员组成评委团,评委实行现场打分,得出的总分为该班的最后得分。

重庆市教科院巴蜀实验学校"少先队队仪式"比赛评分表

班级:_____   总分:_____

精神面貌 (15分)	仪式过程(70分)					整体效果 (15分)
	三级报 (15分)	出旗、退旗 (15分)	队歌 (15分)	呼号 (10分)	进场、退场 (15分)	

"悦读之星"评选活动方案

古人有云:"胸藏文墨怀若谷,腹有诗书气自华。"美国诗人狄金森亦说:"没有一艘船能像一本书,也没有一匹骏马,能像一页跳动的诗行那样,把人带向远方。"书籍是时代的波涛中航行着的思想之船,给人以乐趣、光彩、才干。

一、活动目标

1.使学生热爱母语,并培养其"会听""会表达""会读""会积累"的核心素养;

2.提高本校学子阅读兴趣,使其养成良好的阅读习惯,让阅读蔚然成风,营造书香校园。

二、参赛条件

1.选手能够做到阅读有计划、有目标地进行,能在班级发挥"课外阅读"的模范带头作用;

2.选手需要具有良好的阅读习惯,能够坚持每天读书半个小时以上。

3.选手阅读兴趣浓厚,坚持摘抄或写读书笔记(主要面向3~6年级学生)。

4.选手珍惜爱护书籍,阅读量大,阅读范围广泛。阅读量能基本达到《课程标准》的要求,低年级一学期课外阅读总量不少于1万字,中年级一学期课外阅读总量不少于10万字,高年级一学期课外阅读总量不少于25万字。

5.选手积极参加班级、学校和市区开展的读书交流活动,认真阅读年级推荐的阅读书目。

6.选手坚持诵读古诗文经典诵读内容,不同年龄段能按照学校要求的背诵篇目背诵古诗,并达到规定的数量。

三、评选方法

1.由各班级语文老师,依据学生平时的读书情况,将其推荐到学校。学校根据老师的推荐及资料检查进行评定。

2.每月第三个星期五之前,各班向语文组提交本月"悦读之星"材料。

3.评选时需要上交以下材料(电子稿整理成文档):一张该生的阅读照片(高清)、一篇读书故事或阅读心得、一本推荐书目的照片及推荐理由。

四、展示方式

1.学校网络推送:以年级为单位,每周推送一个年级或6个班级。

2.校园展板展示:展示每月"悦读之星"照片、推荐书目及推荐理由。

3.在升旗仪式上公布当月"悦读之星"名单,以示祝贺。

五、评审小组

分管教学副校长、教务处主任、科研处主任、语文组备课组组长、优秀语文老师。

六、宣传小组

校办公室、小学语文组。

讲故事——《我爱我家》比赛方案

一、活动目的

1.营造良好的校园文化氛围,激发小学生课外阅读的兴趣。

2.让学生在讲故事活动中,具体了解好习惯养成的重要性,提高学生语言的感受能力和表达能力、营造养成好习惯的良好氛围。

二、参赛对象

小学一至六年级在校学生。

三、报名时间

活动前一周。

四、比赛时间(略)

五、比赛地点(略)

六、比赛相关要求

1.选手以"十个行为好习惯"中的内容为主线演讲故事时,可从"学习好习惯""生活好习惯""德育行为好习惯"三个方面寻找一个小标题进行演讲。选手演讲以正面积极向上的人物或典故为主线的故事时,该故事内容要求积极、健康向上,学生能从故事中学习好习惯养成的重要性、怎样做一个拥有好习惯的人和值得颂扬的可贵精神。参与形式为提交选手讲故事的视频,视频需配背景音乐,同时选手也可加PPT或情景表演。

2.1~3年级讲故事时长为2~4分钟,4~6年级讲故事时长为3~5分钟。

3.参赛选手需将故事文本用A4纸打印下来,于报名时将其送交团委处。(也可将故事文本于比赛时间之前发至指定邮箱)

七、评分标准

1.故事主题鲜明,内容连贯,情节感人。(40分)

2.口齿清晰,普通话标准,表达流畅,语言生动。(40分)

3.仪表大方、得体,精神饱满。(10分)

4.选手脱稿并在规定时间完成演讲,若选手超时或少时按每1秒扣0.1分处理,以此类推。(10分)

八、评委

九、评分方式

评委现场打分(去掉一个最高分和一个最低分后,取总分的平均分)

十、奖项设置

1~3年级:一等奖4名、二等奖5名、三等奖5名;

4~6年级:一等奖3名、二等奖4名、三等奖4名。

辩论赛策划方案

一、活动目的

1.推动校园精致教育建设,增强校园学习气氛;

2.提高中学生文化素养、驾驭语言的能力,丰富其课余知识、培养其团队精神、激发广大中学生的学习热情;

3.为我校学生们提供一个展现个人风采的舞台,并展示我校学术人文特色。

二、活动主题

重庆市教科院巴蜀实验学校"彩虹人生"中学生辩论赛。

三、参加对象

7~9年级全体学生。

四、时间与地点(略)

五、活动流程

比赛由陈词、攻辩、自由辩论、总结陈词四部分组成。

1.主持人宣布辩论赛开始。

2.宣布辩题。

3.介绍参赛代表队及所持立场。

4.介绍参赛队员。

5.介绍规则、评委及点评嘉宾。

6.辩论比赛过程(附件)。

7.评委及点评嘉宾集体评议(嘉宾自由提问时间)。

8.点评嘉宾评析发言。

9.宣布比赛结果。

六、评委

8~9年级:校长、中层行政部门成员、优秀语文教师、20名大众评审。

7年级:校长、中层行政部门成员、优秀语文教师、20名大众评审。

七、相关分工安排

音响、话筒: 负责人:××

道具:辩手号码牌　　　　　　　　　　　负责监督:组织部

统分:组织部　　　　　　　　　　　　　负责人:××

计时器筹备:1 个计时器、文体部　　　　负责人:××

场地场景:主席台上 4 张参赛选手桌子,8 张凳子,1 张主持人发言席。

　　　　　　　　　　　　　　　　　　　负责人:××

LED:2018 年重庆市教科院巴蜀实验学校"七彩之光"中学生辩论赛

　　　　　　　　　　　　　　　　　　　负责人:××

活动宣传:宣传部　　　　　　　　　　　负责人:××

秩序维护:纪检部、组织部　　　　　　　负责人:××

主持人:××、××　　　　　　　　　　　负责人:××

摄影、简报　　　　　　　　　　　　　　负责人:××

广播操(礼仪操)比赛方案

一、活动目的

1.促进学生的身心健康,增强学生体质。

2.培养学生的集体荣誉感,增强其组织纪律性,调动和激发学生进行体育锻炼的积极性。

3.展示班级风貌,使学生熟练、高效地掌握礼仪操、广播操。

二、评委委员会(略)

三、活动时间(略)

四、活动地点(略)

五、参赛单位

1.我校各班以班为单位参加。

2.竞赛分组:一年级组　二年级组　三年级组　四年级组　五年级组

　　　　　　六年级组　七年级组　八年级组　九年级组

六、竞赛项目

文明礼仪操、广播操。

七、参赛要求

以班级为单位,全员参与;鼓励班主任、生活教师参与比赛。

八、评分方法

将所有评委的打分汇总去掉其中的最高分、最低分后取平均分。

九、比赛顺序

1~9 年级(按从低到高的顺序)进行抽签,由抽签结果决定各班出场顺序。

十、奖项设置

1.团体:各竞赛组按年级分别设立一、二、三等奖。(4~6年级可设一、二、三等奖各一个;1~3、7~9年级设立一、二等奖各一个,三等奖共两个。)

2.个人:每个年级各评选两位优秀领操员。

十一、评分要求

1.统一服装,动作规范、整齐,需充分体现出学生良好的精神风貌。

2.比赛必须严格按照国家教育部制订的中学生广播操图解说明进行评分,比赛动作要求准确、规范、符合音乐节奏,参赛班级还需做到每节操的路线、方向、角度、力度到位,使学生达到良好的锻炼效果。

3.学生在进、退场时,应做到快、静、齐,队形需做到纵、横、斜合一线。

4.比赛本着公开、公平、公正的原则,现场公布成绩。(去掉一个最高分和一个最低分后,取平均分)

十二、评分标准

文明礼仪操、广播操比赛满分为10分。

1.全套操动作质量占5分。

2.全队精神面貌占1分。

3.参赛班级服装统一可得1分。一人次不齐扣0.1分。

4.出场、退场、队列队形占2分。

5.领操员口令准确,声音洪亮,参赛班级动作标准到位可得1分。

6.扣分:若发现规定的学生无故不参加比赛,一人次扣0.1分,最多扣1分。

若班上有学生因特殊情况不能参加比赛,请班主任提前到德育处请假,否则作无故缺席处理。

参赛班级必须遵守比赛纪律,服从统一安排。

"中华经典诵读吟唱"比赛活动方案

一、活动目的

1.感受传统文化的魅力,培养学生博览群书的良好习惯。

2.营造勤奋读书、努力学习、奋发向上的校园文化。

3.提高学生思想道德素质和文化素养。

二、活动要求

1.各班要广泛宣传经典诵读吟唱的意义。

2.各班要有计划、有步骤地开展经典诵读吟唱活动,抓好过程管理。

3.各班积极创设良好的诵读氛围,每天利用晨读、晚读时间,进行集体配乐诵读,提倡通过经常的、轻松的诵读,自然成诵。

4.各班要充分利用音乐(如葫芦丝、巴乌)、舞蹈、书法、国画等传统文化元素,发挥多种功能,让孩子在诵读吟唱活动中感受传统经典文化。

三、诵读内容

本次比赛活动的主要诵读内容为《语文课程标准》推荐的优秀古诗文篇目、《三字经》《弟子规》《千字文》《百家姓》等,吟唱内容为用古典诗词改编的歌曲。

四、参赛对象

1~8 年级全体学生

五、比赛地点

学校 C 楼礼堂。

六、比赛时间及评委安排

1~3 年级比赛时间(略)

评　　委:校长、各中层行政部门人员、音乐老师等。

4~6 年级比赛时间(略)

评　　委:校长、各中层行政部门人员、音乐老师等。

7~8 年级比赛时间(略)

评　　委:校长、各中层行政部门人员、音乐老师等。

七、参赛要求

1.各班根据学生年龄特点,选择两首中华经典文段或诗词,一首用于吟唱,一首用于诵读。

2.参赛题目于活动前一周报送艺术团××老师处。

3.各参赛班级抽签决定出场顺序,抽签时间另行通知。

4.参赛班级必须全员脱稿朗诵,配乐、伴奏自备。

5.各班参赛时长限制在 10 分钟以内。(超时将酌情扣分)

八、评分标准

比赛采取 100 分制,其中:

1.服装整洁得体,学生精神饱满,仪表大方。(10 分)

2.作品主题鲜明突出,内容健康向上。(10 分)

3.学生朗诵、吟唱熟练,音质、音色富有美感和渗透力。(10 分)

4.学生吐字清晰,普通话标准,能很好把握朗诵和吟唱节奏。(20 分)

5.学生能够正确把握诵读内容,做到声情并茂,朗诵富有韵味和表现力,能引起观众共鸣;学生唱腔纯正,感情充沛,富有感染力。(40 分)

6.学生体态适当,表演到位,台风大方,感情充沛,感染力强,现场效果好。若参赛班级比赛时有现场巴乌或葫芦丝配乐,根据实际效果将对其酌情加分。(10 分)

九、奖项设置

分段设奖:1~2 年级:一等奖 2 名,二等奖 2 名,三等奖 4 名。

　　　　　3~4 年级:一等奖 1 名,二等奖 2 名,三等奖 3 名。

5~6 年级:一等奖 1 名,二等奖 2 名,三等奖 3 名。

7~8 年级:一等奖 2 名,二等奖 2 名,三等奖 4 名。

获得一等奖的班级,将在元旦汇报演出时进行全校公演。

总之,我校将以这次比赛活动为契机,在师生中广泛开展"中华经典诵读吟诵"活动,在全校掀起学习传统文化的热潮,真正让广大师生阅读经典,亲近经典,热爱经典。

第二章　家校共育方案

家长代表大会方案

一、活动目的

1.加强学校与家长之间的沟通,增进家长对学校的了解、理解、支持。

2.征求家长对学校在教育教学等方面的意见,并探讨家校如何与学校共同教育学生。

二、活动时间(略)

三、活动地点(略)

四、参加人员

校长、学生家长。

五、准备工作

1.选择家长代表(一般选择工作在主城区的家长)由学生处电话通知落实。名单附后。

2.准备学校的招生手册、简章、校刊、报纸。(由校招生办负责)

3.购买水果,布置会场。(由后勤、办公室负责)

4.主持人。

5.摄影。

六、议程

1.介绍参加会议的领导和家长;

2.校长讲解学校的发展历程、现实状况和学校的办学理念、近期目标、远景规划;

3.请家长针对学校存在的问题,提出宝贵的意见;

4.各部门负责人对家长问题作解释;

5.校长总结。

家长委员会工作章程

第一章　总则

家长委员会是学校与家长之间的重要纽带和桥梁,是广大家长了解学校的重要窗口,是对学校工作实施民主监督、加强师德师风建设、规范教师从教行为的重要主体。其宗旨是促进学校与家庭之间的紧密联系,使学校教育和家庭教育能协调统一,形成良好的教育合力;积极探索学校、家庭、社区三位一体的教育新模式,讨论共同关心的事宜,增进家长与教师、家长与学校之间的相互了解;提高家长教育子女的水平,提高教育质量,促进孩子健康成长。为了激发广大家长参与学校工作的积极性,共同办好重庆市教科院巴蜀实验学校,在家长自愿、教师推荐的基础上,本校特成立巴蜀实验学校家长委员会。

第二章　家长委员会成员

一、基本条件

1.拥护党的路线、方针、政策,遵守国家法律法规,关心教育工作,关爱孩子,自觉维护社会公德。

2.配合学校用正确的教育思想、方法去影响家长,影响社会,使家庭教育、社会教育与学校教育相一致,协调学校与社会、家庭的关系,增强教育合力。

3.能大力支持学校工作,对学校开展的重大教育、教学活动提供帮助。

4.愿意履行家长委员会成员权利和义务。

二、职能

1.参与职能:积极参与学校的教育管理,有权对学校各项工作提出质疑,按规定程序对学校的各项工作实施民主监督。

2.配合职能:主动配合学校深化教学改革,强化学生素质教育。

3.督促职能:督促学校全面贯彻教育方针,保证学生德、智、体、美、劳全面发展。

4.沟通职能:建立学校与家庭、学生、老师和家长之间的联系,运用各种形式总结和交流家庭教育的经验。

三、义务

1.自觉遵守家长委员会的有关规章制度,积极完成家长委员会分配的各项工作。积极宣传学校的治校方针、办学理念,努力协调家长与学校以及学校与各有关部门之间的关系。

2.密切联系广大家长,积极征求家长对学校、班级管理及教师的教育教学等方面的意见和建议,积极引导家长按程序提出自己的意见或建议,及时向家长委员会反映家长的意见或建议。

3.积极参与、配合学校举行的重大教育活动,协助学校加强民主科学管理。

4.对学校公益事业给予大力支持和理解,主动为学校的公益建设和事业发展提供精神或物质上的帮助和支持,发动家长共同解决办学中的困难。

第三章　家长委员会组织机构

本校家长委员会由三级机构组成:班级家长委员会、年级家长委员会和学校家长委员会。班级家长委员会由3~5人组成,年级家长委员会由各班家长委员会推荐的人员组成,学校家长委员会由各班选派1人组成。各年级选派1人组成学校家长委员会常务委员,每届任期为二年。

巴蜀实验学校家长委员会委员名单

班级	学生姓名	家长姓名	性别	工作单位	职业	居住地	联系电话

常 务 委 员:巴蜀实验学校德育处主任

主 任 委 员:××

副主任委员:××

秘 书 长:巴蜀实验学校德育处主任

副 秘 书 长:××

秘书处成员:巴蜀实验学校生活部长

　　　　　　巴蜀实验学校幼儿园园长

　　　　　　巴蜀实验学校安稳办主任

　　　　　　巴蜀实验学校团委书记

　　　　　　巴蜀实验学校德育干部

第四章　家长委员会分工与职责

一、主任委员

1.全面负责家长委员会(以下简称"家委会")的各项日常工作和活动。

2.召开家委会会议。

3.制订并提出家委会的年度工作计划。

4.定期总结家委会工作,及时向全体家长和学校汇报家委会工作情况。

二、副主任委员

1.协助主任委员做好家委会各项工作和活动的协调和组织。

2.主任委员因故不能行使职责时,全权代理行使主任的职责。

3.负责校级家委会与年级家委会、班级家委会之间的联络工作。

三、秘书长

1.协助主任、副主任委员开展家委会日常事务工作。当好家委会的参谋、主任的助手。

2.协助主任委员拟订家委会的具体工作计划、活动计划,经主任、副主任委员审议,学校批准后具体组织实施和贯彻落实。

3.负责家委会相关文件的起草和发布。

第五章　家长委员会工作程序

原则上,家长委员会每学期将召开一次会议。会前,学校将研究部署召开会议的内容、时间、方式,并通知全体委员。各位委员接到通知后,根据会议内容,走访家长、社会,吸收、了解家长和社会对办好人民满意的学校的意见和建议。会议期间,委员向学校反映家长、社会对学校的意见和建议,校方向委员们报告学校教育、教学工作,以及学校办学思路、办学经验、办学成果、办学途中遇到的困难,并对委员们提出的意见、建议的答复和解释,共商办好学校的大计,共建培养英才的基地,形成教育好子女的合力。会后,学校将宣传好会议精神,做好家长的工作,向社会宣传学校的办学成绩,反映学校发展面临的困难,做到学校、家庭、社会三位一体,创造教书育人的良好氛围。

一、工作制度

1.家委会每学期制订好工作计划,落实各项工作和活动的时间、地点、内容,家委会的活动要有记录,并在学期末做好工作总结。

2.每学期召开全体委员会议一次,其余时间家委会分小组不定期开展活动。

3.在非会议与集体活动时间,家委会应积极与学校、班级加强联系,主动配合开展有关工作。

4.家委会要加强与所在单位与地区的联系,帮助和推动社区教育工作的开展。

5.家委会原则上一学年进行一次调整,一年为一届任期,成员可连任(学生毕业离校后,其家长自动卸任工作)。

二、具体任务

1.听取学校工作安排,提出意见和建议。

2.有计划地参与学校的重要活动,积极参与建设教育基地、社会实践基地和课外活动基地,积极提出教育、教学建议,并帮助学校落实。

3.参与学校管理,为改善办学条件,提出合理建议,组织家长提供力所能及的支持和帮助。

4.通过各种渠道了解家长对学校教育的要求,以及社会对学校和老师的反映;协助学校调解校、班、家长之间的各种问题;负责向社会传递信息,促进社会逐步形成尊师重教的良好风气。

5.协助学校召开家长会议或家长代表会议,研讨工作,交流经验。

三、活动内容

1.办好家长课堂:让广大家长学习教育心理理论,学习必要的抚育、培养、教育子女的常识,提高育人能力。

2.协助学校办好家长学校:积极参与班级、学校的各项家校互动活动,商讨家庭、学校教育工作的配合、协调,反映家长的意见、建议等,加强家校教育的同步发展,为建设好学校出谋划策。

3.成立督导组,发挥其督导作用:听取学校工作介绍以及有关部门工作汇报,发挥对学校工作的检查、督促和协调作用,协助学校全面贯彻教育方针,促进办学质量的全面提高。

4.创建家长义工队伍,发挥家长义工作用,提高家校共育质量,如指导师生劳动;为学生春游、秋游提供交通车辆;组织师生参加社区活动等。

第六章　奖　励

为充分调动广大家长参与学校民主管理的积极性,最大限度挖掘家长教育潜能,逐步形成全社会关注教育,全社会关心未成年人健康成长的局面,学校将在每年教师节表彰一批支持、理解学校工作,教子有方的模范家长并为其颁发荣誉证书。

第七章　附　则

在工作过程中,家委会可根据实际情况对本章程进行必要的修订。

家长会方案

一、会议目的

1.通过家长会,让家长了解学生半学期以来在校期间的情况,促进家校沟通。

2.引导家长全面了解、分析孩子,采用正确有效的家庭教育方式,提高教育的针对性,培养学生好习惯。

3.加强家校联系,强调家校共育,形成教育合力,促进学生健康成长。

4.让家长了解学校的教育教学及管理工作,对学校作出全面的评价,并提出合理的意见和建议,帮助校方改进学校的工作。

二、会议时间及年级具体安排

1.召开时间。（略）

2.1、6、9年级,先进行年级集中展示或集中会议,然后分班到教室开展班级家长会。

3.1~6年级××日上午家长会结束后,学生放周末假,7~8年级下午家长会后放假,9年级××日上午家长会结束后放周末假。

三、会议准备

1.学生处提前一周用校迅通发通知,告知家长开会的时间、地点等相关事宜,同时班主任向学生讲解家长会的有关要求,并通知学生的父母准时参加。

2.分班家长会程序建议

（1）教室布置:在墙上展示班级文化建设方面的内容,以及学生的作品;保持图书角的整洁,整理书籍;将桌凳摆放整齐;照顾好教室内或外的绿色植物;课桌上整齐摆放学生的作业。

（2）班主任向家长汇报怎样开展班风学风的建设,开展了哪些活动,获得了哪些成效。（此部分应用PPT的形式展示,图文并茂）

（3）班主任通过"十个好习惯"向家长进行"如何培养学生良好的习惯"的引导,表扬班级学生中的好现象,指出家长教育中的一些误区和不良做法。

（4）班主任、任课教师和生活教师与家长单独交流。（主要谈学生的进步和好的变化

方面,谈缺点时多用希望的口吻)

　　3.班主任可根据实际情况酌情考虑下列会议形式

　　(1)任课教师讲话。

　　(2)学生代表讲话。(5分钟内)

　　(3)家长代表讲话。(5分钟内)

　　(4)学生节目表演。

四、工作分工

　　1.会议督促

　　各年级分管领导及年级组长分别检查、督促所分管年级家长会的准备和开会情况,督促任课教师和生活教师到教室与学生交流。

　　2.其余分工

　　(1)学生礼仪队:由××负责,安排地点

　　(2)指示牌:××

　　(3)家长车辆调度及安全:××

　　(4)音响、多媒体布置:××

　　(5)摄影:××(负责集中会场和各班分会场的片段摄影)

第三章　体艺活动方案

"新时代的精彩少年"校园体育艺术节活动方案

一、活动目的

1.贯彻落实党的十九大和习近平总书记重要讲话精神,践行社会主义核心价值观;

2.丰富校园文化建设,张扬学生个性,营造积极向上、和谐健康的校园文化氛围;

3.以艺促智,以艺载德,以艺激情。

二、文化艺术节的主题

新时代的精彩少年。

三、活动时间

四、活动内容安排及组成人员

1.总安排

(1)篮球比赛:约2个月

(2)艺术节开幕式、运动会:约2天

(3)美术、声乐、舞蹈、合唱比赛:约1周

(4)礼仪操比赛:1天

(5)艺术节闭幕式:1天

2.具体安排

(1)体育艺术节开幕式

内容:艺术节开幕式、运动会

时间:约1周

人员安排:德育处、体育组、艺术组

(2)美术比赛

内容:收集评审美术作品并展出

时间:约1周

人员安排:美术组

评奖:获奖作品由学校艺术节组委会颁发奖状并参加展览。

(3)歌唱、舞蹈、合唱大赛决赛

内容:负责校园歌唱、舞蹈、合唱比赛的组织实施。

时间:略

人员安排:音乐组

参赛对象及比赛要求:3~8年级学生按各年级比赛内容报名,由班主任负责上报,比赛现场不予报名;参赛班级要经过初赛选拔,且每班最多报1个节目;报名时应确定节目内容(歌曲伴奏、舞蹈配乐),现场比赛时不能对其进行更改。

报名截止时间:活动前两周,并于(活动前一周)上午课间操时到校团委办公室抽签,逾期视为弃权。

报名地点:校团委会

比赛地点:略

比赛时间:略

评奖办法:按年级分别评出一等奖一名、二等奖一名、三等奖若干名,并筛选其中的部分节目参与文艺晚会演出。

(4)礼仪操比赛

内容:礼仪操

时间:略

人员安排:体育组

(5)艺术节闭幕式

内容:元旦文艺汇演、比赛颁奖典礼

时间:略

人员安排:德育处、艺体组

(6)主要负责人(选拔节目并落实培训)

××(主要负责歌唱类节目,包括校歌大合唱)

××(主要负责舞蹈类节目)

××(主要负责乐器类节目)

××(主要负责语言类节目)

体育组(主要负责整队、现场布置)

节目单由音乐组协商形成,并上报团委会,最终由组委会审定

演出保卫:由保卫处另行制订方案

五、活动要求

1.人人参与,班级为主,明确分工,周密筹划,各负其责。在闭幕式暨元旦文艺晚会初选中,每班至少要选送 1 个节目参加。

2.充分挖掘学校的现有环境资源,积极营造校园体育文化艺术节的氛围。(可通过班级黑板报、学校宣传橱窗、广播等实施)

3.充分发挥班主任和学生干部的工作积极性,以校园体育文化艺术节为契机,提高学生会和各班级的管理水平。

4.充分发挥教师和学生特长,提倡以个人的才能为校园体育文化艺术节增添光彩。

5.严格按照学校安排的时间地点,开展活动。

6.各班级要积极支持和推荐学生参加各项活动(包括辅导和排练),服从学校的整体安排。

7.正确处理学习与开展活动的关系,保障正常的教学秩序。

8.各职能组应注意各项材料的收集,活动结束后将其上交团委会建档。

亲子趣味活动方案

一、活动主题

"健康体育,积极向上,顽强拼搏,展示自我"

二、比赛项目

1.3 分钟跳长绳

比赛规则：班主任、生活教师、全班同学、家长进行"8"字跳长绳，在规定的时间内的成功的跳绳个数将决定比赛成绩。

时间：20 分钟。（10:30—10:50）

参赛人员：班主任、生活老师、全班学生、全体家长。

器材：长跳绳 10 根。

负责教师：体育教师 8 人加部分其余学科教师。

2.投掷"手榴弹"

比赛规则：在场地的固定位置摆放两个投掷点，起点和端点各站 20 人，以接力的形式完成比赛。每个队员必须站在固定投掷点把"手榴弹"投入筐筐，直到投进为止，然后将手榴弹捡起，交给下一个队员进行接力，完成时间最短班级获胜。

时间：20 分钟。（10:50—11:10）

参赛人数：家长 20 人、每班学生 20 人。（男女各 10 人）

器材：呼啦圈 20 个，投掷物 12 个，筐筐 10 个。

负责教师：体育教师 8 人加部分其余学科教师。

3.企鹅漫步

比赛规则：每班参赛人数为男女各 10 人，家长 20 人。场地两端各站 20 名选手，选手需迎面而站，以企鹅的行走方式走路，比赛口令发出后，排头的参赛者运球至对面的人手中，接力后对面的同学再将球运回来，如此依次进行，全部人员先完成比赛的班级获胜。如果球在中途掉落，需将球捡起，并返回至掉落点继续运球，犯规者需在总成绩上加 5 秒。（1~3 年级采用腋下夹球的方式运球，4~8 年级采用双腿夹球的方式运球）

时间：20 分钟。（11:10—11:30）

参赛人数：家长 20 人、每班学生 20 人。（男女各 10 人）

器材：软排球 20 个。

负责教师：体育教师 8 人加部分其余学科教师。

三、注意事项

1.可参与亲子活动的家长人员：父母、姐姐、哥哥。

2.服装要求：尽量穿运动装，参加活动时不能穿高跟的鞋子。

3.要求家长注意规则，给孩子树立榜样。

"体育艺术节开幕式暨冬季田径运动会"方案

一、活动目的

1.通过举办运动会，学生能体验到运动的快乐，懂得生命在于运动的道理。

2.培养学生团队意识、竞争意识、合作交流能力、创造能力，使其养成科学、健康、高雅的运动习惯。

3.增强学生的自尊心、自信心,使其具有乐观向上的阳光心态,争做精彩少年。

二、活动主题

"我运动、我精彩、我快乐"

三、组委会(略)

四、组织流程

1.准备阶段

(1)体育组、音乐组做好前期准备工作并进行汇报。

(2)学生处对活动进行宣传,各班组织班会,提高学生对运动会的认识,使其了解运动的意义,并强调运动会期间的安全问题,鼓励、组织学生报名。

(3)后勤准备。

2.实施阶段

(1)时间:略。

(2)地点:略。

(3)参加人员:全体师生。

3.流程

(1)运动员入场并进行班级文化展示评比。

(2)学校领导致词。

(3)运动员代表宣誓。

(4)裁判员代表宣誓。

(5)领导宣布运动会开始。

(6)调动学生站位后进行艺术团舞蹈、跳绳队展示。

(7)5~9年级退场。

(8)1~4年级礼仪操比赛。

4.运动会项目设置及工作人员安排

五、总结反思阶段

1.全校总结;(由体育组进行)

2.班级总结;(班级开会总结)

学 生 处
×年×月×日

"小学男子足球队友谊赛"方案

一、活动目的

1.进一步促进学生与老师之间的交流。

2.培养与激发学生的团队意识。

3.提高校园足球氛围,增强我校的足球竞技水平。

二、承办单位

××足球俱乐部

三、活动组织

1.参加队伍

(1)本校小学男子足球队

(2)某俱乐部小学男子足球联队

每支参赛队人数为 12 人,比赛采用 5 人制。(其他要求和五人制足球赛比赛要求相同)

2.比赛地点(略)

3.比赛时间(略)

四、具体比赛流程

1.主裁宣读比赛规则、比赛流程,并宣布双方队员入场。

入场仪式:

(1)主裁拿球携边裁出场;

(2)双方队员入场并行至中场后,以主裁为中心向两边依次排开站好(校方人员对其进行拍照);

(3)主持人宣布首发名单;

(4)双方队员依次握手;

(5)双方队长与主裁、边裁握手并挑边,学生、老师与队伍合影。合影完成后由主裁吹哨宣布比赛开始。

2.正式比赛。

比赛由两节组成,上下半场两节各 20 分钟,中间休息 10 分钟。

3.比赛退场。

双方队员携手向教练致敬。

五、注意事项

1.比赛过程中对方队员应注意自我保护,避免踢球的动作幅度过大(例如抬脚过高、铲球等)。

2.比赛规则:比赛除特殊说明外,一律采用国际足球竞赛规则及相关规定。

3.活动组织部门:学生处。

4.主要负责人:××。

六、赛前准备

1.足球 3 个。

2.哨子 3 个。

3.裁判服 3 套。

4.角旗 4 面。

5.边裁旗 2 面。

6.红黄牌各一张。

7.折叠伞 3 把。（可四面支撑型）

第四章　生活养育课程以及
展示方案

※生活养育课程方案

高年级女生青春期健康教育活动

一、活动时间（略）

二、活动地点（略）

三、活动组织

生活部。

四、参加人员

6~7 年级女生。

五、活动目的

根据学生情况，开展青春期心理和生理健康教育活动，向学生宣传青春期生理卫生常识，教给学生减轻心理负担的方法。

六、活动内容

青春期生理健康讲座、青春期心理健康教育。

（一）对学生进行青春期生理卫生教育

教育内容为：青春期生理特征；月经期生理卫生；如何选择卫生巾；月经期体育运动与保健；宣传"四自"精神；回答学生提问。

（二）对学生进行青春期心理健康教育

教育内容为：正确看待青春期生理变化；正确看待青春期异性交往；如何减轻过重的精神压力；如何解决自己遇到的心理问题。

小学一年级学生生活养育课方案

一、指导思想

小学一年级学生刚刚进入小学，生活和学习上都有许多的不适应情况。为了缩短孩子从幼儿园生活过渡到小学生活的适应期，让孩子尽快适应小学生活，也为了让一年级每位授课教师能够踏实地将教学常规和良好的学习习惯教给学生，并让一年级学生有个良好的学习氛围，本校制订了一年级学生行为、学习、生活习惯观测点，通过学生的逐项练习，将教学工作扎扎实实落到实处，为学生今后的良好的生活、行为习惯打下扎实的基石。

二、现状分析

从幼儿园跨入到小学,学生的学习内容和方式有了很大的不同。一年级刚入学的孩子,对小学生活有新鲜感,有好奇心,但他们还摆脱不了对父母的依赖。他们不熟悉学校生活,不了解学校常规,好奇、好动、喜欢模仿、自控能力差是他们的特点,尤其是下课时,他们就像脱了缰绳的野马,不能做到文明休息,在校园不能做到与师生问好。针对这些情况,教师应该正确面对,积极指导,使一年级学生形成良好的行为、学习、生活习惯,为今后的学习奠定良好的基础。

三、教学内容

(一)文明礼仪

1.懂得向老师、同学主动问好,问候时要"一停、二立正、三问好"。(问好时,双脚并拢,脚跟要靠紧,脚尖要微微分开,两手臂紧贴裤缝)

2.进老师办公室要叩门,听到"请进"后方能进入,离开时应向老师说"再见"。

3.升、降国旗做到肃立(双脚并拢,脚跟、脚尖都要靠紧,两手臂紧贴裤缝)、挺胸、抬头,双目注视国旗,跟着伴奏唱国歌。

4.在家中碰到客人来访,接待要热情、周到,学会使用"欢迎光临""再见""下次再来"等礼貌用语。

5.不说谎话,不打骂同学。当同学忘带学习用品、摔跤、呕吐的时候,能帮助别人。

(二)生活习惯

1.早睡早起,起床、穿衣裤、系鞋带、洗漱、整理房间、整理书包。

2.吃饱饭,吃好饭,不挑食。早晚刷牙,每天洗脸洗脚,经常洗澡,经常剪指甲,穿戴整洁。

3.不早到校,上学不迟到,放学及时回家,不绕路,不贪玩,不在路上打闹。

4.节假日按照活动时间表,学习、休息、玩乐,按照家长和老师的要求看电视。

5.在家帮助家长做力所能及的事。

(三)节约水电

1.用水时依次排队,做到即用即开,树立节约意识。若看到水龙头未关,能主动关上。洗完手后用手帕将湿手擦干,不将水甩在地上。

2.教室内无人时,做到随手关灯、关电扇等,爱惜公物。

四、训练措施

1.每周安排一个教学重点。

2.以鼓励教育为主。

3.请家长协助教育。

4.严格要求,常抓不懈,持之以恒。

"珍爱自己 健康成长"——世界卫生日活动方案

一、活动背景

每年的 4 月 7 日,世界各地人们都会举办各种活动,以此来强调健康对于劳动创造和幸福生活的重要性。作为学生,增强卫生保护意识,爱护地球环境,是我们义不容辞的责任。

二、活动目的

通过不同年级开展的知识讲座,让学生们学习卫生健康知识,学会科学锻炼、健康饮食。促进学生珍爱自己,健康成长。

三、活动主题

"珍爱自己 健康成长"

四、活动对象

1~9 年级全体学生

五、活动安排

1.针对 1~4 年级的学生,开设春季疾病预防知识讲座;

2.针对 5~9 年级的学生,开设青春期健康知识讲座。

安全疏散演习方案

一、活动目的

1.安全疏散预案以安全第一,预防为主为原则,目的是使师生们在遇到紧急情况时能够接受统一指挥,及时有效地整合人力、物力、信息等资源,迅速实施有效的组织,避免现场的慌乱无序,防止贻误时机和现场失控,最大限度地减少人员伤亡和财产损失。

2.开展安全疏散演习,提高师生应对紧急安全事故的能力,使师生知道在安全疏散时要注意的事项、疏散的路线,为日后可能发生的安全事故提供应对的经验。

二、活动时间(略)

三、演习地点(略)

四、演练组织机构及职责

组　　长:校长。

副组长:副校长、安稳办主任、学生处主任。

组　　员:各行政、各班主任和任课教师。

职　　责:全面负责指挥协调紧急突发事件的处置工作;根据实际情况及时发布命令,启动方案。

现场指挥:副校长。

五、注意事项

1.疏散过程要求安全第一、最大限度地减少人员伤亡和财产损失。

2.疏散过程要注意秩序,不能相互拥挤。尤其是在上下楼梯和下操场梯子这一环节,各班主任一定要做好学生教育工作。师生不能跑,只能快走,不能推撞,不能中途停下,不能中途朝反方向走。如果出现中途有人倒下的情况,其他师生一定要避让。同时,严禁高声喧哗、故意惊叫等不当行为。

3.在疏散的过程中,学生不能手拉手地进行撤离,同时眼睛必须看着路,避免摔倒。

4.各班原则上按预定的路线进行疏散,班级与班级的通行路线不应相交叉。

5.上课时,若任课教师听到疏散的命令,应立即打开教室门,组织学生开始疏散。此时,组长带队带领学生撤离,撤离时尽量用手护住头部。学生开始撤离时,任课教师应站在教室门口附近,防止学生在教室门口拥堵踩踏。当学生全部撤离教室后,任课教师方可随后跟进撤离。

6.任课教师和班主任为班级的直接负责人,要稳定学生情绪,教育学生撤离时保持冷静,各重点区域负责人为本区域的直接责任人,应随时提醒学生注意安全,及时制止不安全行为。

7.各班主任为学生教育的直接责任人,各班主任应提前做好宣传与注意事项教育工作。分别组成安全疏散小组,8~10人一组,设有小组长。

六、情境模拟

教室突然起火,学校进入紧急状态,要求疏散全体学生。

七、演习程序

1.10:15,全体班主任和任课教师到达指定位置。小学部:××负责,中学部:××负责。

2.10:20,由学校统一发出紧急疏散信号,信号为警报声和广播。播音负责人:廖杨琴(附广播内容:"老师们、同学们注意,学校现在发生紧急情况,请全体师生按照学校安排的行走路线,有序迅速地撤离到学校的大操场,在指定地点站立,请务必听从指挥,不要惊慌!"。)警报声:××负责。

3.信号发出后班主任和任课教师负责组织学生在教室外整队,学生安全有序到操场指定地点后,负责人立即清点班级人数。若发现缺少人员,立即查找,并将结果及时向现场指挥报告。(报告顺序:体育委员→班主任或科任老师→现场指挥)。操场负责人:小学部××,中学部××。

4.信号发出时,体育老师点燃烟雾弹。小学部烟雾弹由雷中伟、冉海渝点放,中学烟雾弹由繁星、戴禹豪点放;其同时承担寝室出口的护导任务。(注:烟雾浓浓度适中,能看清道路。出口应配应急灯)

5.总结。

八、疏散路线安排

注意:撤离的班级不能堵在安全出口。

九、人员安排:维持秩序的人员名单。

十、其他事项

从即日起,假如发生安全事故,应按本次方案进行紧急疏散。

"保护环境 爱我家园"周末托管活动方案

一、活动目的

通过环保活动,帮助学生树立和巩固绿色环保意识,进一步优化、美化校园环境,进一步督促学生的环保行为,并且使周末留校学生带动其他住校学生,争创环保、绿色校园。

二、活动名称

"保护环境 爱我家园"

三、参加人员

全体留校学生。

四、具体方案

1.学生做完作业后,由值班老师带领开展"保护环境 爱我家园"活动。(清扫校园)

2.活动内容:老师将留校学生分成三个组,并设置小组长。然后组长对组员进行知识教育,号召组员开始活动。各组进行已分配好的不同任务,如"花草保护神""树林小园丁""公共清洁工"等。完成任务后,组长、组员分享体会(活动感受)。

五、活动时间(略)

六、公益劳动活动地点

校内。

"包抄手"周末托管活动方案

一、活动目的

1.丰富学生的周末托管生活,增进学生间情感。

2.让留校学生有家的温暖,增强其凝聚力。

3.让学生更好地体验到从制作到品尝抄手这一传统美食的过程,使学生在紧张学习之余,丰富生活并缓解压力。

二、活动主题

"包出颗颗炙热心,品尝暖暖同学情"

三、活动时间(略)

四、活动地点(略)

五、参加人员及分组安排

1.参加人员为生活部全体值班生活指导教师及全校周末托管学生。

2.1~3年级组;负责人:生活老师。

3.4~6年级组;负责人:生活老师。

4.7~9年级组;负责人:生活老师。

六、活动注意事项

1.学生洗手后才能进入餐厅,各组学生按编号在生活老师带领下,进入餐厅并前往指定位置就坐。

2.所有活动工具及材料由食堂统一提供,每组配备一至两名食堂工作人员负责协助。

3.活动过程中,学生应服从生活老师管理,不随意在餐厅走动。

4.节约食材,杜绝浪费。

5.活动结束后由每组派学生代表分享活动感想。

"体验军营"周末托管活动方案

一、活动目的

1.让中小学生走进军营,了解军营生活,感受军营纪律和当代军人无私奉献、勤俭节约、不怕吃苦的品质。

2.培养孩子们的爱国主义精神,加强他们的国防意识,国家意识,民族意识,增强他们的纪律观念。

3.通过实践活动,培养学生自律、团结、合作、互助的精神。

二、活动时间(略)

三、活动地点:某部队(略)

四、活动负责:

组　　长:略。(生活部部长,负责整体调度)

副组长:略。

成　　员:略。

五、活动负责人的职责

1.外出活动前周密筹划,详细制订方案,应充分考虑到活动路途及目的地的安全因素,做好突发事件的应急准备。

2.出现突发事件时,领导小组要在最短的时间做出决策,采取相应措施。

3.突发事件得到控制后,及时向上级部门汇报并作好各项善后工作。

4.活动前做好对学生的安全教育、路队纪律及卫生习惯教育。

六、活动时间安排（略）

七、各年级负责人带队安排（略）

八、活动内容安排

1.部队领导介绍部队性质并对学生提出殷切期望。

2.学生参观军营和战士内务整理,学习整理内务。

3.整队返回学校。

九、活动要求

安全、文明、守纪、节俭。

（一）安全

1.队伍整齐,快速有序,不拥挤,保证队伍前后各有一名老师负责队伍的管理工作。学生不推搡打闹,老师要教育学生发扬团结互助的精神,关心爱护体质较弱的学生。

2.禁止学生大声喧哗,触摸公共设施。

3.学生应做到不独自活动,不玩危险游戏,一切活动均听值班生活指导教师的指挥,并服从生活指导教师的管理。

（二）文明

1.爱护花草树木,不攀枝折花。

2.不在军营里丢垃圾、杂物。

3.文明用语,不互相打骂。

（三）守纪

1.学生个人行为必须服从集体的安排、指挥,各年级进行以年级为单位的集体活动,学生不得私自活动。老师安排小组长分组管理,使学生有高度的组织性和纪律性。

2.学生应做到集合准时,一起返校。

（四）节俭

1.学生只能携带饮用水,不能带其他任何零食和玩具。

十、教师要求

1.教师应树立良好形象。（着装整洁、言谈举止文明）

2.树立服务意识,始终把学生安全放在第一位,关心学生的一举一动。

3.进部队前和返校前注意清点人数,回校时整队行进,并确保学生安全回家。

周末托管学生登山活动方案

一、活动目的

1.通过踏青登山活动,让学生走向美丽的大自然,开拓视野,增长知识,亲近自然、感受生活,进一步感受大自然之美。

2.让托管学生在春意盎然的季节里放飞心情。

二、活动主题

"寻找春天 感受大自然"

三、活动方案

（一）时间

（二）活动地点安排

（三）人员安排

学生周末托管活动安全工作领导小组

组长:略;联系电话:略。

组员:相关楼层值班生活老师。

四、活动计划

（一）安全教育

1.排队行走安全

学生的一切行动听从老师指挥,学生紧跟队伍,不掉队,在队伍中行走不喧哗,不拥挤,不吃东西。

2.游玩安全

（1）不玩水,不去水池边玩耍,不攀爬石头,树木;

（2）不钻草丛、树丛,不触摸电线,不做危险游戏;

（3）在老师视线范围内活动,不得随意离开,有事离队要向老师请假并结伴而行。

（二）文明教育

1.在来回路途中要注意交通文明,不乱穿马路,走人行道和斑马线。

2.在游玩过程中要注意卫生文明:不乱丢废弃物,垃圾应扔在自己带的塑料袋里,离开休息地时,要搞好卫生。

3.在游玩过程中要注意语言文明:不讲脏话,不大声喧哗;如有游客询问要热情地回答。

4.在游玩过程中要注意行为文明:不追跑打闹、不损坏公共财物,在游玩过程中做到文明、安全。

※课程展示方案

课程建设展示周活动方案

一、活动目的

1.通过活动,建立学校、教师、学生和家长的联系。让家长走进校园,走进课堂,了解学校办学思路和教学现状,了解课堂教学改革动向,了解学生在校表现,学习教育孩子的有效教育方法。

2.通过活动,进一步提高教师素质,促进教师对教材的精准理解和把握,进而提高课堂效率,促进校本教研实效化,促进教师走专业成长的道路。

3.通过活动,进一步规范学生的行为习惯。教育、引导学生积极学习,文明活动,使其学会与人交流,学会展示自我,进而提高学生的自信心。

二、领导小组

组　长:校长。

副组长:副校长。

成　员:略。

三、工作小组

组　长:副校长。

副组长:工会主任、教务处主任。

成　员:各部门领导、教研组组长、备课组组长、1~8年级的班主任及生活教师。

四、主要展示内容

1.学科特色活动。

2.课程建设情况。

3.家长课堂。

4.课堂教学展示。

5.教师常规工作以及精神风貌。

6.校园、楼道、班级文化建设。

五、活动时间

共计5天,具体时间略。

六、活动具体安排

时间	年级	内容	展示学科及内容	地点	蹲点行政
	全校	1.开幕式; 2.中小学课间操展示。	中小学体育	足球场	
	5~6年级	展板展示、亲子运动会、课堂展示、学科活动展示、家长课堂等。			
	7~8年级	同5~6年级	中学语文、数学组 中小学英语组	C楼礼堂	
	1~2年级	1.小学生入队仪式; 2.其余同五六年级。	书法组 小学数学组	足球场及周边	
	3~4年级	同5~6年级	美术组 科学组	足球场及周边	

时间	年级	内容	展示学科及内容	地点	蹲点行政
	1~8年级	闭幕式(颁奖、汇报演出)	团委	足球场	
	幼儿园	六一文艺汇演	幼儿园		

七、开放周启动仪式内容及要求

以各班课程展示入场式的形式举行,详见附件《开幕式活动方案》。

八、分年级、分学科展示

1.动态展示

(1)课堂展示:各学科确定并安排至少一名教师上公开课。

(2)课程展示:在课程标准的指导下,教师根据各学科的各学段特点以及实际课程实施情况,分学科确定展示内容。

(3)一分钟班级展示视频录制。(以班级学生参与课程为主要内容,该视频用于闭幕式)

2.静态展示:以教研组、备课组为单位布展,具体要求由各组自行规定

(1)序言。(学科特色课程介绍)

(2)体现学科特色的课程成果。

(3)每个小组布置规格为"宽4米,高2米"的展板。

3.学科

4.展示时间节点

	时间	内容	注意事项	负责人/部门
准备阶段	约2周	确定并设计静态展示内容,设计稿交科研处。如自己不能设计,将展示内容分版块后传至科研处。	1.桁架尺寸:2米×4米,如有特殊要求提前向科研处申请。2.展示内容全部用喷绘制作,如无法用喷绘,可采用扫描或照片手段处理。	教研组长备课组长
	约2周	各班排练入场式	注意展示形式应与课程相关。	班主任
	约2周	班级1分钟展示视频录制,视频最迟于活动前一周交至科研处	清晰度越高越好。	班主任
	约2周	教师精心备课,准备家长听课事宜。	注意展示时可能出现的问题。	教务处相关教师
	约2周	分学科彩排	具体时间见当天通知。	科研处
	1天	喷绘静态展示内容		办公室

	时间	内容	注意事项	负责人/部门
实施阶段	8:00—8:50	礼仪队接待家长	大校门处安排8人、中门处安排4人、操场入口处安排4人。	年级组长
	8:50—10:20	课堂展示、学科活动展示	展示地点见教研组方案,注意板凳等物资的管理。	分管领导
	10:30—11:30	亲子运动会		
	11:30	家庭午餐	注意食堂卫生及菜品安全。	后勤处
	12:00—13:00	家长会	各班分别进行。	学生处
	13:00—14:20	家长个别交流	各班分别进行。	

九、闭幕式活动内容及要求(略)

十、工作具体分组

1.宣传组

总负责:工会主席。

成　员:办公室人员、招生办人员。

工作内容	负责人	完成时间
1.拱门、横幅、展牌的制作,本次活动指南的制作。 2.资料袋制作(校刊校报、办学成果宣传册等)。 3.现场摄影、摄像。		
1.闭幕式引导员培训:服装、授带、礼仪、路线等。 2.本次活动现场主持词的撰写和主持。		
1.宣传资料的封装、发放。 2.现场宣传物资的准备:条桌。(摆放宣传材料)		
1.校长致辞。 2.宣传片制作。(以去年课程展示周活动为主线) 3.撰写邀请函,邀请教科院、南岸区领导、媒体、网站等参加活动。		

2.后勤保障组

总负责:后勤处主任。

成　员:略。

工作内容	负责人	完成时间
1.协助宣传组做好拱门、横幅、标牌、标语、展牌、彩旗、背景、指示牌、主席台、红地毯等的布置工作。 2.桁架租赁与现场搭建。 3.配合广告公司进行现场布置。 4.展示活动相关物资的采购。		
现场音响设备以及 LED 设备控制、配合等。		
1.教师车辆停放和来宾车辆停放的预案以及现场指挥。 2.活动场地警戒线的设置。 3.保安活动着装以及礼貌用语培训。 4.其他安保工作。		
1.校园内公共场所的保洁。 2.校园花草植物的修剪整理。		

3.颁奖组

总负责:团委。

成　员:略。

工作内容	负责人	完成时间
1."精彩儿童"及"精彩少年"奖杯设计与制作。 2."精彩儿童"及"精彩少年"颁奖流程设计。 3."精彩儿童"及"精彩少年"颁奖主持人培训以及主持词撰写。		
根据需要进行视频剪辑与制作。		
1.根据需要进行音乐的准备工作。 2.节目音乐调试及背景制作。		
全校集体展示与颁奖活动的衔接彩排。		

4.规范督查管理组

总负责:校长。

成　员:各行政、年级组长、班主任。

(×月×日下午检查)

项目	内容	要求	负责人
常规管理	学生常规	1.完成教室、宿舍、包干区等场所的保洁工作,确保这些区域无纸屑、包装袋等杂物,地面、墙面、玻璃窗等干净明亮。 2.物品(课桌内)摆放整齐有序,教室环境布置得美观,能体现班级特色。 3.学生注意文明礼仪,戴红领巾,学生统一穿校服。	
	教师常规	1.保持办公室、办公桌的干净,物品摆放有序,环境优美自然。 2.热情对待家长和来宾。 3.确保学生不在展览区追逐打闹。	
	后勤常规	1.门卫安保人员规范管理。 2.保持保安室的卫生整洁,做好进出人员的登记等。 3.校园保洁人员规范管理,自觉维护校园公共卫生。 4.使教师、家长的车辆停放有序,外来车辆应停在大门以外。	

课程展示周日程安排表

日期	来访年级	时间	具体安排	展示场地	负责人	组织管理
×月×日 (周一)	5~6年级	08:00—08:35	开幕式	足球场	××	组长:×× 副组长:×× ×× 主持人:××
		08:40—08:50	集体篮球展示	足球场	××	
		09:10—10:00	亲子运动会	足球场	××	
		10:20—10:50	中学部疏散演练	足球场	××	
		10:50—11:30	养育课堂	教室	××	
		11:40—12:10	亲子午餐	小学部食堂	××	
		13:00—14:00	集中家长会(会上有两个表演节目)	C楼礼堂	××	
		14:20—16:20	分班家长会	各班教室	××	
×月×日 (周二)	7~8年级	08:00—08:45	生活技能展示	操场	××	组长:×× 副组长:×× ×× 主持人:××
		08:50—09:05	口风琴表演	操场	××	
		09:10—10:00	亲子趣味运动会	操场	××	
		10:20—10:50	中学部疏散演练	教室—操场	××	
		10:50—11:30	养育课堂	教室	××	
		11:40—12:10	亲子餐	食堂	××	
		13:00—14:00	集中家长会(会上有两个表演节目)	C楼礼堂	××	
		14:20—16:20	分班家长会	各班教室	××	

续表

日期	来访年级	时间	具体安排	展示场地	负责人	组织管理
×月×日（周三）	3~4年级	08:00—08:45	生活技能展示	操场	××	组长:×× 副组长:×× ×× 主持人:××
		08:50—09:05	礼仪操	操场	××	
		09:10—10:00	亲子趣味运动会	操场	××	
		10:20—10:50	小学部疏散演练	教室—操场	××	
		10:50—11:30	养育课堂	教室	××	
		11:40—12:10	亲子餐	食堂	××	
		13:00—14:00	集中家长会（会上有两个表演节目）	C楼礼堂	××	
		14:20—16:20	分班家长会	各班教室	××	
×月×日（周四）	1~2年级	08:00—08:45	朗诵	操场	××	组长:×× 副组长:×× ×× 主持人:××
		08:50—09:05	生活技能展示、"穿衣接力"	操场	××	
		09:10—10:00	入队仪式、亲子趣味运动会	操场	××	
		10:20—10:50	小学部疏散演练	教室—操场	××	
		10:50—11:30	养育课堂	教室	××	
		11:40—12:10	亲子餐	食堂	××	
		13:00—14:00	集中家长会（会上有两个表演节目）	C楼礼堂	××	
		14:20—16:20	分班家长会	各班教室	××	

第五章　春秋研学旅行方案

※春季游学方案

2016 年春季游学——"厨艺展示,劳动光荣"活动方案

一、活动目的

1.丰富学生课余生活,陶冶学生情操,让学生感受春天之美,感受劳动之乐。

2.培养学生实践能力,加强学生的集体意识,增强其爱国精神。

二、活动地点(略)

三、活动内容(略)

1.参观度假村景区。

2.野炊(包括磨豆浆、包饺子、炒菜、做饭、烧烤等),以班级为单位进行厨艺比赛。

3.集体游戏、集体播种。

四、活动时间流程

6:30   起床、洗漱、早餐

7:00—7:20   集合出发

7:20—9:30   乘坐大巴车到达目的地

9:40—11:00   乡村体育大串烧(疯狂指压板、滚铁环大赛、袋鼠跳)

11:20—14:20   乡村大野炊(包饺子、做饭、磨豆浆)

14:30—15:20   春的播种

15:40—16:00   集体照相留影

16:00   结束返校

五、收费标准

×元/人。(含活动中所用道具、交通费、保险费、午餐等)

六、人员安排

(一)带队行政人员以及跟班、带队老师安排(附后)

其他任课教师、职员和工人可自愿报名活动并结合学校情况随班参加,参与活动的人员需协助管理班级学生的纪律和安全。

(二)随队医生

(三)摄影以及报道

1.班主任负责本班学生的活动摄影。

2.活动结束后班级收集有关活动的征文,优秀征文将在栏目媒体及学校内刊上发表。

3.中学部由××负责,小学部由××负责。

(四)安全保卫

每天安排一名保安随行。

七、活动注意事项

1.采取学生自愿参加的原则,不强制学生参与本次活动。

2.活动开始的十天前,各班班主任将本次活动的形式和内容向学生或家长进行宣传,并于活动开始的一周前将班级参与秋游的学生名单、经费交至学生处。

3.本次活动,班主任、生活教师及安排参与的教职工须随班全程参与。

4.活动过程中,带队老师要随时注意清点学生人数,关注学生言行,防止意外的发生。

5.活动当天,学生需要穿校服、带班牌,全体师生需要穿休闲的衣裤、运动鞋。

6.活动过程中,活动老师每到达和离开一处活动场地时都要清点人数,并时时注意活动开展过程中的每个安全细节。

7.在活动过程中,老师要拥有基本的安全意识并掌握自护自救常识。

8.活动过程中,每位参与人员必须发扬团结协作的精神,遵循分工合作的原则,注意活动纪律,不得随手乱丢垃圾,随时注意个人形象及素质,确保此次活动顺利完成。

附:1.《关于安全事项的说明》

2.《带队行政以及跟班、带队老师安排》

春游活动安全事项的说明

一、活动场地安全

1.本次活动根据活动主题,精心挑选活动场地,活动前派工作人员踩点,与场地提供方详细了解场地基本情况、活动设施使用近况和安全系数。

2.根据场地情况,工作人员提供规划好的停车地点、组织开展活动的地点、就餐地点等。

二、交通运输安全

1.由正规合法的运输公司提供豪华空调大巴车接送参加活动的人员,做到不超载、不超速行驶、不违章行驶。

2.活动开始前,详细了解前往活动场地的交通路面情况,确保其符合车辆安全通行条件。

3.做好活动行车线路图,收集并保存相关人员联系电话,根据实际情况调整好停车地点。

三、活动组织安全

1.班主任、生活教师和相应的教职工须随班跟车,同时每人应携带一份活动安全联系表,让旅行社方知道每个环节所需的联系电话,以确保活动正常开展。

2.行车过程中,有序乘车,照顾好晕车的人员。

3.活动过程中,老师每到达和离开一处场地时都要清点人数,并时时注意活动开展过程中的每个安全细节。

4.在活动过程中,老师要拥有基本的安全意识并掌握自护自救常识。

四、饮食卫生安全

1.由正规合法的公司提供活动饮用水,保证水质卫生,饮水安全。

2.由旅行社提供活动的午餐,保证饮食卫生,不提供冷餐、不熟食品。

五、其他安全保障

1.各班均要拍摄相应的活动照片,在今后的家长会或班级展示活动中呈现。

2.活动过程中,每位参与人员不得随手丢垃圾,随时都应注意个人形象及素质。

3.活动过程中,每位参与人员必须发扬团结协作的精神,遵循分工合作的原则,积极配合负责人的工作,注意活动纪律,确保此次活动顺利完成。

4.活动过程中,全体人员需要穿休闲的衣裤,运动鞋。

5.活动过程中配备了随队医护人员,以确保顺利完成针对活动过程中出现的突发情况的应急医护救治。

带队行政人员以及跟班、带队老师安排。(其他任课教师、职员和工人可自愿报名活动并结合学校情况随班参加,参与活动的人员需协助管理班级学生的纪律和安全)

年级	行政负责人	年级负责人	班级	学生人数	班主任	联系电话	生活老师	联系电话	随班教职工	电视台老师	联系电话
七年级			七(1)								
			七(2)								
			七(3)								
			七(4)								
八年级			八(1)								
			八(2)								
			八(3)								
			八(4)								
7~8 年级:×年×月×日,学生×人,随行老师及教职工×人,保安×人,医生×人,共×人。											
四年级			四(1)								
			四(2)								
			四(3)								
五年级			五(1)								
			五(2)								
			五(3)								
六年级			六(1)								
			六(2)								
			六(3)								
4~6 年级:×年×月×日,学生×人,随行老师及教职工×人,保安×人,医生×人,共×人。											

年级	行政负责人	年级负责人	班级	学生人数	班主任	联系电话	生活老师	联系电话	随班教职工	电视台老师	联系电话
一年级			一(1)								
			一(2)								
			一(3)								
			一(4)								
二年级			二(1)								
			二(2)								
			二(3)								
			二(4)								
三年级			三(1)								
			三(2)								
			三(3)								
			三(4)								
1~3年级：×年×月×日,学生×人,随行老师及教职工×人,保安×人,医生×人,共×人。											

2017 年春季游学——"畅想春天,体验国防"活动方案

一、活动目的

1.让学生描绘春天的色彩,谱写春天的旋律,体验春天的诗情画意,讲述春天的故事,感悟春天里蕴含的哲理。

2.让学生全身心地投入到窗外的春光里,回归大自然,在烂漫春花旁,徐徐春风里,感受春天,畅想春天,享受自然之美,汲取大自然赐予的不竭力量。

3.增强师生之间的感情,加强师生之间的沟通,同时让师生在活动中感受春天的美好。

二、活动地点

1~5 年级:中央公园、两江国际影视城。

6~8 年级:铁山坪。

三、活动内容

1.1~5 年级的学生参观中央公园、两江国际影视城。

2.6~8 年级的学生参观铁山坪国防教育基地、登玉峰山顶、在酒店动手包饺子。

3.拓展游戏。

四、活动时间与流程

1~5 年级活动流程

6:30　起床、洗漱、早餐

7:20　集合出发

7:30—8:30　乘坐大巴车到达中央公园东二入口处,下车

9:00—11:00　到达大草坪,分班照集体照,分班做游戏

11:00　组织学生至中央公园东二入口处上车,然后乘车到两江国际影城

12:00　到达两江国际影城

12:30　午餐

13:00—15:30　学生分三路参观国际影城,带队老师为师生进行解说

15:30　走出国际影城,上车返校

16:30　到达学校

6~8 年级活动流程

6:30　起床、洗漱、早餐

7:20　集合出发

7:30—8:30　乘坐大巴车至铁山坪国防教育基地

8:30—9:00　在国防教育基地门口照集体照

9:00—10:00　参观国防教育基地,学生可以体验各项国防武器设施

10:00—11:00　坐车到玉峰山顶,可爬到山顶欣赏一览众山小的胜景

11:00—11:30　坐车到达铁山坪莲花湖酒店

11:30—13:00　学生自己动手包饺子,然后中午在酒店吃饭,除饺子外还有 10 人桌餐

13:00—13:30　午休

14:00—15:20　团队拓展游戏

15:30—16:30　从铁山坪返校

五、游戏内容

1~5 年级游戏内容

1.袋鼠赛跑

像袋鼠一样跳跃着通过草坪(保证气球夹在膝盖之间),到达草坪对面的终点线时,将气球传递给队友(不能用手碰气球)。交换气球后,队友夹着气球跳回起始线,将球交给下一位队友。

2.桃花朵朵开

全体学生围坐成圈,教师喊道:"桃花朵朵开!"学生集体问:"桃花几朵开?!"教师说:"桃花 3 朵开!!"学生立刻三人抱在一起(此处的"3"仅为举例,教师可根据在场人数喊任意数)。没能及时完成要求的同学需要集体表演节目。

3.自由活动

带队老师发放游戏道具,学生划分区域自由玩耍,玩耍道具为风筝、泡泡机、扑克。

6~8 年级游戏内容

1.拍七令

方法:玩家依次报数,当有人数到含有"7"的数字或"7"的倍数时,不许报数,其需要轻拍下一个人的后脑勺,然后下一个人继续报数。如果有人报错数或拍错人则需要表演节目。

2.大风吹

示例:全体玩家围坐成圈,主持人立于中央。主持人开始说:"大风吹!"大家问:"吹什么?"主持人说:"吹穿红色鞋子的人!"此时,凡是穿红色鞋子者,均要移动,另换位置,主持人此时可与穿红色鞋子的人争夺空位,没成功抢到位置的人成为新主持人,待所有人准备好后,开始下一轮。

七、收费标准

×元/人。(含活动中所用道具的费用、交通费、保险费、午餐费、光碟费等)

八、人员安排(略)

九、活动注意事项(略)

2018 年春季游学——"牢记历史,花海踏青"活动方案

一、活动目的

(一)熊猫宝贝亲子庄园

1.让学生们了解、体验民间绘画艺术,锻炼并提高学生们的动手能力以及想象力。

2.挑战孩子们的极限,增强学生的勇气,同时加深学生的团队凝聚力,让学生们在快乐中了解自然,在潜移默化中得到成长。

(二)南山植物园

1.花卉植物众多,是自然的活课本,学生可以亲近自然、了解自然知识,激发自己对生活的热爱。

2.针对学生年龄和植物园特点开发的拓展游戏可以培养学生的团队意识,增添活动趣味性,锻炼学生的身体素质。

3.南山植物园周围的重庆抗战遗址博物馆建立了以"历史与博物馆体验"为核心的课程体系,其具体包括两大领域、三个模块、五个主题、十五个项目的内容,借助多媒体教学和参观讲解授课,可以帮助学生更好地学习这段珍贵历史。

二、活动时间

×年×月×日(星期×):1~4 年级

×年×月×日(星期×):5~8 年级

(如遇下雨,另行通知时间)

三、活动地点

1~4 年级:熊猫宝贝亲子庄园。(重庆市巴南区南彭街道)

5~8 年级:南山植物园+抗战遗址博物馆。(重庆市南岸区)

四、场地介绍

(一)熊猫宝贝亲子庄园介绍

1.位于重庆市巴南区南彭街道,占地 500 余亩。

2.西部地区首座以少年儿童动手、体验、互动、亲近自然为主题而建的庄园,内有各项不同主题的娱乐设施及主题场馆。

(二)南山植物园和抗战遗址博物馆介绍

南山植物园是国家重点公园、重庆市青少年植物科普教育基地。植物园收集了大量中国亚热带低山植物种质资源,是集科普研究和园林艺术景观展示为一体的低山类观赏植物园。其大型温室更是汇集了全世界各大洲的珍惜植物,是学生们赏花访春,学习大自然知识的活课本。

重庆抗战遗址博物馆是南岸区爱国主义教育基地和第二批重庆市中小学社会实践教育基地,对抗战时期国民政府迁渝后在黄山办公期间的政治、军事、外交活动的研究具有极高的历史、文物价值。

五、活动任务

1.每个学生在游学过程中要细心观察、认真体验,实践结束后填写"游学记录卡"。

2.每个班在游学结束后用文字、照片、"游学记录卡"等做一张 4 开纸的手抄报并进行评比,每个年级设立一等奖一个,二等奖一个,三等奖若干。

六、具体活动时间与内容

1~2 年级

活动时间	活动流程	活动内容
7:00	集合、出发	师生前往学校操场集合并出发。
9:00	活动签到	1.庄园大门处签到; 2.熊猫星光剧场处集合,清点人数; 3.拍集体照。
9:30—10:00	团队破冰	1.无敌风火轮; 2.九宫格粘贴粑; 3.东南西北拉力赛。
10:00—11:00	多肉植物盆栽	孩子们通过多肉植物栽培实践活动,体验劳动的乐趣;在体验过程中观察,探究,提高动手能力,活动结束后可以把自己栽培的多肉植物带回学校继续观察。
11:00—12:00	传统造纸	了解传统造纸和现代造纸的方法,学习传统造纸的流程,通过传统造纸工具让孩子动手体验。
12:00—13:00	享用午餐	花曼谷餐厅内享用快乐营养桌餐。

活动时间	活动流程	活动内容
13:00—13:30	少年军事赛道	少年军事赛道挑战赛。
13:30—14:30	极限挑战	穿越丛林拓展活动。
14:30—15:30	沙池拓展接力	1.轮胎乐园大作战； 2.丛网迷宫计时赛； 3.挑战户外瑜伽球平衡接力赛。
15:30	快乐返程	安全回到学校,结束愉快的一天。

3~4 年级

活动时间	活动流程	活动内容
7:00	集合、出发	师生前往学校操场集合并出发。
9:00—9:30	活动签到	1.庄园大门处签到； 2.熊猫星光剧场处集合,清点人数； 3.拍集体照。
9:30—10:00	团队破冰	1.集体力量； 2.九宫格粘贴靶； 3.东南西北拉力赛。
10:00—11:00	多肉植物盆栽	孩子们通过多肉植物栽培实践活动,体验劳动的乐趣；在体验过程中观察,探究,提高动手能力,活动结束后可以把自己栽培的多肉植物带回学校继续观察。
11:00—12:00	扎染 DIY	孩子们体验扎染的魅力,体验到设计和制作的快乐。
12:00—13:00	享用午餐	花曼谷餐厅内享用快乐营养桌餐。
13:00—13:30	少年军事赛道	少年军事赛道挑战赛。
13:30—14:30	极限挑战	穿越丛林拓展活动。
14:30—15:30	沙池拓展接力	1.勇攀高峰竞技赛； 2.丛网迷宫计时赛； 3.挑战户外瑜伽球平衡接力赛。
15:30	快乐返程	安全回到学校,结束愉快的一天。

5~6 年级

活动时间	活动流程	活动内容
7:00	学校操场集合、出发	带队老师在车上讲解一天的学习细则及安全事项,并发放本次实践活动践行题单。
8:30—9:00	到达抗战遗址博物馆	整队,按 30 人一组分队,安排博物馆讲解老师,上厕所。

续表

活动时间	活动流程	活动内容
9:00—11:00	围绕四大主题课程展开,借助多媒体教学、参观讲解授课、课堂讨论、课外调查等多种方式,对学生进行课程教育。最后一个集体诵读环节将活动推向高潮。(要求学生带上纸笔,保持安静)	1.统一进行开始仪式(10分钟) 2.开始讲解课程(100分钟) 教学地点: (1)第1教学点——综合馆;(20分钟) (2)第2教学点——铁树;(20分钟,包含休息及学生前往卫生间的时间) (3)第3教学点——孔园;(20分钟) (4)第4教学点——云峰楼。(20分钟) 3.诵读仪式(10分钟) 各组人员走完综合馆、孔园、云峰楼、铁树园后,讲解老师将队伍带回光复纪念碑广场集中,并进行最后的诵读环节。
11:00—11:30	知识消化	学生集中在光复纪念碑广场以班为单位,根据所学知识做践行题单上与"抗战遗址博物馆"相关的问答题,巩固所学知识。
11:30—12:00	野餐	以班为单位在纪念碑广场午餐、休息,注意清洁卫生。
12:00—12:30	上车,前往南山植物园	带队老师D车上讲解游园注意事项。
12:30—12:50	下车整队,进园开始参观	检票、清点人数。
12:50—14:00	步行前往植物园展览温室进行参观	参观全国第二大植物温室里的沙漠奇观、亚热带珍惜植物、热带雨林植物等。
14:00—15:00	步行途经樱花园区,到达拓展游戏场地	沿途参观樱花、海棠花等花海,到达拓展场地后,由拓展教练组织进行拓展游戏。
15:00—15:30	集体照、赏花、步行回到公园大门	各班拍集体照,赏花步行回到大门口集合。
15:30	上车返回学校	返校后,在晚自习将本次践行题单中南山植物园的相关题目做完,并将题单交回班主任处。

7~8年级

活动时间	活动流程	活动内容
7:00	学校操场集合、出发	带队老师在车上讲解一天学习细则及安全事项,发放本次实践活动践行题单。
8:30—9:00	到达南山植物园,整队进园	检票进园,上厕所,整队前往园区展览温室。
9:00—10:00	带着问题参观温室,现场完成践行题单中的温室部分问题	参观全国第二大温室的沙漠奇观、亚热带珍惜植物、热带雨林植物等。

活动时间	活动流程	活动内容
10:00—11:00	步行途经樱花园区,到达拓展游戏场地	沿途参观樱花、海棠花等花海,到达拓展场地后由拓展教练组织进行拓展游戏。
11:00—11:30	集体照、赏花	各队拍集体照,赏花。
11:30—12:00	野餐	各队自行找合适区域进行午餐,注意清洁卫生。
12:00—12:30	集合、上车前往博物馆	各队前往园区门口停车场上车,带队老师清点人数,并在车上讲解博物馆学习注意事项。
12:30—12:50	下车进入博物馆	按30人一组分队,听博物馆讲解老师进行讲解。
13:00—15:00	课程讲解	(详细内容见上表)
15:00—15:30	知识消化,休息	学生在光复纪念碑广场集中,并以班为单位根据所学知识做践行题单上与“抗战遗址博物馆”相关的问答题,巩固所学知识。
15:30	上车返回学校	带队老师在车上收集学生践行题单,回校后交给班主任。

六、收费标准及明细(略)

七、人员安排(略)

八、安全注意事项(略)

2019年春季游学——“农耕文化,体验劳动”活动方案

为了加速推进我校的精致教育工作进程,形成学校的精致教育品牌,促进学校特色发展、整体发展、可持续发展,加强学生社会实践教育,特举办本次游学活动。

一、活动目的

通过农耕体验、做农家饭、操作农具、农耕文化长廊课程等,让学生从看、听、尝、动手等方面认识农耕文化,亲近土地,体验远离城市的乡村静谧,感受到大自然及生命的可贵与崇高。并培养师生间相互交流的能力,增强爱国主义意识。

二、活动时间

年×月×日(星期×):3~5年级。

年×月×日(星期×):1~2年级。

年×月×日(星期×):6~8年级。

(如遇下雨,另行通知时间)

三、活动地点

巴南双河镇乡村农耕文化主题园。

四、具体活动时间与内容

1~2 年级

时间	项目	主要内容	活动场地
8:30—9:30	到达农耕文化基地	举行研学活动开营破冰仪式，由当地非物质文化传承人熊老师为学生讲述双河口镇的乡镇文化历史演变，之后学生参观体验农具，走索道，亲身感受农耕文化。	乡村文化广场
9:30—10:30	农耕体验	一年之计在于春，学生在导师的指导下，自己动手，体验春季播种的乐趣，用实践体悟书本理论知识。	乡村大菜园
10:30—11:30	对抗式真人CS游戏	此真人CS场地是按照正规游戏真人CS场地标准修建，模拟真实战场体验。对抗式游戏不仅能让同学们感受到乐趣，还能让大家体验的勇气、信念、友情的力量。	CS场地
11:30—13:00	乡村农家菜（一年级）	餐食为两荤两素一汤，以乡村风味菜品为主，让学生品尝当地新鲜绿色蔬菜、自养家禽，从味觉感受农耕文化。	乡村大酒店
	乡村野炊（二年级）	大家统一领取食材，团队分工，共同做饭、烹饪美食。通过活动，首先让成员自己进行人员分配，意识到资源的合理分配的重要性；其次，大家齐动手生火制作美食，充分发扬大家的团队精神。	生态葡萄园野炊基地
13:00—13:30	午休，儿童乐园玩耍，其中有各类乡村儿童游玩设施。		儿童乐园
13:30—14:30	农耕文化手工DIY	五谷杂粮画：彩色的豆子寓意丰收的喜悦，辅导老师发放五谷杂粮及作画材料，指导学生制作一副属于自己的丰收画作。 传统爆米花：观看辅导老师现场制作传统爆米花，感受乡村传统习俗的快乐，并品尝爆米花的美味。	乡村手工坊
14:30—15:30	参观2000米竹谷水涧农耕文化故事长廊，喂养家禽	基地竹谷水涧"双河往事"农耕文化故事长廊收集了各类乡村农耕文物，学生可以实地参观了解重庆农耕文化演变；途中可以喂养当地家畜，近距离接近大自然，亲近动物，释放孩子天性。	竹谷水涧
15:30—16:00	集体照结束活动	拍集体照留下难忘瞬间，愉快返程，圆满完成本次研学活动，回校后完成研学总结。	生态停车场
根据天气或场地变化，以上活动流程可能会进行适当调整。			

3~5 年级

时间	项目	主要内容	活动场地
8:30—09:30	到达农耕文化基地	举行研学活动开营破冰仪式,由当地非物质文化传承人熊老师为学生讲述双河口镇的乡镇文化历史演变,之后学生参观体验农具,走索道,亲身感受农耕文化。	乡村文化广场
10:30—11:30	对抗式真人CS游戏	此真人CS场地是按照正规游戏真人CS场地标准修建,模拟真实战场体验。对抗游戏不仅能让同学们感受到乐趣,还能让大家体验勇气、信念、友情的力量。	CS场地
10:30—11:30	农耕体验	一年之计在于春,学生在导师的指导下,自己动手,体验春季播种的乐趣,用实践体悟书本理论知识。	乡村大菜园
11:30—13:30	乡村野炊	大家统一领取食材,团队分工,共同做饭、烹饪美食。通过活动,首先让成员自己进行人员分配,意识到资源的合理分配的重要性;其次,大家齐动手生火制作美食,充分发扬大家的团队精神。	生态葡萄园野炊基地
13:30—14:30	农耕文化手工DIY	磨豆浆、打糍粑:学生在辅导老师指导下动手体验磨豆浆、打糍粑,并品尝自己的劳动成果,感受乡村生活。 传统爆米花:观看辅导老师现场制作传统爆米花,感受乡村传统习俗,品尝爆米花的美味。	农家自助厨房
14:30—15:30	参观2000米竹谷水涧农耕文化故事长廊,喂养家禽	基地竹谷水涧"双河往事"农耕文化故事长廊收集了各类乡村农耕文物,学生可以实地参观了解重庆农耕文化演变;途中可以喂养当地家畜,近距离接近大自然,亲近动物,释放孩子天性。	竹谷水涧
15:30—16:00	集体照结束活动	拍集体照留下难忘瞬间,愉快返程,圆满完成本次研学活动,回校后完成研学总结。	生态停车场

根据天气或场地变化,以上活动流程可能会进行适当调整。

6~8 年级

时间	项目	主要内容	活动场地
8:30—09:30	到达农耕文化基地	举行研学活动开营破冰仪式,由当地非物质文化传承人熊老师为学生讲述双河口镇的红色革命故事,之后学生参观体验农具,走索道,亲身感受农耕文化。	乡村文化广场
09:30—10:30	对抗式真人CS游戏	此真人CS场地是按照正规游戏真人CS场地标准修建,模拟真实战场体验。对抗游戏不仅能让同学们感受到乐趣,还能让大家体验勇气、信念、友情的力量。	CS场地

续表

时间	项目	主要内容	活动场地
10:30—11:30	农耕体验	一年之计在于春,学生在导师的指导下,自己动手,体验春季播种的乐趣,用实践体悟书本理论知识。	乡村大菜园
11:30—13:00	集体野炊	集体野炊:大家统一领取食材,团队分工,共同做饭。通过活动,首先让成员自己进行人员分配,意识到资源的合理分配的重要性;其次,大家齐动手生火制作美食,充分发扬大家的团队精神。	生态葡萄园野炊基地
13:00—14:00	农耕手工DIY	磨豆浆、打糍粑:学生在辅导老师指导下动手体验磨豆浆、打糍粑,并品尝自己的劳动成果,感受乡村生活传统爆米花:观看辅导老师现场制作传统爆米花,感受乡村传统习俗,品尝爆米花的美味。	农家自助厨房
14:00—15:30	参观2000米竹谷水涧农耕文化故事长廊,农耕习俗学习写对联	由当地非物质文化传承人熊老师给学生讲解双河历史、习俗,并可看到农耕文物,了解重庆农耕文化演变及历史;了解对联文化,学习乡村对联基本知识,并根据当天活动感想,写一副自己的对联作为纪念。	竹谷水涧
15:30	集体照结束活动	拍集体照留下难忘瞬间,愉快返程,圆满完成本次研学活动,回校后完成研学总结。	生态停车场

根据天气或场地变化,以上活动流程可能会进行适当调整。

五、收费标准(略)

六、人员安排(略)

七、安全注意事项(略)

2021年春季游学——"红岩精神,代代相传"活动方案

一、活动目的

1.学习党史,组织师生祭奠红岩英烈,学习英烈为了崇高信仰不畏牺牲的红岩精神,感悟重庆红色文化,使师生体会到现在的幸福生活来之不易,坚守前辈初心,坚定永远跟党走的决心,做中华民族复兴的建设者。

2.铭记历史、展望未来,领略现代重庆城市发展魅力,激发和提高学生爱国主义精神。教师用园区丰富的项目和工作人员对机械原理深入浅出的讲解,使学生对机械原理产生强烈好奇心和积极的求知欲,推进学生科普素质教育深入发展。

3.在愉悦学生身心的同时,增强师生之间的感情,加强沟通,同时师生能在活动中感受春天的美好。

二、活动时间

×年×月×日(星期×):1~2 年级。

×年×月×日(星期×):3~5 年级。

×年×月×日(星期×):6~8 年级。

(如遇下雨,另行通知时间)

三、活动地点

重庆歌乐山烈士陵园、重庆欢乐谷学生研学实践基地。

四、具体活动时间与内容

时间	行程安排	备注
6:40—7:00	学生在学校操场集合整队,由各班导游带领出校门上大巴车。	要求全体人员按时到达
7:10—8:00	前往歌乐山烈士陵园,导游在车上发放矿泉水及小白花,介绍歌乐山烈士陵园景区,祭扫活动流程及注意事项。	强调安全及纪律
8:00—8:20	下车,负责人在红岩魂广场清点人数,拍集体照,上厕所。	
8:20—8:40	1.各班导游讲解红岩故事; 2.教官整队,带往烈士墓。	强调祭扫注意事项
8:40—9:00	前往烈士墓广场,全体师生整队,做好仪式准备	
9:00—9:30	解说员宣布祭扫活动开始; 解说员讲解烈士墓陵园基本情况,并宣讲 1 个红岩故事; 1 名学生代表宣读祭文;(根据实际情况而定,可取消) 2 名学生代表向烈士敬献花篮,并整理挽联; 所有学生、老师向烈士三鞠躬; 向烈士敬献小菊花,并绕墓一周瞻仰烈士墓。	仪式为烈士墓固定环节,经沟通,加入了给学生讲红岩故事环节
9:40—11:00	上车,前往欢乐谷学生研学基地。	可适当休息,补充体力
1~2 年级		
11:30—12:00 12:00—12:30	午餐 午休餐食为 2 荤 1 素 1 汤。 (按班级分批次用餐)	饭、素菜可添加
11:00—13:00 之间 (避开用餐时间)	体验"飞跃重庆"游玩项目,通过巨大的球幕营造的真实的代入感,感受长江三峡、喀斯特地貌、都市文化之美。 乘坐"重庆之眼"摩天轮。	
13:30—14:10	观看 4D 电影,感受观影过程中的环境特效,工作人员讲解 4D 电影原理,科普电影的起源、主要类型及相应特点。	
14:10—14:40	桑巴气球:迷你版的摇摆旋转系列游乐设施,将热气球和咖啡杯组合在一起,给予孩子们在乐园中的快乐。	
14:40—15:10	逍遥水母:有着五彩缤纷的水母造型的顶盖和漂亮的座舱,吸引了游玩者。	

续表

时间	行程安排	备注
15:20—15:40	太空蟹:螃蟹造型的座舱,沿着垂直轨道进行上下往复的连贯跳跃运动,令游客感受空间飞行跳跃的乐趣。	
15:45—16:20	儿童剧场:在"儿童剧场"和主人公"小美"及她的小伙伴们一起展开一段奇妙的海底冒险。	
16:30—17:30	组织学生返回学校。	清点好人数
3~5 年级		
11:30—12:00 12:00—12:30	午餐:2荤 1 素 1 汤。 (按班级分批次用餐)	饭、素菜可添加
11:00—13:00 之间 (避开用餐时间)	魔法骑兵:在轨道上穿梭于实景特效场景,并使用手中特制的武器,跟随剧情的发展消灭敌人; 体验"飞跃重庆"游玩项目; 乘坐"重庆之眼"摩天轮。	
13:30—14:10	观《山城风云》实景剧;了解红岩精神、重庆抗战历史;开展竞技大合唱《我和我的祖国》。	
14:10—14:40	DISCO:多彩的圆盘犹如一个巨大的舞池,伴随着动感的节奏,游客们蹦起欢快的迪斯科,疯狂转动、激情摇摆。	
14:40—15:10	狂野枪手:用全新的 7D 科技让游客体验到参演电影的乐趣,环境特效带来亲临现场的真实感,游戏者的竞技分数也将进行排名。	
15:20—15:40	弹跳车:赛车式座舱造型,变幻的灯光装饰,在上下飞旋的倾斜回转运动中,感受汽车追逐的快感,给人以轻松刺激的体验。	
15:45—16:20	矿山车:过山车穿梭在丛林峡谷之间,刺激又新鲜,高度及速度适中。	
16:30—17:30	组织学生返回学校。	清点好人数
6~8 年级		
11:30—12:00 12:00—12:30	午餐:2荤 1 素 1 汤。 (按班级分批次用餐)	饭、素菜可添加
11:00—13:00 之间 (避开用餐时间)	体验"飞跃重庆"游玩项目; 乘坐"重庆之眼"摩天轮。	
13:30—14:10	观《山城风云》实景剧;了解红岩精神、重庆抗战历史;开展竞技大合唱《我和我的祖国》。	
14:10—14:40	激流勇进:从 27 米的高度俯冲而下,给游客带来前所未有的一种新奇体验。	
14:40—15:10	翼飞冲天:侏罗纪时期的翼龙突然再现地球,摆动着巨大的双翼,穿梭在丛林峡谷之间。	

时间	行程安排	备注
15:20—15:40	霸王龙大草帽:坐上神奇的魔术草帽,带你感受一场神奇之旅。	
15:45—16:20	欢乐对对碰:碰碰车可爱多样的造型是每个人童年的回忆,疯狂的驾驶、激烈的碰撞、巧妙的躲避。	
16:30—17:30	组织学生返回学校。	清点好人数

五、收费标准(略)

六、人员安排(略)

七、安全注意事项(略)

※秋季游学方案

秋季游学——"体验科学世界"活动方案

一、活动目的

1.让学生走进社会,走入秋天,有更多的机会了解城市的发展,欣赏城市的新貌。

2.让学生感受秋天的气息,陶冶学生情操,丰富学生的课外生活,培养学生实践能力,加强同学们的集体意识,增强其爱国精神。

3.让同学们有机会体验小主持人、小记者的角色,让同学们在玩中学,真正实现寓教于乐。

二、活动时间

略。(如遇下雨,另行通知时间)

三、活动地点

照母山国家森林公园、科技博物馆。

四、活动内容

1.徒步登山,领略秋风中照母山的美景。

2.进行多人多足、无敌风火轮、接力跳绳等集体拓展活动。

3.参观科技博物馆。

五、活动流程

6:30　起床、洗漱、早餐

7:00—7:20　集合出发

7:20—9:00　乘坐大巴车到达照母山国家森林公园

9:10—10:30　徒步登山

10:30—12:00　到达山上草坪,分年级进行集体拓展活动

12:00—12:40　午餐

13:00—13:40　集合,乘坐大巴车去科技博物馆

14:00—17:00　以班级为单位进行科技大体验

16:00　结束返校

六、收费标准

×元/人。(含活动中所用道具的费用、交通费、保险费、午餐费、光盘费等)

七、人员安排

(1)带队行政人员以及跟班老师安排

年级	行政负责人	年级负责人	班级	学生人数	班主任	联系电话	生活老师	联系电话	随班教职工
七年级			七(1)						
			七(2)						
			七(3)						
			七(4)						
八年级			八(1)						
			八(2)						
			八(3)						
			八(4)						
九年级			九(1)						
			九(2)						
			九(3)						
			九(4)						
7~9年级活动时间:×年×月×日,学生×人,随行老师及教职工×人,保安×人,共×人。									
四年级			四(1)						
			四(2)						
			四(3)						
五年级			五(1)						
			五(2)						
			五(3)						
六年级			六(1)						
			六(2)						
			六(3)						

年级	行政负责人	年级负责人	班级	学生人数	班主任	联系电话	生活老师	联系电话	随班教职工
4~6年级活动时间:×年×月×日,学生×人,随行老师及教职工×人,保安×人,共×人。									
一年级			一(1)						
			一(2)						
			一(3)						
			一(4)						
二年级			二(1)						
			二(2)						
			二(3)						
			二(4)						
三年级			三(1)						
			三(2)						
			三(3)						
			三(4)						
1~3年级活动时间:×年×月×日,学生×人,随行老师及教职工×人,保安×人,共×人。									

其他任课教师、职员和工人可自愿报名,结合学校情况随班参加活动,并协助管理班级学生的纪律和保障安全工作。

（2）随队医生

（3）摄影以及报道

班主任负责本班学生的活动摄影,每位学生都需要写一篇游记;

宣传报道:中学部由××负责,小学部由××负责。

（4）安全保卫

每天安排一名保安随行。

八、活动联络人（略）

九、活动注意事项

1.本次活动采取学生自愿参加的原则,不强制学生参与本次活动。

2.活动开始的十天前,各班班主任将本次活动的形式和内容向学生或家长进行宣传,并于活动开始的一周前将班级参与秋游的学生名单、经费交至学生处。

3.班主任、生活教师及安排参与的教职工需随班全程参与本次活动。

4.活动过程中,带队老师要随时注意清点学生人数,关注学生言行,防止意外的发生。

5.活动当天,学生需要穿校服、带班牌,全体师生需要穿休闲的衣裤、运动鞋。

6.活动过程中,活动老师每到达和离开一处活动场地时都要清点人数,并时时注意活动开展过程中的每个安全细节。

7.在活动过程中,老师要拥有基本的安全意识,掌握自护自救常识。

8.活动过程中,每位参与人员必须发扬团结协作的精神和遵循分工合作的原则,注意活动纪律,不得随手乱丢垃圾,随时注意自己的个人形象及素质,确保此次活动顺利完成。

附:《秋游活动安全事项的说明》

秋游活动安全事项的说明

一、活动场地安全

1.本次活动根据活动主题,精心挑选了活动场地,并在活动前派工作人员进行了踩点,其向场地提供方详细了解场地基本情况、活动设施使用近况和安全系数。

2.根据场地情况,活动承办方将提供规划好停车地点、组织开展活动地点、就餐地点等。

二、交通运输安全

1.将由正规合法运输公司提供豪华空调大巴车接送活动参加人员,并做到不超载、不超速、不违章行驶。

2.活动前派工作人员详细了解前往活动场地的交通路面情况,确保其符合车辆安全通行条件。

3.做好活动行车线路图,收集、保存相关人员联系电话,并调整好停车地点。

三、活动组织安全

1.班主任、生活教师和相应的教职工随班跟车,每人携带一份活动安全联系表,让旅行社方知道每个环节所需的联系电话,确保活动正常开展。

2.行车过程中,有序乘车,照顾好晕车人员。

3.活动过程中,活动老师每到达和离开一处活动场地时都要清点人数,并时时注意活动开展过程中的每个安全细节。

4.在活动过程中老师要拥有基本的安全意识,掌握自护自救常识。

四、饮食卫生安全

1.由正规合法公司提供活动饮用水,保证水质卫生,饮水安全。

2.由旅行社提供活动的午餐,保证饮食卫生,不提供冷餐、生食。

五、其他注意事项

1.各班均要拍摄相应的活动照片,将其在今后的家长会或班级展示活动中呈现。

2.活动过程中,每位参与人员不得随手乱丢垃圾,随时都应注意自己的个人形象及素质。

3.活动过程中,每位参与人员必须发扬团结协作的精神,遵循分工合作的原则,积极配合负责人的工作,注意活动纪律,确保此次活动顺利完成。

4.活动过程中,学生需要穿休闲的衣裤,运动鞋。

5.活动过程中配备了随队医护人员,以便顺利应对活动过程中出现的突发情况。

2016 年秋季游学——"探索大自然"活动方案

一、活动目的

1.丰富学生课余生活,陶冶学生的情操,让学生更好地接触大自然,拓宽其知识面。

2.增强学生保护生态环境的意识,增强同学间的感情。

3.使学生了解丰富多彩的具有中国传统特色的园林文化和具有其他特色的异国风情,了解神秘而宝贵的大自然知识,探索未知的大自然奥秘,体会保护大自然的重要性。

二、活动时间

略。(如遇下雨另行通知)

三、活动地点

重庆园博园、重庆自然博物馆。

四、活动内容

1.参观园博园景区和自然博物馆。

2.进行互动游戏。

五、活动流程

6:50　起床、洗漱、早餐

7:20—7:40　集合出发

7:40—9:00　乘坐大巴车前往重庆园博园

9:00—11:30　参观园博园

11:30　于园博园草坪吃午餐

12:00　从园博园前往重庆自然博物馆,13:00 前到达

13:00—16:00　参观重庆自然博物馆,进行互动游戏

16:00　从自然博物馆返回学校

17:00　到达学校,结束愉快的旅程

六、园博园活动线路

4~6 年级游园线路:主大门→国际园林展区→现代园林展区,看菊展→露天剧场野餐。

1~3 年级游园线路:主大门→国际园林展区→现代园林展区,看菊展→风雨廊桥→露天剧场野餐。

7~9 年级游园线路:主大门→国际园林展区→现代园林展区,看菊展→风雨廊桥→岭南园林展区→凌云桥→露天剧场野餐。

七、收费标准(略)

八、人员安排(略)

九、安全注意事项(略)

2017 年秋季游学——"劳动实践"活动方案

一、活动目的

1.通过亲身实践,让学生明白劳动的重要性,培养学生的团队合作的意识,使其感受集体活动的乐趣并明白付出与收获的重要意义。

2.教育学生养成勤俭节约的好习惯,培养师生相互交流的能力,增强学生的爱国意识。

3.加速推进我校的精致教育工作进程,形成学校的精致教育品牌,促进学校特色发展、整体发展、可持续发展,加强学生社会实践教育。

二、活动时间(略)

三、活动地点

中梁山镇七彩祥耘开心农场。

四、活动内容

1~3 年级

1.农耕体验:采摘蔬菜,感受秋收的喜悦。

2.开心牧场:与小动物亲密接触,实地了解动物习性。

3.农事劳作:打糍粑,品尝鲜糯糍粑。

4.参观蜜蜂谷,听养蜂人讲解蜜蜂的种类,并对蜜蜂的生活习性进行观察。

5.进行团队拓展活动。

4~6 年级

1.自然教育:种植幼苗,感受秋收的喜悦。

2.开心牧场:与小动物亲密接触,实地了解动物习性。

3.手工体验:包饺子,品尝饺子,为午餐加菜。

4.参观蜜蜂谷,听养蜂人讲解蜜蜂的种类,并对蜜蜂的生活习性进行观察。

5.进行团队拓展活动。

7~9 年级

1.农业科普:观察农作物种植环境(水培、泥土、露天、大棚),进行土壤观察,学习现代农业灌溉技术(滴管、喷灌),了解各种灌溉针对的农作物种类。

2.开心牧场:与小动物亲密接触,实地了解动物习性。

3.弓箭文化:了解弓箭起源,学习射箭方法及技巧,团队分组进行射箭比赛。

4.团队竞赛:团队分组,每小组分工完成四项团队协作任务,培养学生的团队协作精神,激发学生的团队意识,用时最短者获胜。

5.进行团队拓展活动。

五、具体活动时间与内容

1~3 年级			
时间	项目	内容	目的
07：15	学校集合	带队老师带领学生上车并前往活动基地,师生在车上进行游戏,之后带队老师进行讲解活动。	
9:00—9:30	抵达场地	1.学生下车整队; 2.按队列有序地进入场地; 3.学生入厕; 4.讲解安全知识,预告活动流程; 5.班级集体合影。	对队伍进行严格管理,保证学生的安全
9:30—10:30	农耕体验	采摘蔬菜:参观国家农业部标准示范园,辨识农作物种类、认识传统农耕用具,亲身下田体验挖红薯乐趣(每人可带走两斤红薯),感受秋收的喜悦。	
	开心牧场	农场自养动物有德国矮马、泰国山羊、绵阳、驴子、珍珠鸡、火鸡等,学生可以实地了解动物习性,与小动物亲密接触。	
10:30—11:30	农事劳作	打糍粑:认识打糍粑的传统工具,学习打糍粑方法,品尝鲜糯糍粑。	
11:30—12:30	午餐	野炊火锅:农场准备火锅食材(3荤3素),学生自己生火煮汤菜,感受户外野炊的乐趣。	
12:40—13:20	午休	在教练带领下,在餐厅或草坪休息。	
13:30—14:30	蜜蜂谷	参观蜜蜂谷,听养蜂人讲解蜜蜂的种类,对其生活习性进行观察。	亲自体验摇蜜乐趣,了解纯天然蜂蜜对人体的作用。
14:30—15:20	团队拓展	进行有趣的团队游戏。	培养学生的团队协作能力,培养学生的思考意识、观察能力及自信心,增强小朋友身体素质及活动的趣味性。
15:30	返程	清点物品,带上自己挖的红薯,快乐返程。	
4~6 年级			
时间	项目	内容	目的
07：15	学校集合	带队老师带领学生上车并前往活动基地,师生在车上进行游戏,之后带队老师进行讲解活动。	

时间	项目	内容	目的
9:00—9:30	抵达场地	1.学生下车整队； 2.按队列有序地进入场地； 3.学生入厕； 4.讲解安全知识,预告活动流程； 5.班级集体合影。	对队伍进行严格管理,保证学生的安全。
9:30—10:30	自然教育	参观国家农业部标准示范园,辨识农作物种类、认识传统农耕用具,亲身下田体验挖红薯乐趣(每人可带走两斤红薯),感受秋收的喜悦。	
	开心牧场	农场自养动物有德国矮马、泰国山羊、绵阳、驴子、珍珠鸡、火鸡等,学生可以实地了解动物习性,与小动物亲密接触。	
10:30—11:50	手工体验	包饺子:学习包饺子方法,品尝饺子,为午餐加菜。	
12:00—12:40	午餐	野炊火锅:农场准备火锅食材(3荤3素),学生自己生火煮汤菜,感受户外野炊的乐趣。	
12:40—13:20	午休	在教练带领下,在餐厅或草坪休息。	
13:30—14:30	蜜蜂谷	参观蜜蜂谷,听养蜂人讲解蜜蜂的种类,对其生活习性进行观察。	体验摇蜜乐趣,了解纯天然蜂蜜对人体的作用。
14:30—15:20	团队拓展	水到渠成:团队分组,协作比拼。	培养学生的团队协作能力,培养其自发思考意识、观察能力及自信心,增强学生的身体素质及活动的趣味性。
15:30	返程	清点物品,带上自己挖的红薯,快乐返程。	

7~9 年级

时间	项目	内容	目的
07:15	学校集合	带队老师带领学生上车并前往活动基地,师生在车上进行游戏,之后带队老师进行讲解活动。	
9:00—9:30	抵达场地	1.学生下车整队； 2.按队列有序地进入场地； 3.学生入厕； 4.讲解安全知识,预告活动流程； 5.班级集体合影。	对队伍进行严格管理,保证学生的安全。

9:30—10:30	农业科普	观察农作物种植环境(水培、泥土、露天、大棚),进行土壤观察,学习现代农业灌溉技术(滴管、喷灌),了解各种灌溉针对的农作物种类。
	开心牧场	农场自养动物有德国矮马、泰国山羊、绵阳、驴子、珍珠鸡、火鸡等,同学们可以实地学习动物习性,与小动物亲密接触。
10:30—11:30	弓箭文化	了解弓箭起源,学习射箭方法及技巧,团队分组进行射箭比赛。
11:40—13:00	生态午餐	野炊火锅:农场准备火锅食材(3荤3素),学生自己生火煮汤菜,感受户外野炊的乐趣。
13:00—13:20	午休	在教练带领下,在餐厅或草坪休息。
13:30—14:30	团队竞赛	团队分组,每小组分工完成四项团队协作任务,培养学生的团队协作精神,激发学生的团队意识,用时最短者获胜。
14:30—15:20	团队拓展	鼓舞人心:团队分组,协作颠球PK,培养团队协作能力,自发思考意识、观察能力及自信心,增强小朋友身体素质及活动的趣味性。
15:30	返程	清点物品,快乐返程。

六、收费标准及明细(略)

七、人员安排(略)

八、安全注意事项(略)

2018年秋季游学——"生存冒险"活动方案

一、活动目的

1.加速推进我校的精致教育工作进程,形成学校的精致教育品牌,促进学校特色发展、整体发展、可持续发展。

2.通过拓展训练让学生们在真实体验中学习,从而让学生们得到心智的转变和素质的提高。

3.培养师生间的交流能力,增强师生的爱国主义情怀。

二、活动时间

略。(如遇下雨,另行通知时间)

三、活动地点

重庆海石古堡综合基地。(重庆市沙坪坝区中梁镇)

四、活动内容及流程

1~2 年级

主题	时间	项目	内容	目标
起程	7:00	集合出发	1.班级集合； 2.服务人员统一带队上车。	严格管理,确保孩子的纪律性和安全,车上讲解基地的相关情况。
小操场	9:30	抵达基地开营仪式	1.学生下车整队； 2.按队列有序地进入海石公园； 3.到达后提醒学生如厕； 4.开营仪式及队列纪律规范。	活动分组:根据本日活动要求,对在场学生进行分组,保证全天活动有序进行。
古堡基地	10:00—10:50	趣味团队	1.幸福毛毛虫； 2.快乐十分； 3.激情小蜜蜂。	培养学生吃苦耐劳的精神和坚韧不拔的意志,增强其团队合作意识和挑战自我的能力。
古堡区	10:50—11:50	豆浆研磨手工制作	理论讲解;操作体验。	使学生掌握野外生存的基本技能,培养其适应自然的能力。
	12:00—13:00	午餐	在古堡餐厅吃午餐,在休息区休息。	
古堡基地	13:00—13:30	南水北调	用指定道具协作输送水。	提升学生的专注力、协作能力和沟通能力。
古堡基地	13:30—14:00	骁勇善剑	工作人员先理论讲解示范箭术的实践与操作,然后学生分组"PK",看谁是真正的骁战小勇士。	培养学生吃苦耐劳的精神和坚韧不拔意志,增强其团队合作意识和挑战自我的能力。
古堡基地	14:00—15:00	城堡镭战CS(初级)	在海石古堡内进行分组对抗游戏,培养学生的战术素养,锤炼其战斗品质,树牢其国防意识。	
小操场	15:00—15:30	集合返程	清点物资装备,实施战术转移,回顾总结、合影留念;告别古堡基地;登车返回。	

主题	时间	项目	内容	目标
起程	7:00	集合出发	1.班级集合； 2.服务人员统一带队上车。	严格管理,确保孩子的纪律性和安全,车上讲解基地的相关情况。
小操场	9:30	抵达基地开营仪式	1.学生下车整队； 2.按队列有序地进入海石公园； 3.到达后提醒学生如厕； 4.开营仪式及队列纪律规范。	活动分组:根据本日活动需求,对在场学生进行分组,保证全天活动有序进行。
古堡救护	9:40—10:10	紧急救护训练	心肺复苏、固定包扎、止血急救。	掌握基本的救护知识与技能,提高急救能力。
古堡基地	10:10—10:40	趣味团建	1.快乐大脚； 2.鼓动人心/盲人击鼓。	培养学生吃苦耐劳的精神和坚韧不拔的意志,增强其团队合作意识和挑战自我的能力。
古堡基地	10:40—11:20	植物识别	参观 AAA 级古堡景区。	带孩子鉴赏、识别大自然,欣赏融合中西文化的欧式城堡建筑。
古堡区	11:20—12:10	空气压力枪射击	理论讲解；操作体验。 体验黑金、镭射等世界名枪。	培养学生的战术素养,锤炼其战斗品质,树牢其国防意识。
	12:00—13:00	午餐	在古堡餐厅吃午餐,在休息区休息。	
古堡基地	13:00—14:00	挑战攀岩	学习攀岩技巧,掌握基本的攀岩技能。	使学生掌握野外生存的基本技能,培养其适应自然的能力。挑战自我,提升个人意志力。
古堡基地	14:00—15:00	城堡镭战CS(中级)	在海石古堡内进行分组对抗游戏。	培养学生的战术素养,锤炼其战斗品质,树牢其国防意识。
小操场	15:00—15:30	集合返程	清点物资装备,实施战术转移,回顾总结、合影留念；告别古堡基地；登车返回。	

6~9 年级

主题	时间	项目	内容	目标
起程	7:30	集合出发	1.班级集合； 2.服务人员统一带队上车。	严格管理,确保孩子的纪律性和安全,车上讲解基地的相关情况。
小操场	9:30	抵达基地开营仪式	1.每辆车上的学生下车整队； 2.按队列有序地进入海石公园； 3.到达后提醒学生如厕； 4.开营仪式及队列纪律规范。	活动分组:根据本日活动需求,对在场学生进行分组,保证全天活动有序进行。

续表

主题	时间	项目	内容	目标
古堡操场	9:30—10:00	军魂规整	军姿、队列形体训练。	整顿纪律,塑造形体,规范姿态。
古堡基地	10:00—10:40	趣味团建	1.挑战动力绳; 2.骁勇善剑。(中级)	培养学生吃苦耐劳的精神和坚韧不拔意志,增强其团队合作意识和挑战自我的能力。
古堡区	10:50—11:50	空气压力枪射击	理论讲解;操作体验。体验黑金、镭射等世界名枪。	培养学生的战术素养,锤炼其战斗品质,树牢其国防意识。
	12:00—13:00	午餐	在古堡餐厅或野战餐厅吃午餐,在休息区休息。	
古堡基地	13:00—14:00	挑战攀岩	学习攀岩技巧,掌握基本的攀岩技能。	使学生掌握野外生存的基本技能,培养其适应自然的能力。挑战自我,提升个人意志力。
古堡基地	14:00—15:00	城堡镭战CS	在海石古堡内进行分组对抗游戏。	培养学生的战术素养,锤炼其战斗品质,树牢其国防意识。
小操场	15:00—15:30	集合返程	清点物资装备,实施战术转移,回顾总结、合影留念;告别古堡基地,送战友;登车返回。	

五、收费标准及明细(略)

六、人员安排(略)

七、安全注意事项(略)

2019年秋季游学——"冬奥会雪上运动"活动方案

一、活动目的

1.欣赏自然风光,感受城市与自然的有机融合、人与自然的和谐的相处,学习生态保护知识,加强生态文化教育,教育学生感恩自然。

2.学生体验极限运动,学习攀岩、滑雪等技能。加强对冬奥会冰雪运动知识的宣传和推广,培养学生对运动的兴趣,锻炼学生的意志,使其参与并享受运动的快乐,帮助学生塑造勇敢、自信、乐观、坚韧的性格,提高其沟通、协作能力。

3.体验自然科学的趣味性,向学生普及自然科学知识,激发学生学习科学的兴趣,培养学生勇于探究的科学精神。

二、活动时间

略。(如遇下雨,另行通知时间)

三、活动地点

重庆际华园户外活动研学基地。（重庆市渝北区际华园南路）

四、具体活动时间与内容

时间	时间	项目	课程内容	课程目的
上午活动	7:00—7:20			学生在学校操场集合出发,带队老师在车上讲解当天流程。
	8:30—9:20			到达龙湾森林公园,学生参观游览,欣赏自然风光,学习生态保护知识,加强对学生的生态文化教育。
	9:30—9:50	到达基地集合开营	致欢迎词活动分组	1.利于老师清点人数; 2.保证活动有次序。
	9:50—10:10	装备领取及穿戴	领取装备	领取装备及穿戴
	10:10—11:10	激情雪圈	情景导入示范讲解实践体验	1.为活动增加趣味性; 2.通过体验雪圈培养学生的胆量、敢于挑战的精神。
	11:10—11:30	碰碰车冰雕观赏	趣味导入示范讲解实践体验	通过碰碰车游戏以及观看冰雕,增强活动的趣味性。
	11:30—12:00	冰上拓展	趣味导入示范讲解实践体验	1.增强学生沟通能力; 2.培养学生的团队协作能力。
午饭	12:00—13:00	午饭	餐厅	由教练将学生带到餐厅有序就餐。
下午活动	13:00—14:10	拓展馆	课程讲解课堂提问实践体验	1.通过拓展游戏,学生能够体会到发自内心的胜利感和自豪感,获得人生难得的体验; 2.增强学生的团队协作能力以及集体荣誉感。
	14:10—14:50	风洞科普课堂	情景导入科普知识技能学习	1.了解空气动力学知识和风洞实验技术; 2.使学生掌握室内跳伞的基本方法; 3.增强学生对科学技术的好奇心,为青少年热爱航天事业打下基础。
	14:50—15:40	趣味攀岩	理论讲解技能学习实践体验	1.了解攀岩运动的基本知识; 2.培养学生的协调性和学生的体能、智能;增强学生战胜自我的勇气。
	15:40—15:50	印章兑换		学生根据每个项目课程安排,可收集章印,根据章印个数,活动结束后可获得际华园提供的小礼品一份。
返程	16:00	返程		学生到达停车场后有序上车,返回学校。

注：表格顶部标题行

1~6年级:戏雪(激情雪圈→碰碰车→冰上拓展活动)→拓展馆→风洞科普课堂→趣味攀岩

7~9年级:戏雪(激情雪圈→碰碰车→冰上拓展活动)→旱地冰壶→风洞科普课堂→专业射箭				
时间	时间	项目	课程内容	课程目的
上午活动	7:00—7:20			学生在学校操场集合出发,带队老师在车上讲解当天流程。
	8:30—9:20			到达龙湾森林公园,学生参观游览,欣赏自然风光,学习生态保护知识,加强生态文化教育。
	9:30—9:50	到达基地集合开营	致欢迎词活动分组	1.利于老师清点人数; 2.保证活动有序。
	9:50—10:10	装备领取及穿戴	领取装备	领取装备及穿戴。
	10:10—11:10	激情雪圈	情景导入示范讲解实践体验	1.为活动增加趣味性; 2.通过体验雪圈培养学生的胆量、其敢于挑战的精神。
	11:10—11:30	碰碰车冰雕观赏	趣味导入示范讲解实践体验	通过碰碰车游戏以及观看冰雕,增强活动的趣味性。
	11:30—12:00	冰上拓展	趣味导入示范讲解实践体验	1.增强学生沟通能力; 2.培养学生的团队协作能力。
午饭	12:00—13:00	午饭	餐厅	由教练将学生带到餐厅有序就餐。
下午活动	14:50—15:30	旱地冰壶	情景导入科普知识技能学习实践体验	1.了解旱地冰壶的基本知识; 2.拓宽学生视野; 3.加强学生对冬奥会的认识。
	13:00—14:00	专业射箭	课程讲解课堂提问实践体验	1.通过射箭教学让学生初步了解射箭运动; 2.通过射箭教学让学生初步掌握射箭基本技能; 3.通过射箭教学让学生对射箭运动产生兴趣,以便更好地普及射箭运动。
	14:00—14:50	风洞科普课堂	情景导入科普知识技能学习	1.了解空气动力学知识和风洞实验技术; 2.使学生掌握室内跳伞的基本方法; 3.增强学生对科学技术的兴趣,为青少年热爱航天事业打下基础。
	15:30—15:40	印章兑换		学生根据每个项目课程安排,可收集章印,根据章印个数,活动结束后可获得际华园提供的小礼品一份。
返程	16:00	返程		学生到达停车场后有序上车,返回学校。

五、收费标准（略）

六、人员安排（略）

七、安全注意事项（略）

<h1 style="text-align:center">2020 年秋季游学——"探索海洋世界"活动方案</h1>

一、活动目的

1.让学生了解海洋相关知识,对海洋动植物、海洋生态环境、人类与海洋的关系等有一个初步的认识,激发学生对地球、海洋动物及知识的热爱,对生物科学的探索,培养学生保护海洋生物和环境的意识。

2.让学生走进大自然,感受秋天美景,陶冶情操,舒缓心情。通过农耕、农活体验,了解中国乡村民风民俗,培养学生热爱生活、热爱自己家乡的情怀。

3.通过趣味团队拓展游戏,在愉悦学生身心的同时,培养学生的团队意识。

二、活动时间

略。（如遇下雨,另行通知时间）

三、活动地点

1~4 年级:重庆融创文旅城。（重庆市沙坪坝区）

5~9 年级:重庆市巴南区天坪山云林天乡景区。

四、活动内容及流程:

1~4 年级

时间	项目	内容
6:30—7:00	学校操场集合	集合整队,由带队教官带领上车出发。
7:00	大巴车出发	带队教官在车上向学生讲解当天活动课程内容及活动安全注意事项。（矿泉水午餐时发放）
8:20	到达海世界大巴车停车场	下车,以班为单位集合整队。
8:30—9:15	入园准备	下车组织学生如厕,整队前往海世界大门,每班照集体照,清点人数准备入园。
9:30—9:45	开营仪式	基地辅导员致学生欢迎词,介绍景点,向学生初步普及海洋相关知识。
9:50—11:00	课程 1	课题:海狮、海豚剧场。 教学目标:学生在大型室内观赏剧场,观看海狮、海豚表演并与饲养员互动,辅导员现场进行知识讲解,使学生了解海狮、海豚的特点及习性,向学生普及海洋动物知识,激发学生对海洋动物的热爱。 教学过程:先现场欣赏海狮、海豚的精彩表演,再原地坐着听辅导员讲解相关知识,辅导员可以在讲解过程中提问,与学生互动。

时间	项目	内容
11:00—12:00	课程2	课题:奇趣水鱼区、美人鱼表演。 教学目标:通过辅导员讲解与现场观察,使学生了解人类与海洋的故事,以及美人鱼的由来与美丽传说,向学生科普人类如何做到在海水中模仿鱼类游动,激发学生生物科学探索欲。 教学过程:学生在美人鱼馆观看美人鱼表演,听辅导员讲解相关知识,并回答辅导员的相关提问。
12:00	午餐	盒餐(两荤两素)、发放矿泉水。
13:00—13:40	课程3	课题:白鲸、企鹅课堂。 教学目标:使学生对白鲸及企鹅有一个基本认知,着重了解白鲸的生物独特性及特点,并知晓白鲸如何做到与饲养员配合完成各种造型。 教学过程:通过观看白鲸表演,让学生近距离看到白鲸在水中的活动,辅导员讲解白鲸相关知识,侧重讲解白鲸如何与驯养师配合,完成水下造型。
13:40—14:20	课程4	课题:水母实验室、海洋教室。 教学目标:让学生近距离观察水母繁殖的场面,结合辅导教师的讲解,海洋教室教师关于海洋动植物、生态、环保知识的综合讲授,以及视频的播放,让学生对海洋生物知识有一个比较深入的了解,激发学生对海洋的热爱及环保意识。 教学过程:学生参观水母繁殖实验室,辅导员进行水母知识讲解,再带领学生至海洋课堂,结合现场视频、海洋动物标本等教材进行更深入的专业海洋知识讲授。
14:20—15:00	课程5	课题:体验海洋主题游乐设施。 教学目标:以海洋为主题的娱乐设施能让学生身临其境,可以提高学生的体验感与兴趣,并丰富活动的趣味性。 教学过程:学生根据自己的年龄、身高选择性体验丛林探险、秘境漂流、空降奇兵、欢乐大堡礁等海洋主题游戏设备,并在辅导员带领下体验其中的乐趣。
15:00—15:30	课程6	课题:走进热带雨林、寻找可爱的动物。 教学目标:让学生对热带雨林动植物有一个直观感受,增添学生对大自然的热爱与探索兴趣。 教学过程:学生走进模拟的热带雨林场景,参观并观察各种动物。
15:30—16:00	结束当天活动课程,集合返校。	
回校后填写学习任务卡,以班会形式展开讨论,并学习、总结,针对本次活动经历,进行班级学习展示。		

时间	项目	内容
6:30—7:00	学校操场集合	集合整队,由带队教官带领学生上车出发。
7:00	大巴车出发	带队教官在车上,向学生讲解当天活动课程内容及活动安全注意事项(矿泉水午餐时发放)。
8:30—9:00	到达基地	下车,以班为单位集合整队,发水,如厕,进入基地。
9:00—9:30	开营仪式	基地营长致学生欢迎词,介绍景点内容、特色,并讲解当天活动内容及安全注意事项。
9:30—10:30	课程1	课题:草坪修整。 教学目标:通过参与这项活动,学生能亲近自然,同时提高自己的动手能力、观察能力和学习能力。 教学过程:辅导员现场讲解草坪生长的基本知识及草坪修整的基本方法,并进行现场示范操作。每组学生自行分配拔草、运输等工作任务,并实际操作,辅导员现场指导。
10:30—11:30	课程2	课题:泡菜制作。 教学目标:学生通过制作农村传统美食,了解和感受中国乡村传统文化与习俗;从学习到制作再到品尝这一完整过程,既能够锻炼学生动手能力,也能让他们对乡村生活有一个直观感受。 教学过程:学生分组准备制作泡菜,专业老师现场结合PPT讲解乡村泡菜的历史、习俗、制作,并现场展示泡菜的制作过程。学生小组合作体验泡菜制作过程,辅导员现场进行指导。
12:00	午餐	盘餐(两荤两素一汤)
12:30—13:30	课程3	课题:插花。 教学目标:大自然能激发孩子们对美的热爱,通过插花这类活动,可以培养孩子们的想象力和创造力,锻炼其动手能力,激发学生对美的向往,培养其审美情趣。 教学过程:专业老师现场结合PPT讲解插花艺术的基本知识,以及部分鲜花的花语、花意等,并现场示范主题插花。学生以小组为单位,以创意插花为主题进行实际操作,体验插花艺术,活动结束后可将自己制作的花束带走。
13:30—14:30	课程4	课题:乡村磨豆浆。 教学目标:使学生了解豆浆的传统制作工艺,体验乡村生活,体会每一个食品都来之不易。 教学过程:学生分配工作,倒黄豆、磨磨子、接豆浆的同学相互配合,体验磨豆浆过程,辅导老师进行讲解及指导。

续表

时间	项目	内容
14:30—15:30	课程 5	课题:趣味拓展团建游戏。 教学目标:锻炼学生的运动能力,提高其团队协作能力,让他们学会相互关心、激励、相互信任,并形成积极向上、团结互助的团队气氛。 教学过程:辅导员先讲解游戏规则并示范,之后学生以小组为单位进行竞技性游戏。
15:30—16:00	结束当天活动课程,集合返校。	
回校后填写学习任务卡,以班会形式展开讨论、学习、总结,并针对本次活动经历进行班级学习展示。		

五、收费标准

六、人员安排

七、安全注意事项

第六章　团委系列活动方案

※开学活动

秋季"开笔礼"活动方案

一、活动时间（略）

二、活动地点

学校足球场。

三、参会人员

一年级、七年级全体师生,部分行政管理人员。

四、活动流程

（一）由"启智门""进阶门"入场（音乐《古乐》）

其余年级学生按指定地点站好,一年级学生在礼仪队员引导下,在班主任和家长代表的带领下穿过"启智门",七年级学生在一年级学生后方站好。

（二）典礼议程

1.校长致辞;宣布"开笔礼"开始。

2."开笔礼"议程

（1）正衣冠（学生礼仪队员示范）

"衣冠"不仅意味着遮羞,更重要的是能反映人的精神面貌。正所谓先正衣冠,后明事理。正衣冠是让我们回忆先祖优秀品德的载体,也是让学生们知书明理的重要步骤。《弟子规》告诉我们做人先正衣冠,后明事理。在主持人的口令下,全体一年级学生开始整齐划一地正衣冠:正头发——整衣领——理纽扣——拉下摆……

（2~9年级的学生随着音乐,齐诵《弟子规》:"冠必正,纽必结,袜与履,俱紧切……"）

（2）拜师礼（礼仪队员示范）（七年级、一年级拜师）

礼仪是中华民族的传统美德,从古至今,源远流长。中国人尊师重道,乃久远之传统,故周代已有释奠尊师之礼。《论语》说:"不学礼,无以立"。今天我校的学子们将从拜师礼开始学习礼仪。

首先,校长行礼请孔子（揭幕）

一拜孔子:弘扬传统文化,复兴民族之魂。　　　行礼——起

再拜老师:教我读书、育我成长、如父似母。　　　行礼——起

三拜同学:岁月同窗,挚爱互帮,友谊长青。（请同学向左向右转）　　　行礼——起

（3）朱砂开智（配乐诵《论语》）（一年级）

所谓"朱砂开智"就是用朱砂为刚刚入学的学生的额头正中点上红痣,这又称之为"开天眼"。

"衣冠已正,第二步,朱砂启智!"高年级学生跟着朗诵带吟诵《论语》名句时,校长、中层领导和部分老师开始为新生用朱砂点智。用红色的朱砂在学子们的额头正中点上红痣,意为开启智慧,以此寄托美好的愿望,从此眼明心亮,聪明好学。（边点边赠送一年级学生每人一支铅笔）

（4）击鼓明智（鼓声三响）（一年级）

"击鼓明智"的目的是让学生目明耳聪、茅塞顿开、创业建功。

"衣冠正豪气,朱砂智已启。孩子们,你们是聪明的,你们一定会更棒! 大家要从小立志,树立远大的理想。下面让我们用鼓声鸣响我们的志向,有请戴校长与新生代表击鼓鸣志!"

鼓声隆隆从今启蒙;隆隆鼓声,开启前程!

全场学生一齐喊出校训和共同的心愿——"精诚做人、精心做事"（第一次击鼓后）"快乐学习,健康成长!"（第二次击鼓后）"努力成才,报效祖国!"（第三次击鼓后）

（5）启蒙描红"天、地、人"（音乐《一生一世学做人》）（一年级、七年级）

"启蒙描红"这一步骤主要是让孩子在教师的指导下学写"天、地、人"三个字。

有了远大的志向还只是万里长征中的一小步,古人云:"人生聪明识字始",写字识字是学习知识文化的第一步。今天我们现场来写一个简单而意义深远的字, 教大家书写启蒙第一字。（字写好后在主持人的介绍下依次展示,语文教师依次上台书写并讲解）

天、(××)、地(××)、人(××)。（三位老师分别边写边讲解含义,学生临空比划）

（6）启蒙教育（古乐悠扬）

下面有请学生处主任寄语。

教职工誓词

精诚做人,立德示范;精心做事,追求卓越;精于教化,见微知著;精益求精,致力极致!

学生代表带领全体学生面向国旗、校旗庄严宣誓。

学生誓词:我是骄傲的巴蜀实验学校学子,我在国旗下庄严宣誓

精诚做人,至真至善;

精心做事,日进日新;

精于问学,见贤思齐;

精益求精,致力极致!

片段"冠必正 纽必结 袜与履 俱紧切 置冠服 有定位 勿乱顿 致污秽 衣贵洁 不贵华 上循分 下称家 对饮食 勿拣择 食适可 勿过则 年方少 勿饮酒 饮酒醉 最为丑 步从容 立端正 揖深圆 拜恭敬 "（选自《三字经》）

子曰:学而时习之,不亦说乎;有朋自远方来,不亦乐乎;人不知而不愠,不亦君子乎;（《学而》）

子曰:"温故而知新,可以为师矣。"(《为政》)

子曰:"学而不思则罔,思而不学则殆。"(《为政》)

子曰:"由,诲汝知之乎!知之为知之,不知为不知,是知(zhì;)也。"(《为政》)

子曰:"三人行,必有我师焉。择其善者而从之,其不善者而改之。"(《述而》)

子曰:"岁寒,然后知松柏之后凋也。"(《子罕》)

子曰:己所不欲,勿施于人。

新生入学教育方案

一、活动目的

1.使一年级新生尽快熟悉新老师、新同学、新班级、新环境。

2.使新生熟悉校园生活,适应学校的学习生活规范。

3.确保开学工作有序进行,为新学期的教学活动奠定良好的基础。

二、活动时间

9月1—4日

三、活动地点(略)

四、组织机构

总体负责部门:学生处。

具体执行:分管行政、年级组长、班主任、生活教师、任课老师、体育教师。

协助部门:教务处、招生办、后勤处、生活部。

五、前期安排

1.8月27日上午12时前,招生办负责提供一年级新生名单和学生家长联系方式给教务处,教务处进行初步分班。

2.8月28日下午3点,学校召开新生年级分管行政人员和班主任工作会。班主任联系新生家长落实到校学生、到校时间及相关事项。

3.8月29日下午4点前,班主任提供到校名单给学校招生办,学校招生办再次确认后,将其提供给教务处进行分班。

4.8月30日上午开学会、班主任会、教师会。

5.8月30日下午及31日,班主任布置教室,准备军训服装。

6.9月1日,一年级、七年级和九年级学生报到,14:20召开一年级家长会(分管副校长负责),15:20在C楼礼堂召开七年级家长会(分管副校长负责),会后七年级进行分班并在班主任带领下召开分班家长会。

六、其他事项

1.9月1日14:00前,小学一年级的新生报到并交费注册。15:00前,初中一年级的新生报到并交费注册。

具体报到流程:

①在中小学部教学楼前的分班名单上,寻找本人所在班级。

②到教室集中,办理报到、注册、缴费等手续。(住校生需另外办理住宿手续)

2.填写好新生信息表、学生健康状况登记表。

3.入学常规训练主要内容:纪律教育;礼仪教育;跑操训练;内务卫生;升旗仪式等。

4.根据学校规定,学生禁止将手机、MP3、游戏机等电子产品以及其他高档用品带入校内。男生需要留短发,女生不能披发。另外,学生不能留怪发型及染发,也不能佩戴任何饰物;家长需要配合学校工作,不给学生送零食。

5.学生不得隐瞒病史。凡是身体不适宜参加军训的学生一定要让家长向学校请假。

一年级新生入学教育作息时间及安排

时间		训练内容	负责人	任务建议
9月1日	8:00—13:40	新生报到	班主任、生活教师	确保登记的完整性、讲清入学要求。
	14:00—15:20	新生家长会(c楼礼堂)	年级组长、班主任	告知家长学校的办学理念并讲解家校配合问题。
	15:40—16:40	班级家长会(班上)	班主任	向家长讲解班级建设、学校要求等。
	17:30	就餐训练	班主任、生活教师	分好座位。
	19:00	熟悉老师、就寝训练	班主任、生活教师	让学生按时就寝、及时洗漱、按时上床。
9月2日	7:00—7:25	学生起床、准备训练	生活教师	向学生强调时间观念。
	7:30—7:40	讲解晨练要求	班主任、生活教师	告诉注重三餐营养以及不浪费食物。
	7:40—8:10	就餐训练	班主任、生活教师	排队进餐、节约粮食等训练。
	8:40—9:50	认识新朋友、常规训练	班主任	训练学生坐姿。
	10:00—11:50	认识校园、就餐就寝训练	班主任、生活教师	排队参观、排队进餐、节约粮食等训练。
	12:40—13:00	就寝训练	班主任、生活教师	洗漱、物品摆放、上床等。
	14:00—15:00	午休训练、内务训练	班主任、生活教师	物品摆放、被子叠放等。
	15:10—16:40	班级常规训练、练歌	班主任	常规要求、口令等。
	17:10—17:40	集合、"开笔礼"队列训练	班主任、体育教师	按要求进行训练。
	17:45—18:10	就餐训练	班主任、生活教师	排队参观、就餐训练、节约粮食。
	18:10—19:00	洗澡常规训练	班主任、生活老师	协助学生训练、洗澡。
	19:00—20:00	内务整理、就寝训练	班主任、生活教师	整理、小件物品清洗、盥洗、睡觉。

续表

时间		训练内容	负责人	任务建议
9月3日	7:00—7:25	学生起床、准备训练	生活教师	向学生强调时间观念。
	7:35—7:50	早餐的纪律训练	班主任、生活教师	注重三餐营养以及不浪费食物。
	8:00—9:00	开学典礼	学生处、班主任	
	9:20—10:40	集合、队列训练	班主任、体育教师	按要求进行训练。
	10:50—11:50	班级练歌	班主任	
	12:00—13:00	就餐就寝训练	班主任、生活教师	排队参观、排队就餐、节约粮食、洗漱、物品摆放、上床训练等。
	13:50—14:50	午休训练、内务比赛	班主任、生活教师	物品摆放、被子叠放等。
	15:00—16:30	常规训练、练歌	班主任	按年级要求进行训练。
	16:35—17:20	集合、队列训练、游戏	班主任、体育教师	提升精气神。
	17:25—16:40	就餐就寝训练	班主任、生活教师	排队进餐、节约粮食等训练。
	18:10—19:00	洗澡训练	生活老师	讲解洗漱要求。
	19:05—20:00	内务整理、就寝训练	班主任、生活教师	整理物品、小件物品清洗、洗漱、睡觉。
	14:00—15:00	午睡起床训练、内务训练	班主任、生活教师	物品摆放、被子叠放等。
	15:10—16:20	常规展示、唱歌比赛	班主任、音乐教师	学生处组织人员评比。
	16:40—17:20	口令、队列、比赛展示	班主任、体育教师	学生处组织人员评比。
	17:25—18:10	就餐训练	班主任、生活教师	排队参观、排队进餐、节约粮食等训练。
	16:20—20:00	洗澡、内务、就寝训练	班主任、生活教师	按时就寝、及时洗漱、按时上床。
9月4日	07:00—07:25	学生起床、晨练准备训练	生活教师	向学生强调时间观念。
	07:30—07:50	晨练要求	班主任、生活教师	注重三餐营养以及不浪费食物。
	07:50—08:10	就餐训练	班主任、生活教师	排队进餐、节约粮食等训练。
	08:40—09:50	训练学生坐姿，教学生课堂常规口令，如上课、下课、举手等	班主任	主要培养学生的良好学习面貌。
	10:00—11:50	队列训练、路队训练、游戏	班主任、体育教师	
	12:00—13:00	就餐就寝训练	班主任、生活教师	排队参观、排队进餐、节约粮食、洗漱、物品摆放、上床训练等。
	14:00—15:00	午休训练、内务训练	班主任、生活教师	物品摆放、被子叠放等。
	15:10—16:20	常规展示、唱歌比赛	班主任、音乐教师	学生处组织人员评比。
	16::40—17:20	口令、队列、比赛展示	班主任、体育教师	学生处组织人员评比。
	17:25—18:10	就餐训练	班主任、生活教师	排队参观、排队进餐、节约粮食等训练。
	16:20—20:00	洗澡、内务、就寝训练	班主任、生活教师	按时就寝、及时洗漱、按时上床。

七年级新生入学教育作息时间及安排表

	时间	训练内容	负责人	任务建议
9月1日	08:00—15:00	新生报到	班主任、生活教师	确保登记的完整性、讲清开学的要求。
	15:30—16:30	新生家长会（c楼礼堂）	年级组长、班主任	向家长讲解班级建设、学校要求等问题。
	16:40—17:30	新生班级家长会（班上）	班主任	告知家长学校的办学理念并讲解家校配合问题。
	17:30—18:00	就餐训练	班主任、生活教师	分好座位。
	18:10—19:30	七年级学生会（c楼礼堂）	年级组长 分管行政	学校校史、精致教育文化解读中小学差异等。
	19:30—20:30	初步认识同学	班主任、生活教师	认识方式：自我介绍、抽签寻找朋友、记姓名比赛。
	20:30—21:40	内务整理、洗漱、就寝训练	班主任、生活教师	按时就寝、及时洗漱、按时上床。
9月2日	6:50—7:10	学生起床、晨练准备训练	体育、生活教师	向学生强调时间观念。
	7:15—7:35	晨练的相关训练	班主任、生活教师	守时、整齐。
	7:35—7:50	早餐的纪律训练	班主任、生活教师	注重三餐营养以及不浪费食物。
	8:00—8:20	常规训练动员大会	学生处、班主任	队列整齐，守纪律。
	8:30—10::50	集合、队列训练	班主任、体育教师	按军训要求进行训练。（走、跑、站等）
	11:00—12:00	认识校园	班主任、生活教师	排队参观，对本校学生讲解。
	12:00—12:30	就餐训练	班主任、生活教师	有序进餐、节约粮食等训练。
	12:40—13:00	就寝训练	班主任、生活教师	洗漱、物品摆放、上床等。
	14:00—15:00	午休训练、内务训练	班主任、生活教师	物品摆放、被子叠放等。
	15:20—16:20	课堂常规训练	班主任	训练学生坐姿，课堂常规训练。
	16:30—17:10	练歌（或开学典礼彩排）	班主任	提升精气神。
	17:10—17:40	洗澡常规训练	生活老师	强调时间观念以及相关要求。
	17:45—18:10	就餐训练	班主任、生活教师	有序就餐、节约粮食等训练。
	18:10—20:30	新同学加深对彼此的印象、发放新书、学习校规校纪	班主任、课任教师	1.通过游戏加深学生之间的了解； 2.到校后一天小结；（爱校意识培养） 3.学习《中学生守则》等。
	20:40—9:00	晚上就寝训练	班主任、生活教师	按时就寝、及时洗漱、按时上床。

续表

时间		训练内容	负责人	任务建议
9月3日	6:50—7:10	学生起床、晨练准备训练	生活教师	强调时间观念。
	7:15—7:35	晨练的相关训练	班主任、生活教师	守时、整齐。
	7:35—7:50	早餐的纪律训练	班主任、生活教师	注重三餐营养以及不浪费食物。
	8:00—9:00	开学典礼	学生处、班主任	
	9:20—12:00	集合、队列训练	班主任、体育教师	按军训要求进行训练。(走、跑、站等)
	12:00—12:30	就餐训练	班主任、生活教师	有序进餐、节约粮食等训练。
	12:40—13:00	就寝训练	班主任、生活教师	洗漱、物品摆放、上床等。
	14:00—14:50	午睡起床训练、内务比赛	部分评委老师	物品摆放、被子叠放等。
	15:00—16:00	班级练歌	班主任	提升精气神。
	16:00—17:00	学习学校规章学习	班主任、任课教师	根据前一天实际情况而定。
	17:15—17:40	洗澡常规训练	生活老师	强调时间观念以及相关要求。
	17:45—18:10	就餐就寝训练	班主任、生活教师	排队进餐、节约等训练。
	晚自习	按课表上晚自习	班主任、科任教师	讲解课堂常规、作业等要求,培养学生学习习惯。
	21:40—10:00	晚上就寝训练	班主任、生活教师	按时就寝、及时洗漱、按时上床。
9月4日	06:50—07:10	学生起床、晨练准备训练	生活教师	强调时间观念。
	07:15—07:35	晨练的相关训练	班主任、生活教师	守时、整齐。
	07:35—07:50	早餐的纪律训练	班主任、生活教师	注重三餐营养以及不浪费食物。
	08:00—11:00	集合、队列训练	体育老师、班主任	按军训要求进行训练。(走、跑、站等)
	11:00—12:20	班级练歌	班主任	提升精气神。
	12:20—2:50	就餐训练	班主任、生活教师	有序进餐、节约粮食等训练。
	12:50—13:00	就寝训练	班主任、生活教师	洗漱、物品摆放、上床等。
	14:00—14:30	内务整理	校领导、学生处、班主任、生活教师	物品摆放、被子叠放等。
	15:00—16:30	内务、队列训练展示、班级拉歌	校领导、学生处、班主任、生活教师	按照评比结果给予奖励。
	16:30—17:10	领取学习用品	班主任	准备入学测试。
	17:10—17:40	洗澡常规训练	生活老师	强调时间观念以及相关要求。
	17:45—18:10	就餐训练	班主任、生活教师	排队参观、排队进餐、节约粮食等训练。
	18:10—19:30	班干部竞选	班主任	根据表现,确定临时班委。
	晚自习	按课表上晚自习	课任教师	讲解课堂常规、作业等要求,培养学生学习习惯。
	21:40—10:00	晚上就寝训练	班主任、生活教师	按时就寝、及时洗漱、按时上床。

※仪式教育

"争做新时代好队员——集结在星星火炬旗帜下"建队仪式方案

一、活动目的

1.深入贯彻落实习近平总书记"用实际行动把红色基因一代代传下去""从小事做起,从身边做起,努力争做新时代的好队员"的要求。

2.增强少先队员的光荣感和组织归属感,教导学生听党的话,跟党走,从小学习做人、从小学习立志、从小学习创造,努力成长为担当民族复兴大任的时代新人。

二、活动时间(略)

三、活动地点、年级(略)

四、主持人

由两名学生担任主持人。(一位为男生,一位为女生)

五、活动流程

主持人宣布:

××学校七年级"争做新时代好队员——集结在星星火炬旗帜下"少先队建队仪式现在开始。

第一项:出旗。

第二项:唱队歌。

第三项:公布初一年级少先队成立和聘请辅导员(××)的决定。

第四项:为各中队颁发证书、授中队旗。

第五项:请中队辅导员代表××讲话。

第六项:请少先队员代表××讲话。

第七项:请学校党总支副书记讲话。

第八项:大队辅导员带领少先队员呼号。

第九项:退旗。

六、活动准备及相关安排

1.退场组织工作:××;

2.摄像、拍照:××;

3.红领巾和聘书的准备:××;

4.音乐播放:××、××;(出旗曲、少先队队歌、迎宾曲、颁奖曲、退旗曲)

5.LED 字幕:××;

6.训练护旗队员:××。

主题(班)队会策划方案

我校本学年度将落实学校"精致教育"理念,以"精心做事、精诚做人"为指导准则。本期开始,大队部将着重规范少先队队会,以队课的标准化流程来开展各种有意义的主题活动,以达到提高学生素质、规范学生行为的良好目的。

一、活动时间(略)

二、活动形式

以班级为单位,每月至少开展一次正规的主题队会活动。(由各中队辅导员指导学生开展队会)

三、活动主题

3 月:"我爱'巴实'大家园"

4 月:"厉害了,我的国"

5 月:"对零食说 BYE BYE"

四、活动要求

1.各中队需熟练、流畅、有序地开展活动,严格控制好时间,保证活动质量并及时做好活动记录。

2.3~6 年级必须按队课标准化流程开展活动,1~2 年级不做硬性规定,尽量开展标准队会。

3.六月将抽查一个中队进行(班)队课展示。

4.各中队需在开展(班)队活动前,将活动策划方案发至邮箱(×××××××.com)。

五、活动督导

流动督导:学生处、团委、大队部。

定点督导:大队委部门干部。

少先队主题队会的程序

一、整队、报告人数

各小队整队并向中队长报告人数,中队长向辅导员老师报告人数。

1.中队在举行队会仪式前,要先集合列队,整理队伍,由小队长向中队长报告出席人数,之后中队长向中队辅导员报告出席人数。

2.报告时,小队长先向本小队队员发出"第×小队,起立,稍息,立正"的口令,然后跑到或跨到距中队长约两步的位置立定,向中队长敬礼,中队长还礼。小队长报告:"报告中队长,第×小队原有少先队员×人,出席×人,报告完毕。"中队长回答:"接受你的报告",中队长敬礼,小队长还礼后回到本小队前发出"第×小队,稍息"的口令。

3.各小队报告完毕后,由中队长向辅导员报告。报告前,中队长向全中队发出"全体,立正"的口令,随后转身面向中队辅导员敬礼,中队辅导员还礼,中队长报告:"报告中队辅导员,我中队原有少先队员×人,出席×人。队会一切工作准备就绪,请您批准我们活动并参与我们的活动,报告完毕。"中队辅导员回答:"接受你们的报告,批准并参与你们的活动,预祝你们的主题中队会圆满成功"。中队辅导员敬礼,中队长还礼。中队长回到队伍前,发出稍息口令。到此预备部分结束。

二、主持人主持活动

第一项:全体立正。

第二项:出旗,向队旗敬队礼,礼毕(奏出旗曲),出旗方向:由左向右。

第三项:唱队歌——指挥;请坐。

第四项:宣布主题活动开始。

第五项:活动。

第六项:中队辅导员讲话。(对主题活动进行总结和延伸)

第七项:呼号,旗手呈行进姿势执旗。(师生面向队旗)

中队辅导员面对队旗举起右手呼号:"准备着,为共产主义事业而奋斗!"队员回应时举起右手呼号:"时刻准备着!"

第八项:全体起立,退旗,向队旗敬礼(奏退旗曲),礼毕。

第九项:宣布主题队会结束。

备注:

1.中队旗和白手套在(班)队会开展结束后还回校团委办公室,若损毁或遗失需原价赔偿(中队旗10元/面,手套2.5元/双)并扣该队0.5分,若辅导员未佩戴红领巾开展队会则对其扣0.5分。

2.无故不开展队会课扣班级5分,迟到早退者扣其2分,缺席者扣其10分。因特殊原因在队会日请假者可在第二周补回队会课。

校 团 委

×年×月×日

"离队入团、建队仪式工作"方案

一、活动目的

1.全面贯彻党的群团改革精神,深入学习落实《中学共青团改革实施方案》和《少先队改革方案》。

2.纪念"11.27",弘扬爱国、民主、科学精神。

二、活动时间

×年×月×日下午。

三、活动地点

C楼礼堂。

四、活动主题

×年重庆市教科院巴蜀实验学校"离队入团"仪式。

五、团员要求

1.于×年×月×日前年满14周岁的青年,其中的校园卫士、志愿者、学生会干事、干部可优先推优入团。

2.品学兼优、具有号召力、领导力、执行力,并能配合学校工作的学生优先。

3.无志愿者得分者、无入团志愿申请书者一票否决。

4.有警告、记过等校级处分者一票否决。

5.请班级发动学生书写入团志愿申请书,并于×月×日前经班主任审核签字后交至团委办公室。

6.班级经过"公推直选"产生并确定入团人员名单,并将推选过程以照片形式发送至团委邮箱。

团员分配名额:八年级每班5名、九年级每班7名,年级组可适当调配班级名额。

六、参加人员(预计××人)

1.党总支副书记、德育副校长、学校办公室主任、学生处主任、生活部部长。

2.参加对象为7~9年级全体师生。

七、活动内容及流程

主持人:安排两位主持人(一位为男性,一位为女生)

(一)齐唱国歌

第一篇章 欢乐的岁月——传递希望

(二)出队旗(奏放出旗曲)

(三)唱队歌

(四)八年级同学给七年级同学佩带红领巾

(五)呼号

(六)退旗(奏放退旗曲)

第二篇章 花季的岁月

(七)出团旗(由国旗班完成)

(八)新团员代表读入团申请书

(九)校领导宣读新入团团员名单

(十)为新入团团员佩戴团徽

1.领导上台为新入团团员代表佩戴团徽。

2.台下老团员为其余新团员佩戴团徽。

(十一)入团宣誓(学生领呼)

(十二)新团员代表发言

第三篇章　高举团旗跟党走

(十三)授旗(班级团支部授旗,国旗班成员送上队旗,领导上台授旗)

(十四)齐唱团歌

(十五)请党总支(副)书记讲话

"六一国际儿童节少先队入队仪式"方案

一、活动时间

5月30日上午。

二、活动地点

小学部操场。

三、参与人员

一年级、二年级、五年级全体学生,大队委全体成员,班主任,家长及相关领导。

四、仪式流程

1.主持人致辞。

2.出队旗、唱队歌。

3.副校长宣布入队名单。

4.佩戴红领巾。五年级学生从队伍后方走进一年级队伍,并给一年级同学佩戴红领巾,礼仪队将红领巾分发给家长后,由七年级各中队少先队员,大队委干部成员以及家长代表为其余新队员授予队员标志。(授予者双手把红领巾授予新队员,并给新队员打上领结,互相敬礼)

5.辅导员讲话。

6.由5位行政领导为新中队授旗,国旗班学生送旗。

7.新队员代表及其家长共同发言。

8.老队员讲话,优秀少先队代表发言。

9.副校长讲话。

10.宣誓代表(优秀少先队代表)带领新队员宣誓。

11.大队辅导员带领新队员呼号。

12.退旗。

五、相关负责人

参与领导:校长、副校长、其他行政人员。

桁架背景："红领巾，我为你自豪"少先队入队仪式。

立体标志：少先队队旗、队徽、中队旗、红领巾。

会场布置：场地边缘鲜花或者气球点缀。

音响、话筒。

主持词撰写及主持人培训。

服务人员培训及安排。

摄影。

※ 表彰活动

"精致教育，精彩无限""精彩儿童""精彩少年"颁奖盛典流程

时间	环节	具体内容	音乐	道具	负责人
8:40—9:10					
8:30—9:20	领导接待	全体行政人员。（媒体接待）			
8:20	学生入场	学生入场，于指定位置就坐。			
8:50	开场前	工作人员检查人员、道具是否到位。（获奖学生及家长是否到位）			
9:00	开场视频	播放倒计时开场视频。			
9:00—10:10	开场节目	表演舞蹈《鸟鸟鸟》			
	主持人上场	主持人登场，致开幕词，讲解活动开展情况。		话筒	
		主持人介绍"精彩"竞选活动开展情况。		话筒	
	视频播放	"精彩儿童""精彩少年"竞选花絮。（视频播放）			
	宣布名单	副校长宣布获奖名单。		名单、话筒	

时间	环节	具体内容	音乐	道具	负责人
9:00—10:10	颁奖	播放"精彩儿童"获奖人员的介绍视频。			
		"精彩儿童"及家长在礼仪队员的带领下依次上场。（家长在左，学生在右，舞台上家长站学生后）			
		领导颁奖，少先队员敬队礼（礼仪队员送上奖品），发表获奖感言（家长）。			
		家长与学生拥抱、合影。			
		表演课本剧《晏子使楚》。			
		校长宣布"精彩少年"名单。			
		播放"精彩少年"获奖人员介绍视频。			
		"精彩少年"及家长在礼仪队员的带领下依次上场。（家长在左，学生在右，舞台上家长站学生后）			
		领导颁奖，少先队员敬队礼（礼仪队员送上奖品），发表获奖感言（学生）。			
		家长与学生拥抱、合影。			
		课本剧《丑小鸭变形记》。			
		校长宣布"精彩园丁"名单。		话筒、名单	
		播放"精彩园丁"个人介绍视频。			
		"精彩园丁"依次从红毯走上领奖台，领导颁奖。			
		"精彩园丁"发表获奖感言。			
		"精彩园丁"与领导合影。		话筒	
	校长致辞	校长致辞		话筒、撰稿	
10:10—10:30	小学语文传统文化节目	传统服饰秀			
		古筝演奏			
		书法展示			
		飞花令			
		全体朗诵			
10:30—10:50	结束	六一儿童节礼物派发及闭幕式			

"青春喜迎十九大，不忘初心跟党走"演讲比赛策划

校团委拟以"青春喜迎十九大 不忘初心跟党走"为主题组织开展演讲比赛，为我校团员青年搭建展示自我、提升能力的平台，掀起全校各团支部团员青年深入学习贯彻习

近平总书记重要讲话精神的热潮,使其积极主动、奋勇作为,以优异成绩迎接党的二十大胜利召开。具体事宜通知如下。

一、活动主题

"青春喜迎十九大 不忘初心跟党走"

二、活动时间、地点(略)

三、活动对象

中学部 7~9 年级全体学生

四、活动安排

学校各团支部组织开展"青春喜迎十九大,不忘初心跟党走"支部内演讲初赛,并择优推荐 2 名选手参加学校复赛,择一名优秀选手参加团市委比赛。

五、活动要求

1.各支部辅导员提前学习十九大相关资料。

2.现场作答培训。

"三八妇女节"感恩活动策划方案

为倡导学校的"五节双游"的号召,校团委与学生处将开展本月感恩节系列活动,三八妇女节是其中之一。

一、本周五下午班队课时间开展班队主题活动

各班以"感恩母亲,感恩老师,感恩劳动妇女"为主题,开展主题班会活动。

二、制作文化墙,各班以"三八妇女节"为主题,开展主题文化墙评比活动

三、周一升旗仪式上开展主题活动

1.早上在中门的礼仪队成员向老师送花,并记录美好节日。

2.升旗仪式上值周女教师代表所有女教师讲话。

3.国旗下进行妇女节为主题的教育活动。

四、工作安排

1.主席台上设置气拱门,拱门上贴上"热烈庆祝三八国际妇女节"字样,气柱上贴"感恩教育、精彩同行"字样。

2.鲜花购买。

3.后勤处拱门搭建。

4.礼仪队员培训。

5.学生处组织开展班队活动、周末感恩教育。

"迎新、集体生日活动"方案

一、活动主题

"新年新岁 新禧新味"

二、活动时间（略）

三、参加年级

幼儿园、1~9年级全体学生。

四、活动地点

学校操场。

五、流程

1. 敲响迎新年的鼓声。

2. 唱响迎新歌曲、跳起迎新舞蹈。

3. 新年新岁，校长寄语。

4. 赠送新年礼物。

（学校发放礼物，幼儿园、1~4年级的班主任和生活老师带2名学生领取礼物，5~9年级的每个班派2名学生代表领取礼物）

5. 抽选新年生日代表。

6. 新年生日代表感恩致辞。

7. 集体奏唱《生日歌》、许愿、吹蜡烛。

8. 赠送生日蛋糕。

9. 分享生日蛋糕。

（学生在食堂就餐位置一起吃生日蛋糕）

六、准备过程

1. 总协调落实：艺术团团长；　总调度：××。

2. 主持：××。

3. 舞蹈负责：××；　合唱负责：××。

4. 敲鼓：××。

5. 场地布置：××。

6. 背景设计：××。

7. 班主任负责将每班每名学生的新年寄语装在信封里并交至学生处。

8. 物资准备：××心愿卡×份，小蛋糕×个，大蛋糕×份，新生礼物分班装约×份。

9. 蛋糕分享地点为食堂。

10. 音响负责：××。

"3.12 锄草、清洁大扫除"活动方案

一、活动目的

1.为学校增添一份绿色。

2.学生在锄草、清扫校园环境的同时,可以加深其对绿化环境、保护环境的意识。

二、活动时间

3 月 11 日 14:00。

三、活动地点

各班绿色文化责任地。

四、活动主题

"建绿色校园、树绿色理想、感母校之恩、做环保之事"

五、工具提供

各班自行准备锄草和清扫工具,后勤处准备装石头的拖车、垃圾桶。

六、参与对象及安排

全校学生及班主任、生活老师。

七、摄影

办公室。

八、注意事项

1.学生锄草、劳动时,班主任在一旁指导,同时注意避免学生受伤。

2.注意场地环境卫生,不要乱丢垃圾。

3.各班若没有绿色文化责任地分布图需到校团委处领取。

注:如活动当天遭遇不可抗的天气,本次植树活动自动取消,日期另行通知。

"纪念中国人民抗日战争暨世界反法西斯战争胜利 70 周年"系列德育活动方案

2015 年是中国人民抗日战争暨世界反法西斯战争胜利 70 周年,为了切实办好具有重大历史意义的纪念活动,宣传抗日战争胜利的重大意义,中国人民抗日战争胜利对世界反法西斯战争胜利的重大贡献,以及中国人民在抗日战争中所表现出的不怕牺牲、前赴后继、英勇战斗的爱国主义精神,对全体学生进行重温历史、勿忘国耻、振兴中华的爱国主义教育和民族精神教育,结合实际情况,经校德育办公会研究决定,在全校师生中开展纪念抗日战争胜利 70 周年系列主题活动。具体实施方案如下。

一、指导思想

以爱国主义为主旋律,引导学生树立正确的世界观、人生观、价值观,不断增强民族自尊心、自信心和自豪感,增强青少年的忧患意识及社会责任感和使命感,把爱国主义教育和民族精神教育融入青少年学习和生活中,激励和动员广大学生为实现中华民族的伟

大复兴、促进世界和平与发展的崇高事业而努力奋斗。

二、活动目标

使学生真正了解70年前的抗战史,让学生勿忘国耻,振兴中华,珍惜现在,奋发图强。

三、活动领导小组

组　　长:校长。

副组长:副校长。

负责人:部分中层行政人员。

成　　员:各班主任。

四、活动内容

第一阶段(9~10月)缅怀

1.影视教育(负责人:生活部部长)

组织全校师生观看抗战系列影片,回顾中国革命历史。许许多多的革命先烈,为和平献出了自己的宝贵生命。这些先烈用自己的行动,写下了可歌可泣的光辉业绩;用自己的热血,浇灌了中华儿女的幸福之花;用自己的宝贵生命铺就了通往胜利的革命道路。我们要永远记住这些革命烈士!

2.设计一期以"缅怀革命先烈,继承革命传统"为主题的黑板报。要求:主题鲜明,书写工整。(负责人:××)

3.开展一次以"勿忘国耻 圆梦中华"为主题的主题班会。(负责人:××)

第二阶段(9~11月)歌颂　　负责人:××

1.抗战歌曲我来唱——学唱一首歌颂爱国主义、发扬革命精神的歌曲。并于11月上旬在全校举行"抗战歌曲我来唱"歌咏比赛。(负责人:××)

2.抗战诗歌我来诵——比一比爱国主义诗歌谁知道得多。每班于10月下旬在每天的读报课进行此项活动。(负责人:××)

3.抗战故事我来说——讲一讲你知道的英雄人物或抗战故事。并于11月下旬在全校举行"我爱我家之抗战故事我来说"比赛。(负责人:××)

第三阶段(9~12月)继承

用真挚的感情讴歌先烈们在抗日战争中不屈不挠、浴血奋战的英雄事迹,学习先烈对革命事业的必胜的信念,并把这种信念注入实际学习中,努力学习。

1.通过观看视频及相关资料,开展"纪念抗战胜利,立志振兴中华"主题征文(体材不限)比赛,写一篇歌颂爱国主义精神的观后感或诗歌,优秀作品于《太阳花》杂志上发表。

2.举办一场以纪念抗战胜利70周年为主题的绘画比赛。作品要求:主题鲜明,内容丰富。各班需交作品1~3份,优秀作品将于元旦晚会上展出。

第四阶段　总结

1.做好活动总结。

2.搞好材料整理和归档。

1~2年级"庆'六一'数学游园"活动方案

一、活动目的

1.丰富学生的校园生活,提升学生对学习数学的兴趣。

2.让孩子度过一个欢乐愉快的儿童节。

二、活动成员

小学部全体数学老师;

1~2年级学生;

高年级志愿者。

三、活动时间

6月1日上午

四、活动地点

学校。

五、活动内容

活动地点	活动名称	规则	道具	负责人
广场	趣味踢毽子	两个人数相同的家庭组成一个比赛组,其中的每位家庭成员都有30秒的时间踢毽子,所有成员都完成之后,将每个家庭成员的完成个数相加,个数多的获胜。	毽子4个	
	速叠杯	家长和学生一起在现场练习速叠杯,单独进行表演者可获得印章。	速叠杯若干	
	邮递员	两人同时进行比赛,每人送信5封,信封上算式的得数与信箱上对应的数字一致才能投递,最先投递完所有信件的人获胜。	20封信;4个信箱	
	扔沙包	两个家庭组成一个比赛组,并站在投掷线外同时投掷沙包,根据投掷的距离将获得不同的积分。学生和家长各投掷2次,将4次投掷的积分相加,分值高的家庭获胜,沙包扔在分界线上的得分低。	4个沙包	

活动地点	活动名称	规则	道具	负责人
广场	数独	颜色相同的四个格子为一宫,将数字1~4填写进每个空格里,使得每一行、每一列、每一宫都没有重复的数字。	10张数独卡	
	贴鼻子	学生与家长合作,一位选手蒙着眼睛,原地转一圈后,另一位选手用"上下左右"等方向词语给予其指导,30秒内将鼻子贴至人物头像的正确位置者获胜。	人物头像一个,鼻子3个。(其中2个为备用)	
	巧算24点	一副扑克牌中任意抽取4张牌,用加、减、乘、除(可加括号)把牌面上的数算成24,每张牌必须用一次且只能用一次。	2副扑克牌	
	掷骰子	骰子每个面都有数字,玩家(仅限学生)一次掷3个骰子,随后把3个数字相加,并对其进行计算,结果正确者获胜,一人玩一次。	骰子15个	
	找朋友	6人同时比赛,每人手拿有算式的PK板,先找到和自己算式结果一样的同伴即获胜。	30张pk板	
	七巧板	3人同时进行比赛,用七巧板拼出规定的基本图形可获1个印章,自己用七巧板拼出规定之外的图形可获2个印章。	5副七巧板	
	抛绣球	做对几道计算题就可以投球几次,每局共进行2次学生答题。规则:每局每队出2名选手,一人拿篮筐,一人投球,进球多的一组获胜。(每组规定5分钟比赛时间)	绣球若干;篮筐2个。	
积分兑换				

本次游园活动采用积分兑奖形式,赢得游戏即可盖章,集齐一定数量奖章即可兑换相应奖品。

六、场地布置

学校科研处和后勤处负责场地的布置。

每个活动至少需要2张桌椅和若干宣传资料。

七、数学游园活动兑奖细则

集3个印章可换1元的礼品;

集6个印章可换2元的礼品;

集9个印章可换5元的礼品;

集12个印章可换10元的礼品。

八、活动奖品购置方案

1.负责部门:科研处和后勤处。

2.奖品明细(学具、零食、玩具均可)

1元的东西:800份(800元);

2元的东西:400份(800元);

5元的东西:400份(2000元);

10元的东西:20份(200元)。

九、资料需要

1.负责部门:科研处。

2.资料明细

①具体游戏细则,每个项目配备一块宣传牌。

②游戏闯关卡400张。

十、活动规则

趣味踢毽子

小小毽子真神奇,上下蹦跳活力现,亲子合作乐无边,争得第一我当先。

游戏人数:2个家庭/组,每个家庭2个毽子。(两个家庭人数相同)

游戏规则:2个家庭的每位成员都有30秒的时间踢毽子,所有成员都完成之后,将每个家庭成员的完成个数相加,个数多的获胜。

速叠杯

速叠杯能够提高脑部的思维能力,通过叠杯运动,将音乐和杯子舞结合,可以更好地锻炼手部的灵活性及速度,通过训练双手的协调能力,可以达到开发左、右脑的目的。

方式:一个团队表演杯子舞,一个团队表演速叠杯。家长在现场和学生一起练习,能单独表演就可获得印章。

邮递员

规则:两人同时进行比赛,每人送信5封,信封上算式的得数与信箱上对应的数字一致才能投递,最先投递完所有信件的人获胜。

道具:20封信;4个信箱。

扔沙包

红沙包,绿沙包,它的模样真奇妙;扔外圈,扔内圈,得分相加比大小;爸妈扔,宝宝扔,扔得巧还要数学好。小朋友们,和爸爸妈妈一起来挑战吧!

游戏人数:2个家庭/组,每个家庭4个沙包。(两个家庭人数相同)

游戏规则:2个家庭站在投掷线外同时投掷沙包,根据投掷的距离获得不同的积分。孩子和家长各投掷2次,将4次投掷的积分相加,分值高的家庭获胜,沙包扔在分界线上的得分低。

数独

数独是一种以数字为表现形式的益智类休闲娱乐游戏,它能够全面锻炼孩子的推理判断能力、逻辑思维能力、观察能力。

游戏规则:颜色相同的四个格子为一宫,将数字 1~4 填写进每个空格里,使得每一行、每一列、每一宫都没有重复的数字。

贴鼻子

游戏规则:学生与家长合作,一位选手蒙着眼睛在距离白板三米远处原地转三圈,然后走向目标,另一位选手用"上下左右"等方向词语给予其指导,30 秒内将鼻子贴至人物头像的正确位置者获胜。

巧算 24 点

游戏规则:从一副扑克牌中抽出红桃、黑桃、梅花、方块花色的点数为 1~10 的牌(共40 张),从中任意抽取 4 张牌,用加、减、乘、除(可加括号)把牌面上的数算成 24,每张牌必须用一次且只能用一次。

如抽出的牌是 3、8、8、9,那么算式为(9-8)×8×3 或(9-8÷8)×3 等。

找朋友

游戏规则:6 个人同时比赛,每人手拿有算式的 PK 板,先找到和自己算式结果一样的同伴即获胜。

七巧板

七巧板是一种拼图游戏——用七块板,以各种不同的拼凑法来拼搭千变万化的图形,如三角形、平行四边形、不规则的多角形等;也可以拼成各种具体的动物形象,如猫、狗、猪、马等,或者桥、房子、宝塔,一些中、英文字符号及数字等。

游戏规则:3 人同时进行比赛,用七巧板拼出规定的基本图形可获 1 个印章,自己用七巧板拼出规定之外的图形可获 2 个印章。

抛绣球

游戏规则:1.比赛为亲子游戏;2.做对几道计算题就可以投球几次,每局共进行 2 次学生答题。规则:每局每队出 2 名选手,一人拿篮筐,一人投球,进球多的一组获胜。(每组规定 5 分钟比赛时间)

掷骰子

游戏规则:骰子每个面都有数字,玩家(仅限学生)一次掷 3 个骰子,随后把 3 个数字相加,并对其进行计算结果正确者获胜,一人玩一次。

阅读周活动方案

一、活动目的

1.营造良好的读书氛围,激发学生的阅读兴趣。

2.了解"世界读书日"的来历及主旨。

3.学习并运用基本的阅读方法。

二、活动主题

"书香为伴　快乐成长"

三、活动时间

略。(共计 5 天)

四、活动对象

1~8 年级全体学生。

五、活动内容及安排

活动时间	活动地点	参与年级	活动内容	活动要求
×月×日	大操场	全校	启动仪式	升旗仪式结束后开始启动仪式。
×月×日至×月×日	大操场	全校	新华书店进校园售书活动	各班学生按自愿原则在课余时间自行前往售书现场购买。
×月×日	C 楼礼堂	1~2 年级	童心故事绘	14:20—14:50:2 年级 15:00—15:30:1 年级
×月×日	各班教室	3~8 年级	换书活动	1.每人提前准备一本课外书,班主任利用班会课,设立班级图书"跳蚤"市场,学生自愿交换图书。 2.各班填写并上交图书交换登记表。
×月×日		7~8 年级	南岸区初中生课外阅读竞赛	根据预赛成绩,7~8 年级每班选派 1 名选手代表学校参加决赛。

六、注意事项

1.各班应高度重视,认真准备,积极营造活动氛围。

2.各班做好相关资料(文字、图片)的收集、整理、上报工作。

※爱心活动

"手牵手,冬日暖阳"新春关爱活动方案

一、活动目的

1.助力全市脱贫攻坚工作,关爱农村留守儿童和贫困家庭儿童的健康成长。

2.充分发挥学校师生乐于助人、扶贫济困的好风尚。

二、活动安排

1.负责部门:由德育中心牵头,校团委落实。

2.活动时间:×年×月×日 7 点 30 分。

3.资助对象:荣昌区吴家镇中心 13 名特困学生,以及 54 名困难生。

4.资助物资:对 13 名特困学生进行现金资助并赠送其图书一套、冬季服装一套;校方出资为 54 名困难学生购买体育用品。

5.参与帮扶:各班积极发动家长参与帮扶活动,并于 1 月 6 日前将报名的家长信息反馈至校团委。

三、活动形式

学校爱心资助的资金由学校爱心基金会支出,学校资助 13 名特困生每人 1000 元、图书一套、价值 300 元的冬季服装一套、5 kg 米一袋、5L 油一桶;资助 54 名困难生每人一份价值 200 元的体育用品。

四、活动资金

学校爱心基金捐助约 2 万元。

五、活动议程

1.荣昌区吴家镇中心校校长讲话。

2.我校带队领导讲话。

3.捐赠礼金、礼物。

4.受助学生代表发言。

5.集体留影。

六、相关安排

1.活动前两周拟订物品采购清单并完成物品采购。（开具发票）

2.活动开始的一周前,学生处落实用车问题。

3.参与人员:学校德育中心各部门相关负责人、爱心家长 6 名,自愿参与献爱心活动

的相关人员。

4.活动结束后,受现金资助的学生进行合影。

5.负责人员:副校长、校团委主任。

"益心益易"旧物捐赠仪式方案

一、活动时间(略)

二、活动地点

学校足球场。

三、主持人(略)

四、活动议程

1.主持人致开场白并宣布捐赠仪式开始。

2.各班(部门)依次上台进行捐赠。其顺序为:幼儿园学生代表、小学各班学生代表、初中各班代表、小学部教师组代表、中学部教师组代表、办公室、后勤组代表。(幼儿园、小学一年级各班捐赠物品由大队委干部帮忙搬运)

3.校长讲话。

4.重庆市青年志愿者协会项目负责人、重庆市青年助学志愿者协会副秘书长讲话。

5.教师代表市青协为学校颁发"爱心锦旗"(由校长接收)。

6.捐赠仪式结束,各班捐赠代表合影留念。

注:活动结束后,各班代表需把主席台上的捐赠物品依次搬到车上。(学生会干部指挥工作)

五、活动要求

1.全校各班、各部门提前将捐赠物打包好,第二节课时按要求将捐赠物存放在主席台右侧。

2.每班的捐赠代表人数根据捐赠物品的多少而定,最多不超过4人。(学生代表站队与进出场安排由体育中心具体负责)

六、具体安排

1.主席台横幅标语:巴蜀实验学校"益心益易"旧物捐赠仪式。

2.音响系统控制与会场音乐播放。

3.摄影。

4.部门捐赠代表人员安排。

5.学生站队与进出场秩序。